인공지능 시대의
미래학교와
무지한 스승

한결하늘

| 유동걸 지음 |

인공지능 시대의

미래학교와
무지한 스승

한결하늘

서문

미래가 기다려, 다가오는 것들을 찾아서
- 우리 시대 교실의 두 풍경

〈하늘이 기다려〉라는 슬픈 영화가 있다. 저 먼 하늘이 누구를 기다린다는 의미보다는 '천국(저승)'이 무엇을 기다리는가를 보여주는 영화다. 2016년 16회 부산국제영화제에 소개된 이 영화는 이슬람 테러 단체인 아이에스(IS-이슬람 국가, Islamic State)가 유럽 청소년들을 어떻게 자기 조직으로 끌어들이는가를 보여준다.

두 명의 소녀가 나온다. 17세 소니아는 가족이 천국에 갈 수 있다는 믿음으로 프랑스를 떠나 시리아로 가려 하다가 실패하고 붙잡힌 뒤에 치료를 받는다. 16살 멜라니는 인터넷의 페이스북을 통해 '환상적인 이슬람 왕자'를 가장한 아이에스 요원과 사랑에 빠지면서 결국 더 나은 세상, 자기만의 사랑을 찾아 떠난다. 그녀가 찾아간 시리아의 요새 풍경은 나오지 않지만, 아이에스를 자발적으로 찾아간 멜라니의 지옥같은 삶을 짐작하기란 어렵지 않다. 떠나버린 딸을 찾아 헤매는 어머니의 삶까지 세 이야기를 축으로 전개되는 이 영화 속에 인상적인 수업 장면이 있다.

　선생님이 앞에서 열심히 강의를 하고 주인공 멜라니는 동화 속 왕자같은 이슬람 무장단체 청년에게 빠져 휴대폰 속의 페이스북으로 소통하느라 눈길을 놓지 못한다. 프랑스 최고의 권위 있는 희곡 작가인 몰리에르에 대해서 강의하는 수업 시간이지만 이미 아이에스에게 깊이 세뇌를 당해 휴대폰 속으로 푹 빠져 들어간 멜라니에게 선생님 말씀이 들릴 리 없다. 초고속 인터넷의 세계에서 학생들은 자기가 보고 싶은 장면, 자기가 듣고 싶은 목소리에 젖어 산다. 음악조차도 자기가 즐겨듣던 너키나 알세리의 내그노 신락드은 긴 꼬 없고 오료지 쿠란과 알라의 주문만이 멜라니 귓전을 채운다. 이슬람 테러 집단이 유럽의 젊은이들을 유혹, 포섭하는 영화 속 맥락과는 좀 다른 이야기지만 적어도 수업 장면만 놓고 보면 근대적이고 계몽적인 교사와 인터넷 속에서 세계를 넘나드는 탈근대적 학생의 대결 구도가 드러난다. 거시적으로는 무장테러단체와 학생 사이의 갈등이 교육 공간을 두고 나타나지만 미시적으로 수업을 들여다 보면 다른 층위의 대결구도가 드러난다. 그런 면에서 '이슬람 정부'를 나타내는 아이에스(IS)는 인터넷 국가(Internet State) 혹은 인터넷 스쿨(Internet School)의 약자로 보아도 무리가 없지 않을까? 이 수업 현장은 과거 역사에 사로잡힌 교사와 인터넷의 가상공간을 넘나드는 미래 세대의 전쟁을 상징적으로 보여주는 장면이다.

같은 프랑스 영화지만 이자벨 위페르가 열연한 〈다가오는 것들〉 속의 수업 풍경은 사뭇 다르게 인상적이다.

이 영화에서 철학을 가르치는 주인공 나탈리는 학생들에게 생각할 시간을 주고 계속해서 질문을 던진다. 영화 초반의 장면이다.

"신들의 국가가 있다면 그들은 민주적으로 통치될 것이다. 이토록 완벽한 정부는 인간에게 적합하지 않다."(루소)

나탈리는 학생들에게 이 말을 던지고는 10분간 숙고한 뒤에 토의하자고 말한다.

"잘못 해석하면 안 돼, 루소는 〈사회계약론〉을 집필했고 '프랑스 인권 선언'은 거기에서 영감을 받았어. 그 사상은 대혁명의 기반이 됐지."

때는 바야흐로 68혁명이 기운이 한창이던 시기다. 교문 앞에서는 일부 학생들이 '정규 수업을 들어야 하나 말아야 하나'라는 주제로 논쟁이 뜨겁다.

나탈리와 학생들의 두 번째 수업 장면은 교실을 벗어나 잔디밭에서 이루어진다. 학생들이 종이에 무언가를 열심히 적는데 교사가 질문을 던진다.

"진리는 논쟁 가능한 것일까?"

학생을 하나 지명하자, 그 학생이

"진리를 논의 못할 이유가 뭐죠?"라고 반박한다.

"그럼 진리 확립이 가능한 분야는?"하고 묻는다. 그러자 다른 학생이,

"그건 논쟁의 여지가 있지요."

"여전히 천동설을 믿는 사람은 없잖니. 과학 분야에는 확립된 진리가 많아. 그럼 그 분야뿐일까?"

"역사도 그래요."

"맞아. 1789년 바스티유 습격이나 나치의 유대인 학살은 논쟁의 여지가 없지. 주의할 점은 논쟁과 이의 제기는 다른 문제라는 거야."

"그럼 진리가 확립되는 시점은요?"

"좋은 질문이야. 결국 문제가 되는 건 진리의 존재 여부보다는 그 확립 기준이 뭐냐는 거지. 진리를 명백히 증명할 수 있는 분야가 있는

반면 어떤 신조나 확신, 신앙에 따라 진리가 확립되는 분야 또한 구분
해야 해."

"예술 분야에서 진리를 논할 수 없죠."

"세익스피어나 호메로스의 천재성은 언제나 논쟁 거리야."

"최근 영화에서는 세익스피어가 사기꾼이래요."

"이제 와서 뭘, 모차르트, 푸루스트, 반 고흐를 봐. 예술의 진정성은
시간이 결정해."

"시간이 잘못 결정하면요?"

이때 자주 자살을 시도하려는 (나탈리) 엄마한테 전화가 와서 수업
은 중단된다.

〈다가오는 것들〉의 수업 풍경은 〈하늘이 기다려〉의 수업 장면과는
완연히 다른 모습이다. 문학이 아니라 철학 시간이라고는 해도 나탈
리는 절대화된 지식이나 진리를 학생들에게 주입하거나 계몽하지 않
는다. 오히려 진리의 존재와 가치, 권위에 대해서 질문을 던지고 학생
들이 진리라는 틀 안에 갇히지 않도록 돕는다. '시간'이야말로 진리의
모태임을 잘 깨닫고 있는 까닭이다.

4차 산업혁명 담론의 영향 때문인지 사방에서 '미래'가 대세다. 체스, 바둑, 포커 등의 게임에서 각종 인공지능이 인간과 대결해서 이긴 이야기는 상식이 된지 오래고 로봇이 학생을 가르치는 학교 이야기까지 미래의 과학 기술에 대한 관심도 뜨겁다. 혁신미래교육과 미래 산업 등 각종 미래 담론이 유행하면서 이러다 중세처럼 새로운 묵시록이라도 등장할 태세다. 중세의 신이 산업혁명을 거치면서 몰락하고 신기술과 자본에 종속되었다면 21세기의 미래는 과연 어떤 기술과 철학이 세상을 지배할까? 그 시대의 교육은 어떤 풍경일까? 2030년의 학교는 어떤 모습일까? 학교가 그 시대에도 존재해야 할까? 아니 존재할 수 있을까?

앞의 두 풍경이 미래 교육의 양면을 상징한다고 생각한다.

'아이에스로(IS)로의 탈주' 혹은 '오래된 철학 교육과 토론'.

인류를 움직여나가는 과학기술 문명은 분명 비약적인 발전과 혁명에 이르겠지만 가장 근본적이고 원초적인 사고의 소통이 없다면 인간은 과연 무엇이겠는가? '사피엔스'로서의 종적 특성을 초월하는 인간형이 등장하면 모르지만 인류가 사피엔스로 살아가는 한 대화와 토론과 소통과 철학의 나눔은 사라지지 않는다.

미래에 대한 인간의 상상력은 어디까지 갔는가? 로봇을 예로 보자.

1910년, 〈헬렌 올로이〉라는 공상과학 소설이 나왔다. 의사와 로봇 수리공이 만나서 감정을 지닌 아름다운 여자 로봇 헬렌과 살아가면서 겪는 사랑 이야기다. 인간이 과연 로봇과 사랑하고 결혼(이 소설에서 헬렌은 인간보다 더 사랑의 감정에 충실한 로봇이다!) 할 수 있는지.

마침내 〈완벽한 호모 사피엔스가 되는 법-미래 로봇이 알아야 할 인간의 모든 것〉이라는 책에서는 어느 가상의 안드로이드가 자신의 모든 것을 바쳐 '인간 탐구 보고서'를 써내려간다. 이 소설의 주인공 잭은 리들리 스콧의 영화 〈블레이드 러너〉의 복제 인간(리플리컨트)처럼 사람과 거의 완벽하게 닮은 기계 인간이다. 인간다운 인식이 생긴 뒤 한 달 동안 파란만장한 '인생' 경험을 하고, 앞으로 60분 안에 자신의 모든 기능이 정지할 확률이 91.3647%에 이르렀다는 걸 알게 되면서 부랴부랴 후대 안드로이드에게 줄 인간 생활 안내서를 작성한다. 이것이 〈완벽한 호모 사피엔스가 되는 법〉이다.

과연 인류는 언제까지 사피엔스의 탈 혹은 틀 속을 살아갈까?

반대로 '탈(脫) - 사피엔스'를 지향하는 많은 과학기술과 인간상이 등장한다면 그때 인류는 다시 근대산업혁명을 능가하는 초인류 사회를 건설하면서 학교와 교육, 배움, 교사는 기존에 없던 새로운 삶을 만들어 가리라.

아직 오지 않은, 그러나 이미 다가온 미래의 상을 염두에 두고, 현실의 변화를 갈망하며 쓴 이 책은 영화를 통해 영화적 상상의 세계를 '지금-여기'에 구현하고자 한다. '언젠가 세상은 영화가 될 것'이라는 들뢰즈 말을 빌려 미래 학교의 상을 영화 속에서 가져오되 현실과 접목하려 고민한 결과물이기에 미래에 대한 상상력을 발휘해보려 했지만 여전히 현재라는 이 땅에 발을 딛고 서 있는 셈이다. 미래란, 늘 현재화된 오늘로 존재하는 까닭에.

이 글을 쓰는 몇 개월 동안 교육계에도 몇 가지 획기적인 변화가 일어났다. 교육부는 '고교학점제' 도입을 선포했고, 서울시 교육청은 그 취지를 받아서 2019년부터 일반고에 고교학점제를 실시한다고 발표했다. 제주 교육감은 평가시스템 혁신을 위해 객관식 시험문제를 없앤 '국제 바칼로레아' 도입을 발표했다. 옳고 그름에 대한 논쟁은 계속 되겠지만 변화의 바람은 생각보다 빠르게 불어온다. 우리가 미래라고 바라보던 그 시간이 바람처럼 빠르게 현재가 되어간다. 그저 바라보고만 있을 것인가!

자 이제, '미래가 기다려'라고 속삭이는 시대에 우리에게 '다가오는 것들'을 찾아 여행을 떠나보자. 미래는 이미 우리 안에 있다.

2018 봄, 미래의 현재 속에서

추천글 서울시 교육감 조희연

영동일고 유동걸 샘의
《인공지능 시대의 미래학교와 무지한 스승》

유동걸 선생님은 국어수업에서 독서와 토론을 연계시킨 소위 '유동걸식 학생참여 수업방법'으로 많은 선생님들로부터 사례공유 요청을 받고 기꺼이 나누어주시는 멋진 분이라는 칭찬을 들었습니다. 또한, 독서·토론에 대한 서울교육정책을 토론하는 자리에서 뵙고 서로 공감하는 의견을 나눈 적이 있습니다. 저는 교육감으로서 이렇게 평소에 존경하던 유 선생님의 저서 《인공지능 시대의 미래학교와 무지한 스승》의 추천사를 쓰게 되어 무척 기쁘게 생각합니다.

"배우고 때로 익히면 즐겁다." 공자님의 이 말씀이 선생님과 학생의 가슴에 와 닿은 적이 얼마나 있었을까요? 오히려 우리나라의 학교교육은 서열화된 고교체제 및 대학체제로 인해 과도한 입시 교육으로 왜곡되었습니다. 교사와 학생은 가르침의 위대함과 배움의 즐거움을 잃은 채 과도한 경쟁으로 내몰리고 있습니다. 경쟁과 서열에 길들여진 학교는 미래가 보이지 않습니다.

　미래의 시점에서 오늘의 학교를 본다면, 어떨까요?

　블록 체인 기술 개발로 서로 주인이 되는 연결망이 만들어지고, 가르치는 사람이 없어도 스스로 배움의 주체가 되는 학교!

　동시에 배움은 나눔이 되어 배운 사람이 동시에 가르치는 사람이 되는 학교!

　전국의 모든 학교가 다른 내용을 공부하는 독자적 마을이 되는 학교!

　교육부와 교육청이 아닌 학교 구성원 스스로가 학교 운영에 자율적으로 참여하는 학교!

　교사는 앎보다는 무지를 사랑하며 스스로 공부의 주인이 되는 무지한 스승들의 학교!

　아무도 가보지 않았고 누구도 갈 수 없지만 무한한 상상력으로 이미 미래를 살아가는 사람들에게 미래의 학교는 학교의 미래를 바꿀 보이지 않는 힘입니다. 유동걸 선생님의 저서는 인공지능 시대를 넘어 오래된 미래의 열정과 감성으로 열어가는 미래학교의 꿈길을 보여주고 있습니다. 이 즐거운 책을 읽는 분들과 함께 흥겨운 마음으로 학교의 미래와 미래의 학교를 바라보며 같이 걷고 싶습니다.

2018. 4.

추천글 심임섭(복잡성교육연구소 소장)

'무지한 스승'의 세계를 꿈꾸며

미래교육 담론이 어지럽게 난무하는 요즈음 우리가 새롭게 창조해 나가야 할 교육의 기본 철학이자 원리를 '무지한 스승'이라는 인문학적인 키워드로 풀어나간 책으로 많은 사람들에게 다가갈 것으로 보인다.

학교가 다루는 것은 소박하게 말해 '지식'이다. 근대적 패러다임에서 학교는 지식이 소비되는 곳이었다. 교사는 학생이나 국민이 소비하는 지식을 전달하는 역할을 충실히 할 뿐이었다. 그 지식은 학교 밖에서 학자나 국가에 의해 생산되고 체계화된 것이었다. 교육의 권한는 온전히 국가의 것이었다. 이러한 원리는 여전히 법과 제도과 관습으로 강고하게 남아있다.

시대가 변하면서 그러한 딱딱하고 제도화된 권력으로서의 교육은 자신의 기득권을 유지하기 위해서라도 유연화 되지 않으면 안 되게 되었다. 그러나 그게 쉬운 일이 아니다. 이미 교육 현상이 '복잡계'가 되어버린 상황에서 기존의 권력을 놓지 않기 위한 몸부림은 안타깝고 어떻게 보면 매우 기만적이다.

　교육 현상이 복잡계가 되었다는 것은 학교가 지식을 다룬다고 할 때, 이제 그 지식은 전달되는 지식이 아니라 창조되는 지식이 되었다는 것을 의미한다. 창조의 주체는 네트워크이다. 이 네트워크는 인간의 이성뿐 아니라 감정, 정서 그리고 비인간과 자연, 사물 등 모두를 포함한다. 네트워크는 수시로 변하기 때문에 창조의 주체 또한 하나의 정체성(동일성)을 갖는 것이 아니라 다양한 주체성들을 갖는다. 그러한 주체성들은 역동적이다, 그 역동적인 행태를 가늠하기가 힘들어 더 헷갈린다. 복잡성 사고가 필요한 이유이다. 이러한 상황에서 교육의 주체 개념과 지식의 개념은 그동안 우리가 갖고 있던 상식과는 전혀 달라진다. 이러한 주체성들과 창조되는 지식들을 기존의 학교가 감당할 수 있을까? 이미 감당을 못하고 있다. 작금의 교육 내지 교육 정책의 혼란과 교사, 학생, 학부모 그리고 국민들이 교육으로 인해 받는 고통과 어려움, 혼란의 원인은 여기에 있다.

　'무지한 스승'이 된다는 것은 기존의 교육과 관련된 모든 이분법적 구도가 허물어진다는 것을 의미한다. 교사-학생, 가르침-배움, 우등생-열등생, 학교안-학교밖, 과정-결과, 개인-집단, 이론-실천, 인지-비인지, 공부-삶, 보수-진보, 자본-노동 등. 유의할 점은 이러한 이분법적 구도의 해소가 기존의 질서와 존재를 모두 부정하고 허무주의로 나아가는 것이 결코 아니라는 것이다. 그것은 부정이라기보다는 역설적이게도 철저한 긍정이다. 나는 무엇을 모르는지 조차도 모른다는 겸손함으로 모든 것을 인정하고 존중하는 것이다. 이러한 인식론은 사랑과 창조의 기반이다.

영화와 고전 그리고 탈근대적 복잡계 개념들을 넘나들면서 마치 춤을 추듯이 리듬을 타면서 '무지한 스승'의 교육적 개념을 펼쳐간 필자의 내공이 놀랍다.

1부

미래학교

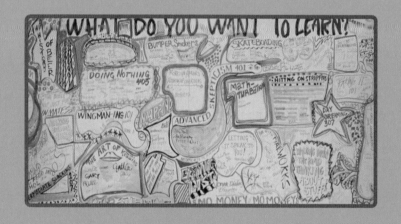

1. '미래'가 현재다! 미래(未來)에서 '미(未)-래(來)'로

곽노현 전 서울시 교육감이 만든 사단법인 교육공동체가 있다. 이름은 '징검다리'다. 왜 징검다리인가. 다리는 무엇과 무엇을 잇는다. '징검다리'는 무엇을 이으려고 학교 밖 교육공동체를 만들었을까? 누리집 안내문에 소개된 징검다리의 설립 취지는 이렇다. 곽노현 이사장님의 인사말을 보자.

한 사회의 인간다운 삶의 지표는 민주시민성에 비례합니다. 경쟁과 양극화, 불통의 시대를 넘어설 힘은 성숙한 민주시민에게서 나옵니다. 이제 일부 시민의 전투적 시민성을 넘어 모든 시민의 일상적 시민성으로 나아가야 할 때입니다. 세월호 이후 시대와 알파고 이후 시대의 키워드도 민주시민성 강화입니다.

(사)징검다리교육공동체는 '가르치지 않는 교육', '사람에서 시민으로 전인적 성장'을 가치로 민주시민교육의 새 판을 펼치려 합니다. 함

께 배우고 성장하며 '춤추는 민주주의'를 향해 징검다리를 놓겠습니다. 민주주의가 방전된 우리 사회를 학부모, 교사, 학생들의 민주시민성으로 살려 낼 한국 민주주의 충전 프로젝트에 함께 해 주십시오. 감사합니다.

나아가 누리집에 소개된 징검다리교육공동체의 교육 특징은 다음과 같다.

가르치지 않는 민주시민교육을 지향합니다.
토론과 참여중심으로 집단지성과 상호배움이 일어나는 교육입니다.
선분가수의에 빠지지 않는 퍼실리테이팅 교육입니다.
문화예술 융합형 민주시민교육
음악/춤/연극/미술 등 문화예술로 배움을 녹여내는 민주시민교육입니다.

추가 설명이 굳이 필요할까? 전국 각지에 새로운 교육 운동이 기지개를 켜고 나래를 편다. 다양한 운동이 펼쳐지는 가운데 특히 징검다리에 주목하는 이유는 미래 교육과 관련한 아젠다(의제)를 기민하게 발굴하고 그 실천을 맹렬히 감행 중이기 때문이다. 공교육 사교육 할 것 없이 사막화된 대한민국 교육에 오아시스 생명수를 길어올리는 한 줄기 희망이다.

2017년 2월 초, 징검다리가 사단법인 1주년을 맞는 창립 총회를 열었다. 문화예술분과의 이상호 님이 사물놀이로 힘차게 시작 마당을 열면서 액맥이 타령의 소리굿과 함께 분위기를 고조시켰다. 사업 보고와 안건 처리 과정에서 징검다리 '미래교육원' 사업 설명이 이어졌다. 〈선한 분노〉의 저자이자 〈보이스 퍼스트 플랫폼〉의 공동저자인 박성미 님이 미래교육원에서 연구한 성과를 바탕으로 우리나라 미래교육의 방향과 고민을 소개하는 영상을 발표했다. 사람들이 궁금해하는 미래 교육의 취지가 담긴 영상이다.

'징검다리 미래교육원'은 '알파고 이후의 교육'이란 아젠다를 제시하면서 다가올 미래에 대한 교육의 흐름과 방향, 방식을 고민하기 위해 만들어진 연구 공간이다. 미래 교육? 대략의 그림은 그려지지만 사실 실체는 없다. 사람마다 자기가 그려내는 미래의 모습이 추상적으로 존재할 뿐이다. 왜? 미래는 아직 오지 않았으니까. 그래야만 미래라는 이름에 합당하므로.

이 날 박성미 님이 만든 영상의 내용을 소개한다.

우리에게 익숙한 교육 제도란 다양한 무늬의 아이들을 '고정된 틀' 속에 가두어 똑같이 찍어내는 현실이었습니다. (사각형 찐빵 찍어내기) 왜냐하면 산업사회는 표준화된 인재를 원했기 때문입니다. 창의적인 아이도, 똑똑한 아이도 있었지만, 광고마케팅의 인력이 되거나 부자들의 돈을 불려주는 금융 인력이 되었습니다. 왜냐하면 사회에서 가장 큰 가치는 돈을 버는 것이었기 때문입니다. 지금도 새로운 기술이 나오면 서둘러 새로운 역량을 가르칩니다. 새 기술을 배우면 돈이 될 것이라고 생각하기 때문입니다. 그래서 우리는 창의력, 협력, 문제 해결력을 세상을 더 낫게 바꾸거나 어려운 문제를 해결하기 위한 역량을 키우기보다는 결국 좋은데 취직하거나 돈을 벌기 위해서, 혹은 그래야 살아남는다고 여겨서 배우게 됩니다. 이런 세상에서 창의성 교육이란 결국 '또 다른 틀'을 만드는 것입니다. (육각형 찐빵 찍어내기)

여기서 잠깐 20세기에 이미 '미-래'를 불러온 학자 들뢰즈를 빌려 교육 문제를 생각해보자. 〈들뢰즈와 교육〉을 쓴 김재춘, 배지현의 들뢰즈의 〈차이와 반복〉 사상에 따르면 교육은 크게 세 가지다. 동일성 교육, 차이 교육, 차이 생성의 교육.

우선 두 가지 교육이 존재한다.

먼저 가르쳐서 기르는 교육으로, 가르치는 사람의 입장에서 생각하는 교육이고 교수활동에 초점을 맞춘 교육이다. 들뢰즈 표현대로라면 '홈 패인' 사유다. 홈 패인이라는 말은 홈에 갇혀 틀을 만드는 교육이라는 뜻이다. 앞서 영상 첫 머리에 나온 붕어빵 찍는 교육을 말한다.

다른 하나는 체험하면서 배우는 교육으로, 배우는 사람의 입장에서 생각하는 교육이며 학습활동에 초점을 맞춘다. '홈 패인' 사유와 반대로 '매끄러운' 사유로 표현된다. 어디에 갇히지 않고 자유롭게 흘러다니는 사유라는 뜻이다. '질문이 있는 교실'을 비롯해서 '학생 중심 수업, 배움 중심 수업, 거꾸로 교실' 등은 모두 매끄러운 사유를 지향한다.

굳이 무술에 비유하자면 홈 패인 사유가 고정된 형태를 벗어나지 않는 품새를 지닌 '태권도'에 가깝다면, 매끄러운 사유는 다양한 무술을 결합하면서 변형, 생성을 거듭하는 이소룡의 '절권도'에 해당한다.

홈 패인 사유에 근거한 전통적인 배움은 차이를 존중하기보다 '동일성'을 강조한다. 표준화와 획일화가 생산성의 힘이었기 때문이다. '배워야 할 특정 대상'은 배움의 과정을 통해 지속적으로 추구되어야 할 '동일자'로 이 동일자, 즉 절대적인 지식에 근접해가고 닮아가는 것이 곧 '배움'이다. 그러니 학생들이 궁금하고 창의적인 생각을 할 여가가 없고 필요도 없다. 이는 플라톤의 '동굴의 비유'로 설명되는 교육으로 동굴 안에 묶인 수인이 동굴 밖으로 나오는 과정이 배움이며, 이 배움의 궁극적 지향점은 절대화된 '지식 이데아'다.

반면 들뢰즈는 '차이'를 강조한다. 반복 또한 그가 강조한 개념이다. 물론 그가 말한 차이의 의미를 이해하기는 쉽지 않다. 들뢰즈에게 '차이'는 존재의 생성이나 창조의 원동력이다. "인간이 사유한다는 것은 창조한다는 것이며 그 밖에 다른 창조는 없다." 들뢰즈에게 사유와 인식이란 사유의 과정을 통해 현존한 적 없던 새로운 것, 이전과는 다른 차이만을 반복적으로 창조하는 행위이다. 그리고 그 차이는 고유성의 다른 이름이기도 하다.

시인 김수영이 쓴 시 〈달나라의 장난〉에 나오는 구절을 빌리면 이렇다.

비행기 프로펠러보다는 팽이가 기억(記憶)이 멀고
강한 것보다는 약한 것이 더 많은 나의 착한 마음이기에
팽이는 지금 수천 년 전의 성인(聖人)과 같이
내 앞에서 돈다

생각하면 서러운 것인데

'너도 나도 스스로 도는 힘을 위하여

공통된 그 무엇을 위하여 울어서는 아니 된다'는 듯이

서서 돌고 있는 것인가

팽이가 돈다

팽이가 돈다

(김수영, 달나라의 장난)

누군가의 집을 방문해서 팽이가 도는 것을 보면서 시인은 동일성과 반복과 차이를 생각한다. 속임 없는 눈으로 보니 팽이가 평범하게 핑 근핑근 돌지 않고 마치 면벽 수도승처럼 세차게 서서 노는 보습을 본다. 가난하고 부자유한 인생은 서럽지만 시인은 그 속에서 공통된 그 무엇이 아닌 스스로 도는 힘의 자유와 차이를 깨닫는다. 그럼에도 팽이는 무한히 반복하면서 자기 생을 살아간다.

들뢰즈는 이러한 차이를 발생시키는 사유를 '배움'으로 명명한다.

그에게 배움이란 남이 가르치는 것을 수용하는 것이 아니라 스스로 '이념을 탐험하는 활동'이자 새로운 '기호 혹은 사건과 마주치는 공간을 만들어가는 행위'다. 배움은 동일자를 재현하는 활동이 아니라 사유와 삶에 끊임없이 차이를 생성하는 활동이다. 위대한 스승 밑에서 한 가지 일을 꾸준히 배우는 도제(apprenticeship) 교육이나 견습 교육에서 이루어지는 배움과 같이 무의식적이고 비의도적이며 비체계적이다.

이런 이야기는 영화 〈기억전달자(기버)〉에서 잘 보여준다. 동일성을 위해 차이를 지우고 모든 인간들이 과거의 기억을 지우며 살아가는 세계에서 주인공 데니스는 자기 삶의 역할로 기억보존자 역할을 맡는다. 기억보존자는 유일하게 그 세계에서 기억전달자로부터 과거의 모든 기억을 전수받는다. 기억이 없는 사람과 기억을 가진 사람. 전자는 인간의 생로병사와 희로애락에 대한 고민과 고통, 감정이 없다. 분열과 대립, 갈등, 혼돈을 두려워한 원로들이 인간의 기억을 지우는 약물을 투사한 뒤 가장 안정적인 사회를 만들었기 때문이다. 이 사회는 차이가 없으므로 차별이 없으나 욕망도 거세되어 격동의 감정이나 사랑, 연민을 느끼지 못하는 기계적인 삶을 살아야한다. 영화는 흑백으로 차이와 감정이 없는 인간의 차가운 세계를 표현한다.

기억을 전수받는 데니스는 기억의 환희와 고통을 맛보면서 진정한 인간으로 다시 태어난다. 무의식 중에 좋아했던 피요나에 대한 사랑을 자각하고 손을 잡으며 입술을 맞대면서 원초적인 사랑의 감정을 느낀다. 그리고 그 시대를 살아가는 사람들이 진정으로 깨어 있고 살아 있는 사람들이 아니라 단지 차이 없이 동일성의 세계에서 '워킹 데드'로 살아가는 좀비와 다름없다는 안타까움을 느끼고 그들에게 기억을 되돌려주기 위한 모험을 감행한다.

인간은 시간과 더불어 마땅히 죽고 태어나며 사랑하고 증오하고 온갖 감정의 격동과 혼돈을 겪으면서 성장하고 변화한다는 진리를 깨닫는다. 세상은 하나의 색이 지배할 수 없으며 인간은 누구나 고유의 색을 지닌 개성 있는 존재임을 알리고자 한다. 비록, 자신의 삶이 어느 극한을 향해 가야하는 고통이 따를지라도. 예술적인 음악이나 소리조차 없는 세상에서 기억전달자로부터 피아노 소리를 처음 들으며 생의 다른 영역을 감각하는 데니스의 모습은 매우 인상적이다.

예술의 힘을 누구보다 강조한 이는 들뢰즈였다. 들뢰즈는 일상의 삶이 표준화되고 천편일률적으로 변화할수록 '예술'을 삶 가운데로 더욱 철저하게 끌어들여야 한다고 주장했다. 그는 예술이 지닌 차이생성의 역량을 발견하고 이를 우리의 일상적 삶에 흐르도록 한다. 삶을 표준화시키는 최고의 기제 중 하나였던 교육을 새로움을 생성하고 특이성들을 유동시키는 창조의 활동으로 새롭게 이해하려는 시도이다. 박성미가 비판하고자 하는 요점도 동일성의 교육을 넘어선 차이, 나아가 차이 생성을 추구하자는 취지다. 차이 생성에 대해서는 나중에 논의하고 계속 영상을 띠피기 보지.

산업화 시대의 우리는 협력해서 생산한 결과물을 소유하지 못했습니다. 하지만 디지털 세계에서는 협력의 결과물을 모두가 공유할 수 있게 됩니다. 예전의 창의성이란 각자의 역량을 경쟁하는 것이었습니다. 그러나 지금 시대의 창의성은 협력으로 함께 더 나은 결과물을 만드는 것입니다.

knowledge commons(공유지식).
우리는 다른 교육을 상상해 볼 수 있습니다. 일정한 지식을 배우며 각자의 역량을 키우는 대신 모두가 역량을 공유하기 시작하면 어떨까요? 우리 모두는 다른 이가 쌓은 지식 위에서 출발합니다. 그러면 사회 전체의 지적역량은 기하급수적으로 증가합니다. 커다란 공유지식 자산을 만드는 일은 아이들에게 거대한 도서관을 만들어주는 일과 같습니다.

내가 세상을 더 멀리 볼 수 있다면 그것은 거인의 어깨 위에 올라가 있기 때문이다. (아이작 뉴턴)

데이터는 미래의 자원이기도 합니다.
데이터를 채굴하고 가공해서 새로운 생산을 하게 됩니다. 인공지능도 데이터를 먹고 자랍니다. 하지만 현재 우리 나라엔 이러한 데이터가 거의 없습니다.

vision(희망)

우리는 기계가 사람을 대체하기 때문에 일자리가 사라진다고 생각합니다. 하지만 그보다 근본적인 원인은 고용구조가 바뀐다는 데 있습니다. 플랫폼으로 연결된 사람들이 고용 없이 경제 활동을 하는 세상이 오고 있습니다.

노동과 생산의 패러다임이 바뀌고 있습니다. 하지만 사회는 아직 이런 시스템에 적합한 삶의 안전망을 만들지 못한 상태입니다. 시장은 저만치 앞서 가는데 법과 질서는 아직 산업화 시대에 머물러 있습니다. 이 사이에 불안이 존재합니다. 기술이 가져다 준 풍요를 한줌도 안 되는 사람들이 돈을 버는데 쓰이게 할 것인가, 아니면 사회 전체의 풍요로 가져갈 것인가는 사람들이 어떤 질서를 만드느냐에 달렸습니다.

"기계와 인간 사이의 문제가 아닙니다. 인간과 인간 사이의 문제입니다."(제이네 투페이치 Zenep Tufekci[1])

모든 가치를 돈에 가두는 세상에서는 모든 역량을 시험에 가두는 세상에서 벗어날 수 없습니다. 아이들에게 남겨진 숙제는 생산적이고 효율적인 인간이 되는 것이 아니라 새로운 질서를 만들어가는 일입니다.

그렇다면 우리는 옛 질서에 남아 있는 한 줌도 안 되는 안전망을 향해 아이들이 뛰어드는 것을 보고만 있을 것인가, 아니면 아직 존재하지 않는 새로운 질서를 상상하면서 이를 위해 싸울 것인가를 선택해야 합니다. (박성미, 디지털 시대의 교육 영상)

이 영상은 서울시교육청과 징검다리 교육공동체 주최로 열린 〈알파고 시대의 학교교육〉 심포지엄 내용을 토대로 만들었다. 아름답고 잔잔한 음악과 함께 펼쳐지는 모션 그래픽을 보면 공감이 배가되는 뜻 깊은 영상이다. 그 영상을 이 글에서 보여주지 못해서 안타깝다. 보고 싶은 분은 징검다리 미래교육원에서 찾아보면 된다.

(https://vimeo.com/176862899?ref=fb-share)

참가자들은 영상을 보고 잠시 침묵에 빠졌다. 공감과 찬사의 말이 이어졌다. '한줌도 안 되는 사람'이라는 표현이 유일한 흠이라고 말한 사람도 있었지만 그만큼 나머지 내용에 이백 퍼센트 공감한다는 뜻이었다. 사람들은 모두 미래교육의 새로움과 방향에 지지와 성원을 말없이 보냈다. 발표를 마치고 질문과 대답의 시간이 이어졌다. 생태교육

---

1) 제이네 투페이치(Zeynep Tufekci)는 작가, 학자, 자기 스타일의 "테크노-사회학자"로 주로 정치와 사회에 대한 기술의 효과에 대해 씁니다. 노스 캐롤라이나 대학교의 정보 및 도서관 과학부 부교수이자 하버드 대학교의 연수 교수입니다. 2015년에 그녀는 사회 과학 및 인문학 분야의 앤드류 카네기 연구원으로 임명되었습니다.
그녀의 연구 및 출판물에는 정치 및 대중 분야에 대한 빅 데이터의 효과, 사회 미디어가 사회 운동에 미치는 영향, 다가오는 인터넷에 노출된 개인 정보 및 보안 취약성과 같은 주제가 포함됩니다. 일반적으로 그녀는 소셜 미디어와 빅 데이터의 잠재적 부정적인 사회적 결과를 간략히 설명하고 이러한 현상을 완전히 거부하지 않았습니다.

에 관심 많은 한 선생님이 '미래'라는 말과, 그 말이 갖는 의미에 대해서 문제를 제기했다. 긴 내용이라 정확히 기억을 하지 못하지만 핵심은 대략 이렇다.

"저는 미래라는 말에 울렁증이 좀 있어요.(웃음) 사람들은 미래라고 하면 첨단 과학기술 장비를 동원한 기계 문명, 로봇과 인공지능이 지배하거나 그들을 활용하는 기술문명 사회를 말하면서, 우리가 그런 기술적인 내용을 배우고 적응해야 한다고 겁을 주는데, 저는 미래가 올수록 자연과 생태문명을 더욱 중시하는 교육을 강화해야 한다고 생각합니다. 그런데 미래 교육하면 4차 산업혁명이나 과학기술문명을 따라가야 하는 것처럼 보여서 조금 불편합니다."

질문을 하신 선생님은 서울 교외에서 텃밭을 일구고 자연친화적인 삶을 사시는 분이다. 이 분은 '미래'라는 말이 첨단의 과학 기술을 연상케하는 불편함을 지적했다. 박성미 씨의 답이 이어졌다.

"저도 미래라는 말에 울렁증이 있어요.(다시 모두 웃음) 선생님 말에 공감하고요 저도 미래라는 말을 단순히 과학기술 문명이나 기계의 발달에 초점을 맞추어서 미래 교육을 고민하는 것은 아닙니다. 오히려 그 미래라는 말이 불투명하기 때문에 같이 연구해보려고 하는 겁니다."

도대체 그 '미래'란 무엇인가? 미래를 우리는 어떤 관점으로 바라봐야 하는가? 막막하기 그지 없다. 학문으로의 미래학도 있고 문화예술계에도 미래주의자나 미래파 등 인류 역사에 다양한 미래 관련 언어가 있다. 오늘 날 미래가 중요한 화두로 떠오른 건 2016년 다보스 포럼에서 4차 산업 혁명을 논하면서부터다.

우리는 과거 역사를 나눌 때 어떤 분기점을 설정한다. 도구 사용에 따라 석기-청동기-철기로 나누기도 하고, 고대-중세-근대-탈근대로 묶어서 명명하기도 한다. 농경 사회에서 산업 혁명, 인터넷 혁명으로 분류하는가 하면 프랑스 혁명이나 공산주의 혁명 같은 정치적 격변이 이루어진 전환기의 중대 사건을 기점으로 삼기도 한다. 과거와 비교할 때, 당대는 늘 최첨단의 기계문명이 발달한 사회이고 가속도가 붙은 위시의 혁명은 끝없이 새로운 미래를 기획하고 창조해왔나. 시급은 그 미래가 우리를 바라보면서 다가오는 느낌이 강한 시대다. 바라보고 나아가는 미래(목적지)가 아니라 오히려 우리를 바라보면서 맹렬하게 다가오는 느낌의 미래(출발지)랄까? 이런 느낌은 어디서 생겨났는가? 그건 그 만큼 미래를 미리 고민하고 생각하는 사람들이 많아졌다는 뜻이다. 그냥 앉아서 기다리는 미래가 아니라 이미 만들어진 미래가 어떤 의지나 의미를 가지고 현재를 향해 다가온다는 의미의 미래. 우리는 그런 미래를 무엇이라 다시 불러야 할까. 철학자이자 사회운동가인 이진경은 그것을 '미-래'라고 불렀다.

이진경이 새로운 미래 개념을 제시한 기원은 책『미래의 맑스주의』를 출간하면서부터다. 물론 이 책은 '미래'보다는 새로운 '맑스주의'에 방점이 찍힌 책이다. 과거의 낡은 맑스주의가 가진 한계가 무엇인지

짚어내고 새로운 시대에 맞게 진화한, 혹은 이진경 연구의 성과를 반영한 '탈근대화한 맑스주의'다. 이 책속에는 미래의 맑스주의 뿐만 아니라 미래의 학교와 교육에 대한 씨앗이 담겨있다. 그런 의미에서 이 책을 주목하고 이 책 속에 담긴 '미-래'라는 말에 대한 해석을 통해서 대부분의 사람들이 혼란스러워하고 두려워하는 '미래'라는 말을 정리하고자 한다.

이진경은 마르크스주의자였다가 탈근대주의를 거쳐 다시 마르크스로 돌아와 '미래의 마르크스주의'를 주장한다. 소련이라는 현실 사회주의 붕괴 이후 세계와 철학은 침묵에 빠졌다. 어디선가 출구를 찾거나 새로운 운동의 기원을 마련해야했다. 이진경은 동양사상과 푸코, 들뢰즈, 가타리 등의 사상을 통해서 새로운 문제를 설정하고 지적 싸움을 감행한 사람이다.

그는 유물론에서 물질 개념을 탈피시키고 물질 개념을 '외부와의 사유'로 연결했다. 우리는 날마다 같은 삶을 반복하면서 동시에 새로운 사건, 사람을 만나 변화를 추구한다. 같은 삶에 대한 반복이 관념적 사유의 틀에 갇힌 삶이라면 기본의 삶의 틀을 벗어나는 외부와 접속하여 새로운 사유와 경험을 창조하는 삶이 진정한 유물론적 삶이라는 것이다. 마르크스주의의 인식론 또한 인간과 자연, 기계, 동물 등 기존의 인간적 사유 외부를 탐색한다. 또 마르크스주의 정치경제학의 핵심인 노동가치론도 "노동의 특권적 중심성을 제거해 노동과 비노동의 구별을 넘어서는 것"을 주장하면서 기계의 노동까지를 가치에 포함시키고자 한다.

그는 프롤레타리아트와 노동계급을 구분하면서 "프롤레타리아트는 노동자 계급이 아니라 사회를 지배하는 척도에서 배제되거나 벗어난 자들"로 규정한다. 오늘날 우리 개념으로 소외된 약자, 소수자로 재정의한다. 기아차 노동자들이 비정규직 노동자를 노조에서 배제하는 투표를 진행하는 오늘의 현실에서 노동자라는 계급은 더 이상 부르조아와 대치되는 고유성을 갖기 어렵다. 이진경의 새로운 계급론은 부르조아-프롤레타리아의 이분법적인 대립 갈등을 넘어서 새로운 '프롤레타리아-되기'를 지향한다. 획일적이고 권력화된 자본주의의 잣대와 다른 고유의 삶을 살아가는 방식과 세계를 주장한다.

미래 교유을 논희면서 굳이 '유물론, 계급론, 인식론' 등을 소개하는 이유는 미래교육원의 박성미 대표도 언급한 바 있지만, 앞으로의 사회는 계급이 더 분화되고 계급 간 갈등이 심화되는 사회이기 때문이다. 낮은 계급과 가난한 사람들과 공유하는 경제에 대한 고민 없이 말해지는 미래교육은 공허한 염불에 불과하다는 뜻이다. 이 책이 본격적으로 미래의 경제를 논하는 책은 아니지만 적어도 부르주아와 프롤로레타리아를 이분법적으로 나누는 근대의 계급이 아닌 탈근대 시대의 계급에 대한 사유는 잊지 말아야 한다는 뜻이기도 하다. 다시 종합하면 미래에 대한 새로운 이념과 철학이 뒷받침되지 않는다면 미래 교육은 그 의미도 모른 채 길을 잃고 허상처럼 겉돌 수 있다는 말이다.

그럼 이 책에서 이진경이 말하는 미래란 무엇인가? 왜 미래는 '미-래'인가? 그는 책에서 말한다.

'미(未)-래(來)의 맑스주의'란 블로흐(E, Bloch) 식의 어법으로 말하면 '아직-오지-않은' 맑스주의다. 그것은 아직 오지 않았지만 이미 충분히 다가온 맑스주의다. 그렇기에 현재 주어진 것을 이미 변형시키고 이탈시키기 시작한 맑스주의다. 기-존의 사유로 결여된 자리를 메우며 이동하는 빈곤한 맑스주의가 아니라, 불온성의 감응을 동반한, 새로운 이탈의 포텐셜로 충만한 맑스주의일 것이다. 맑스주의에 풍요의 요소를 추가하는, 따라서 그것은 지금까지 없었던 맑스주의, 그저 새로운 것을 찾는 맑스주의, 부재하던 맑스주의를 뜻하지 않는다. 그것은 맑스주의에서 아직 사유되지 않은 것을 사유하는 맑스주의고, 그런 방식으로 '도래할 맑스주의'다.

  (이진경, 『미래의 맑스주의』)

  '아직-오지-않은', '충분히 다가온', '도래할' 시간이며, 불온성의 감응을 동반하는, 새로운 이탈의 가능성으로 충만한 시간이다.

  "과거는 히스토리, 미래는 미스테리, 현재는 프레즌트."

  그렇다. 미래란 미스테리의 영역이고 인간의 실존에서는 현존하지 않는다. 아니 우리가 고민하고 인지하는 순간 미래는 그 자체로서의 존재성을 상실하고 혹은 초월해서 현재가 되어있다.

  〈터미네이터〉에서는 과거와 결합하고 현재를 만들며 다시 새롭게 열어가는 시간 속에서 미래의 의미를 재탄생시킨다. 주인공 존 코너는 2029년에 자기 부하 카일 리스를 1984년으로 보내 자기 엄마 사라 코너를 만나게 해서 두 사람의 하룻밤 인연으로 자기를 낳게 한다. 1994년 자기를 죽이러 온 터미네이터와의 집요한 싸움에서 전사로 길러진 존 코너는 다시 미래에 기계와 싸우는 인간의 대장이 되어 새로운 세계를 창조한다. 이 영화에서 사라 코너는 말한다.

"미래는 결정되어 있지 않다(the future is not set)"

미래의 비결정성은 미래가 움직이는 시간이라는 뜻이다. 이미 우리가 살아가는 세계는 과거-현재-미래의 구분이 사라져가고 있다. 무엇이 미래를 지워가면서 더욱 생생하게 다가오게 만드는가? 움직이는 과거의 역사와 오늘의 시간과 어우러지는 나의 시간에 대한 인식이 나의 미래, 나의 우주를 만든다.

미래와 과거 현재가 공존하는 언어를 사용하는 외계인은 또 어떤가. 테드 창이 쓴 소설 〈네 인생의 이야기〉를 원작으로 한 영화 〈컨택트〉의 헵타포드는 3천년 이후의 '미래'를 '기억'한다. 주인공 루이스 역시 헵타포드어를 배우고 익히면서 자신의 미래를 '기억'하고 '선택'한다. 내게 미래란 이미 지나간 시간이며 움직이는 시간이고 만들어가는 시간이다. 그 모두가 동시에 춤추는 시간이기도 하다.

미래의 학교, 미래의 교육을 걱정하고 준비하자는 담론이 넘쳐난다. 바람직한 현상이다. 단, 미래란 우리가 언젠가 맞닥뜨릴 불안하고 혼돈스런 먼 훗날이 아니라 바로 '지금, 여기'의 삶을 의미한다. 혼돈이란 무엇인가? 〈그을린 사랑〉, 〈컨택트〉의 감독 드니 빌뇌브가 만든 〈에너미〉라는 영화는 다음과 같은 말로 시작한다.

"혼돈이란 해석되지 않은 질서다."

그럼 이렇게 말할 수 있지 않을까? '미래란 아직 해석되지 못한 현재 혹은 해석이 되기 직전의 시간'이라고. 그것은 이미 존재하며, 오고 있고 변화하는 시간의 한 역동(力動)이자 역동(逆動)이다. 그래서 이진경은 미래(未來)를 '미(未)-래(來)' 즉, '아직 오지 않은-내일'의 창조적 긴장(-)으로 표현했다.

그러니 미래하면 첨단 과학기술이 지배하는 세계라는 과학만능 울렁증에 흔들리지도 말고, 천국(종말)이 가까웠으니 회개하라는 사이비 미래주의자들에게 현혹되지도 말 일이다. 학교나 교육도 마찬가지다. 4차 산업 혁명 시대를 맞으면서 벌어지는 전세계적으로 눈부신 기술적인 진보를 존중하되 다만, 자본에 의한, 자본을 위한 미-래(학교)와 맞서고 공유와 공생과 공존의 지혜를 갖는 스승이자 전사로서의 삶을 살겠다는 의지만 있으면 족하다.

〈미래 학교와 무지한 스승 되-기〉는 그 전사들이 만들어가는 아름다운 미래 학교를 찾아가는 긴 여정이다.
그 학교는 이미, 우리 안에 강림 중이다.

2. 근대학교와 미래학교

미셸 푸코의 예언대로 21세기를 대표하는 철학자가 된 질 들뢰즈의 말이 있다. "언젠가 세상은 영화가 될 것이다." 그렇다면 결국 미래는 영화를 벗어나지 못한다는 말이다. 가상 현실과 초연결 사회 그리고 인공지능이 생활 속으로 다가온 현대는 이미 들뢰즈의 예언을 현실화한 지 오래다. 그 속에서 인간들은 자기 정체성에 대한 회의와 자기 존재성에 혼란을 느끼면서 새로운 삶에 대한 열망과 변하기 힘든 조건 속에서 흔들린다. 그 가운데서도 가장 커다란 불안과 위기의식을 느끼는 곳은 교육 현장이다. 도무지 사회 변화의 속도를 따라가지 못하는 근대체제 속의 거북이 학교들은 눈부시게 달라지는 세상을 바라보며 망연자실 그 자체다.

설문 주체와 방법에 따라 다르지만 어느 신문 기사에 따르면 인공지능 시대가 현실화 되면 가장 크게 위협을 받는 직업 1위가 교사다.

그 뒤를 의사, 약사가 잇는다. 로봇이 사람을 가르치는 시대. 과연 영화나 상상 속에서만 가능하던 그 시대가 정말 올까? 비단 인공 지능뿐만 아니라 다른 영역에서도 인간의 상상력과 기술의 힘은 영화 이후의 시대를 향해 돌진한다. 학교와 교육은 이미 거대한 전환의 초입에 들어섰고 들뢰즈의 말을 빌리자면 이제 세상의 일부인 '학교도 곧 영화가 될 것'이다!

엄청난 조회수를 자랑하는 영상이 하나 있다. 인터넷에 떠도는 근대 학교체제에 대한 단죄는 불변의 늪 속에 갇혀온 현대 사회의 학교 모습을 있는 그대로 보여준다.

알버트 아인슈타인은 이렇게 말한 바 있습니다. "모든 사람은 천재다" "그런데 물고기를 평가할 때, 나무를 타고오르는 능력으로 시험한다면 그 물고기는 평생을 스스로가 바보라고 생각하면서 살 것이다" 배심원단 여러분, 오늘 우리는 '근대 학교 제도'를 재판합니다. 와주셔서 감사합니다. 학교는 물고기를 나무에 오르도록 만들 뿐만 아니라 나무를 타고 내려오게도 만들고, 단축 마라톤도 달리게 만듭니다. 학교는 답변해 주시기 바랍니다. 그게 자랑스럽습니까? 수백만의 사람들을 로봇으로 만들어 놓고 그게 재미있습니까? 얼마나 많은 아이들이 그 물고기 같은지 아십니까? 교실을 거슬러 헤엄쳐가며 자신의 재능은 발견하지도 못한 채 자신이 바보 같다고 생각하고, 쓸모없다고 여기게 됩니다. 하지만 이제 때가 왔습니다. 더 이상의 변명은 필요 없습니다. 저는 학교를 법정에 세워 기소합니다. 창의성을 죽이고, 개성을 죽였으며 지적으로 학대해 왔습니다. 학교는 오래전 세워진 기관이며, 이제 시대에 뒤떨어져 있습니다.

이 글은 현대의 전화기와 자동차를 150년 전 사물들과 비교하면서 지난 한 세기가 넘도록 학교는 그다지 변화지 않았음을 비판한다. 근대 학교가 집단적이고 대량생산에 적합한 노동력을 생산하기 위해서 만들어진 까닭에 자본주의 체제가 공고하게 유지되어 온 지금도 학교는 크게 변화하지 않았다.

저는 학교에 대해 별다른 신뢰가 남아있지 않지만, 인간에 대한 신뢰는 남아 있습니다. 그러니까 의료도 자동차도 페이스북 페이지도 모두 개인에게 맞춰진다면 교육 역시 그렇게 개인에게 맞춰져야 합니다. 업그레이드해서 바꿔야 하지요.

학교에서 가르쳐준 대로 사는 건 의미가 없습니다. 우리 스스로가 학생 각자의 그리고 전체 학생의 가치를 기꺼을 수 있어야 합니다. 그것이 우리의 과제입니다. 중핵교과라는 건 없애고, 그 대신에 모든 교실에 있는 모든 심장의 핵심으로 들어가는 겁니다. 물론 수학이 중요할 수도 있지만 미술이나 춤도 중요하죠. 모든 재능들에게 공정한 기회를 주어야 합니다.

이게 꿈같은 이야기로 들리실 수도 있지만 핀란드 같은 나라에서는 이런 인상적인 일들이 일어납니다. 학교에서 보내는 시간은 더 짧고 교사들에 대한 처우는 꽤 괜찮으며, 숙제는 존재하지 않고, 경쟁보다는 협동에 초점을 맞추죠. 그렇지만 여러분 매우 인상적인 것이 있습니다. 그 나라의 교육 체제는 세계 어느 나라보다 놀라운 성취를 내고 있습니다. 싱가포르을 비롯해서 다른 나라들도 그런 방법을 뒤쫓아 가고 있습니다. 몬테소리 학교나 칸 아카데미 같은 것들로 말입니다.

정답이 있지는 않겠지만 그래도 시도해 보는 거죠. 왜냐하면 학생들은 전체 인구의 20%쯤 되겠지만 우리 미래의 100%이니까요. 그러니 그들의 꿈들에 관심을 가집시다. 무엇을 성취할지 미리 정해놓지 말고요. 이런 세상이 제가 믿기에는 물고기가 더 이상 나무를 기어오르지 않아도 되는 곳입니다.

〈번역, 하태욱 건신대학원대학교 대안교육학과 교수〉

이에 비하면 얼마 전에 사망한 앨빈 토플러의 말은 애교에 가깝다.

그는 지난 2007년 "한국에서 가장 이해하기 힘든 것은 교육이 정반대로 가고 있다는 것이다. 한국 학생들은 하루 15시간 이상을 학교와 학원에서, 자신들이 살아갈 미래에 필요하지 않은 지식을 배우기 위해, 그리고 존재하지도 않을 직업을 위해 아까운 시간을 허비하고 있다"고 말했다.

그로부터 채 10년이 지나지 않아 세계는 4차 산업 혁명과 인공지능의 담론 속에서 방황한다. 오늘날 세계와 한국 사회 어디서나 기존에 선망받던 일자리가 빠른 속도로 줄어들고 있다. 거대한 산업군 자체가 사라지고 대기업 일자리와 전문직들의 일자리도 급격히 감소 중이다.

앞의 영상은 미국의 근대 학교 시스템에 대한 비판이지만 우리 나라도 크게 다르지 않다. 100여년 전 식민지 시대 학교부터 오늘의 신자유주의와 4차 산업 혁명 시대에 이르기까지 대한민국 학교도 100년 전의 시스템을 크게 벗어나지 못했다. 교실의 풍경이 좀 다르기는 하다. 그러나 얼마나?

이런 문제가 비단 교육부와 교육청만의 문제일까? 학교 운영자와 교사들은, 학생들은 달리 책임이 없을까? 학부모를 포함한 모두가 함께 만들어가는 학교공동체의 역할과 책임은 어떻게 이야기되어야 할까?

앞으로 이어지는 글은 미-래에 달라질 학교 모습에 대한 상상력을 바탕으로 썼다. 공상과학영화 속에나 나올 학교의 모습은 현실과 다르다. 그러나 '언제가 세상은 영화가 된다'는 들뢰즈의 말을 잊지 말자. 아직 오지 않은 '미-래'는 곧, 이미 오늘이 된다. 그 오늘을 향한 몸부림이 지금 던지는 질문에 대한 나의 작은 대답이다. 그 작은 씨앗을 영화와 책과 현실 속에서 찾고자 한다. 그럼 지금부터 '이상한 나라의 앨리스'와 같은 이상한 학교로 여행을 떠나보자.

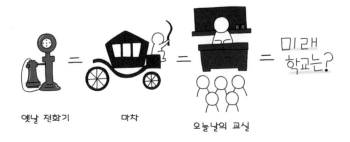

3. 김수영의 <거대한 뿌리>와 영화 <억셉티드>

대사의 절반이 욕설인 연극에 조희연 교육감이 "감사"한 까닭은

"그러니까 병X야, 영화반 들어오라니까" "아! 씨X, 너네 말 들을 걸. 합창반 X나 쪽팔려" "영화반 X나 X널럴해" "선생, X나 호X라며?" "병X이야, XX밥 같은 XX"

지난 2일부터 12일까지 남산예술센터에서 공연된 연극 <파란나라>의 첫 장면에 나오는 대사들이다. 고등학교를 배경으로 대부분의 등장인물이 고등학교 1학년인 이 연극의 대사는 욕설 또는 속어로 가득하다. 이같은 연극을 지원한 곳은 다름 아닌 서울시교육청이다. 마지막 공연인 지난 12일 조희연 서울시교육청 교육감은 직접 관람하고 출연진 등과 토론하는 시간도 보냈다. 대체 무슨 연극이기에….

연극 〈파란나라〉는 경기도의 한 고등학교 1학년 영화반을 배경으로 한다. 영화반 담당이자 역사 과목을 가르치는 '기간제 교사' 이종민 교사와 그의 대학 선배이자 창의적체험활동 지도부장교사인 박형범 교사를 제외하면 등장인물 모두가 학생들이다. 공부도 잘하고 외모도 예쁜 '완벽녀' 박세인, 대형 연예기획사 연습생인 '관종' 양정윤, 공부를 잘하지도 잘 놀지도 못하는 '투명인간' 김선기, 공부도 잘하고 잘 노는 '킹카' 김정화, 박학다식하면서 싸움도 잘하는 '짱' 하재성, 공부만 하는 전교 1등 이은정 등 약 20명의 영화반 학생이 등장한다.

이같은 다양한 학생들이 속한 영화반에 학교 홍보 동영상을 제작하라는 교장의 지시가 떨어진다. 원래 제멋대로였던 영화반 학생들은 '왜 우리가 홍보 동영상을 찍어야 하느냐'며 반발한다. 학생들은 입시 중심, 불평등한 한국 사회에 내안 사통 불만도 쏟아낸다. 이에 이 교사는 '학교 동영상을 찍고 교장에게 잘 보이면 기간제 교사에서 벗어날 수 있다'는 박 교사의 조언에도 학생들의 뜻에 따라 홍보 동영상을 찍는 것을 거부한다. 대신 이 교사는 영화반 학생들에게 게임을 하자고 제안한다. 모두가 평등한 '우리'만의 공동체를 건설해보는 게임이었다.

리더로 이 교사가 뽑혔다. 규칙도 정했다. 그러나 하재성은 '말도 안 되는 게임 집어치우라'며 반발한다. 다른 학생들도 이 교사에게 장난을 치는 심정으로 게임에 참여한다. 그러나 매주 게임이 진행될수록 학생들은 빠져든다. 학교 안팎에서 상처와 무시를 받지만, '파란나라'로 이름 지은 공동체 안에서는 평등한 대우를 받고 자존감을 가질 수 있었기 때문이다. 장난으로 시작했던 게임이었지만, 시간이 갈수록 삶에 대한 학생들의 태도는 바뀐다. 파란나라는 사회관계망서비스(SNS) 등을 통해 학교 내에서는 물론 한국에서 유명해진다.

그러나 한달이 조금 지나자 문제에 봉착한다. 파란나라를 배척하고 비판했던 학생을 따돌리고 또 다른 집단주의 등이 나오게 된 것이다. 결국 배척된 학생이 스스로 목숨을 끊는다. 이 교사도 '이제 게임을 중단하자'고 얘기하지만 비극적인 결말을 피하지는 못한다.

연극 〈파란나라〉는 '실화'다. 정확히 얘기하면 실화를 바탕으로 만들어진 작품이다. 1967년 미국 캘리포니아주 팔로알토의 큐벌리 고등학교 역사 수업에서 실제 진행됐던 사회적 실험을 배경으로 하고 있다. 이 실험은 1980년대 대서양을 건너 독일에서 〈파도〉라는 제목의 청소년 소설로 출간됐다. 나치와 파시즘을 다룬 내용이었기 때문이다. 〈파도〉는 독일 청소년들의 필독서로 독일 중·고등학교에서 토론 교재로 사용되고, 2008년 영화로 제작되기도 했다. 이를 국내 사정에 맞게 각색한 연극이 〈파란나라〉로, 지난해 처음 무대에 올려졌다.

다소 과하게 보일 수도 있지만 연극을 본 학생들은 공감했다. 지난 12일 공연 직후 열린 서울시교육청의 여담회에 참석한 한 학생은 "실제 학교에서 저런 일이 일어난다"며 "일부 과장된 면도 있지만 엄연한 현실"이라고 평했다. 여담회에 참석한 한 현직 교사는 "마지막 파란나라 군무를 보면서 먹먹했다"며 "아이들이 갈 곳을 잃고 맹목적 집단주의에 의지할 수밖에 없게끔 제가 하지 않았나 반성을 하게 됐다"고 말했다.

조희연 교육감은 "학교폭력, 기간제 교사 문제, 왕따 등 학생간 문제, 학교라는 공간에 엄청나게 많은 문제가 있는데 리얼하게 그려 주셔서 감사하다"며 "많은 걸 생각하게 하는 연극이었다. 교육 소재로서도 좋겠다고 생각한다"고 말했다.

\- 경향신문, 김경학기자

왜 조희연 교육감은 욕설이 난무하는 연극을 보았을까? 욕 속에도 삶의 진실이 숨쉬고 있기 때문이다. 아니 위선과 허위의 세상에서는 욕이야말로 진실을 드러내는 올곧은 무기인지도 모른다. 욕은 그 자체로 나쁜 게 아니다. 어떤 맥락과 환경에 쓰이느냐, 즉 배치가 문제다. 그 자체로 좋고 나쁨을 논하기 보다는 정확히 쓰여할 곳에 쓰이는가가 더 중요하다.

〈파란 나라〉의 원작이 된 영화, 〈디 벨레〉는 뒤에서 자세히 소개하겠다. 자율과 민주주의 교육을 고민하는 사람들이 반드시 볼 수작(秀作)이다. 여기서는 욕설에 주목하고자 한다. 그러기 위해 소개하는 영화가 〈억셉티드〉다. 학생 스스로가 학교를 만들고 교육과정을 개발하면서 서로가 서로의 스승이자 제자가 되는 이야기다. 그 영화 속에 등장하는 학교 이름이 일단 욕이다. 그 의미를 먼저 파헤쳐보고자 한다.

먼저 바틀비.

영화 〈억셉티드〉의 주인공 '바틀비'는 〈죽은 시인의 사회〉에 나오는 열정적인 키팅 선생님이나 현실에 존재하는 신영복 선생님 같은 고매한 인격의 소유자가 아니다. 〈나무를 심는 사람〉에 나오는 에이자 부뷔에 할아버지처럼 한 평생을 고독과 싸우면서 수천 그루의 나무를 심는 사람도 아니다. 그저 유쾌하게 제멋대로 가끔은 찡하게 자기 삶을 만들어가는 한 인간이다. 바틀비는 대학에도 못 들어간 한 젊은이의 좌충우돌 아니 우충좌돌 모험담의 주인공이다. 영화 〈억셉티드〉의 주인공, 이름은 독특하게도 바틀비다.

〈억셉티드〉는 유쾌하다. 해피엔딩이라서만은 아니다. 주인공 바틀비와 친구들이 벌이는 배움의 향연은 우리나라 어느 학교에서도 찾아

보기 힘든 자유와 유머가 있다. 이 영화에는 미래의 학교를 향해 던지는 무수한 질문이 쏟아진다. 자기 나름의 해답도 제시한다. 이제부터 〈억셉티드〉를 '리좀[2]'의 숙주 삼아서 이야기를 풀어본다.

그러기 위해서 들어서야 하는 첫 관문은 '욕'과 친해지기 혹은 욕에 익숙해지다.

왜 욕인가? 욕이 꼭 필요하고 욕설이 난무할 이유가 있는가?

욕의 미학을 설파한 학자들은 많다. 김수영의 시 '거대한 뿌리'에는 과한 욕이 많이 나온다. 시인에게 욕은 해방과 자유를 상징한다. 누군가를 모욕하고 창피주기 위한 욕이 아니라 부조리한 세상을 풍자 혹은 해방하기 위한 욕 속에 자유의 정신이 있다.

욕과 친한 세계적인 사상가는 실존주의 철학의 대가 사르트르였다.

우리나라에서 입담이라면 뒤지지 않는 세기적인 구라꾼인 황석영 선생님이 있다. 유라시아 대륙의 평화 열차를 꿈꾸는 그분 강의를 듣고 술자리에서 '이 놈, 저 년' 하는 욕설이 난무하는 풍경을 보았다. 물론 거기에서의 욕은 애교와 소통과 진정성이 다가오는 알찬(?) 욕들이었다. 대가들은 그렇게 욕을 즐기는 걸까? 그 분의 '욕설 철학' 배후에는 사르트르가 있었다. 동성연애자 장 주네를 옹호한 사르트르는 당대에 유명한 욕쟁이였다.

과격한 욕설로 유명한 사르트르는 소크라테스와 비슷한 비난을 받았는데 프랑스를 더럽히고 젊은이를 타락시킨다는 이유에서였다. '음란한 살모사', '타이프치는 하이에나', '만년필을 쥔 자칼', '끈적거리

---

2) 이항 대립적이고 위계적인 현실 관계 구조의 이면을 이루는, 자유롭고 유동적인 접속이 가능한 잠재성의 차원. 철학자 들뢰즈와 가타리(Gattari, P. F.)가 제시한 관계 맺기의 한 유형이다.

는 쥐새끼', '민족의 붉은 암' 등이 그의 별명이었다. 그만큼 사르트르 글은 날카롭고 치명적이었다.

그의 욕설과 과격한 표현은 정평이 나서 레비-스트로스, 호르크하이머, 알튀세르 등의 세계적인 학자들도 그를 깡패나 건달, 정신병자라고 부를 정도였다. 작은 키의 외모가 볼품이 없었던 사르트르는 인간의 신체를 지칭하는 욕은 사용하지 않았으나 김수영은 달랐다. 하이데거와 사르트르를 읽은 김수영이 영향을 받지 않았을 리 없지만, 그의 욕은 철학의 대가들을 넘어섰다.

비숍 여사와 연애를 하는 동안에는 진보주의자와
사회주의자는 네 에미 씹이나 동일도 중립도 개좆이다
〈김수영, 거대한 뿌리 중〉

직설적인 언어들이 민망하고 너무 거칠다. 김수영은 통 크게 진보주의자, 사회주자, 통일, 중립 이 거창한 주체 모두를 향해 뱉었다. 우리는 감히 그러지 못한다. 하지만 이런 욕설을 이 땅의 많은 사람들은 대한민국의 학교와 그 상급 기관인 교육청과 교육부를 향해서 뱉어내고 싶지 않은가? 소위 80년대 대학을 다닌 사람들. 개혁과 사회주의를 외치는 사람들, 특히 교사나 학부모들이 그렇다. 그런 사람들이 지배하는 사회에서 통일도 중립도 다 마찬가지다. 개좆과 다름 없다. 대박은 얼어죽을 대박이고 중립은 어느 세상에 존재하겠나. 다 정치적 쇼다. 아마도 시인 김수영이 오늘 날에도 살아있다면 그랬을지 모른다. 다들 엿 먹어라! 학벌이 공고하고 대학 입시가 버티고 서 있으며 교원

평가에 수행평가에 온갖 시험에 찌든 교육 현장이 무슨 미래고 혁신인가!

영화 〈말죽거리 잔혹사〉의 열혈 이소룡 키드 현수도 일찍이 외치지 않았던가?

"대한민국 학교 전부 좆까라 그래!"

개혁이니 혁신이니 미래니 등등 사방에서 새로운 학교를 말한다. 전통적인 학교는 이미 죽음을 선고받은 지 오래라, 학교를 벗어나서 학교를 만드는 새 학교 모임도 여기저기서 생겨난다. 물론 수백 년을 이어온 괴물 같은 학교는 쉽게 죽지 않고 허투루 무너지지 않는다. 그 사이에서 탈학교의 상상력을 품고 길에서 자기 인생 학교를 만들어가는 로드 스쿨러(road schooler)도 적지 않다. 이들처럼 과감하게 학교를 떠나 자기 길을 걸어 탈주한 사람들에게는 학교가 답답하기 그지없다. '가만히 있으라'는 명령으로 복종하는 노예를 키워내는 감옥같은 대한민국의 학교들. 길들여진 학생들. 교사들. 과연 미래에도 학교는 존재 가치가 있을까? 국가와 종교와 소유가 없는 세상을 꿈꾸던 존 레논의 '이매진(imagine)'처럼 우리도 학교 없는 세상을 상상할 수 없을까? 그가 학교 없는 세상을 상상한다면 어떤 노래를 불렀을까? 학교가 사라진 사회를 우리는 상상할 수 없을까?

나는 이사벨 버드 비숍여사와 연애하고 있다 그녀는
1893년에 조선을 처음 방문한 영국 왕립지학협회 회원이다

그녀는 인경전의 종소리가 울리면 장안의

남자들이 모조리 사라지고 갑자기 부녀자의 세계로

화하는 극적인 서울을 보았다 이 아름다운 시간에는

남자로서 거리를 무단통행할 수 있는 것은 교군꾼,

내시, 외국인의 종놈, 관리들뿐이었다 그리고

심야에는 여자는 사라지고 남자가 다시 오입을 하러

활보하고 나선다고 이런 기이한 관습을 가진 나라를

세계 다른 곳에서는 본 일이 없다고

천하를 호령한 민비는 한번도 장안 외출을 하지 못했다고......

〈김수영, 거대한 뿌리 중〉

지금으로부터 백여 년 전 조선을 방문한 이사벨 버드 비숍 여사의 글을 읽고 시인 김수영은 〈거대한 뿌리〉라는 시를 썼다. 비숍 여사가 백여 년 전의 우리나라 학교를 보았다면 어떤 글을 썼을까?

기이한 관습에 빠진 그 조선의 모습이 21세기 헬조선으로, 능력만을 중시하는 메리토크라시(meritocracy)의 한국, 썩어빠진 대한민국으로 이어져 왔다. 근대의 긴 백 년 동안 학교는 어떻게 진화해왔을까? 그러나 시인은 썩어빠진 대한민국을 싫어하지 않는다. 아니 좋다고, 오히려 황송하다고 고백한다. 왜? 놋주발보다 더 쨍쨍 울리는 추억이 있다면 인간과 사랑의 영원성을 잃지 않기 때문이다.

한국 교육의 힘은 어디에 있는가. 징그러운 가난 속에서도 홍익인간을 뜻을 잃지 않고 친구와의 우정과 사랑을 배우던 시절, 학교의 추억은 많은 사람들에게 힘이 되었다. 학교와 학원을 다람쥐처럼 왕복

질주하며 살아가는 요즘 아이들에게는 무슨 추억이 자리할까.

> 전통은 아무리 더러운 전통이라도 좋다 나는 광화문
> 네거리에서 시구문의 진창을 연상하고 인환네
> 처갓집 옆의 지금은 매립한 개울에서 아낙네들이
> 양잿물 솥에 불을 지피며 빨래하던 시절을 생각하고
> 이 우울한 시대를 패러다이스처럼 생각한다
> 버드 비숍여사를 안 뒤부터는 썩어빠진 대한민국이
> 괴롭지 않다 오히려 황송하다 역사는 아무리
> 더러운 역사라도 좋다
> 진창은 아무리 더러운 진창이라도 좋다
> 나에게 놋주발보다도 더 쨍쨍 울리는 추억이
> 있는 한 인간은 영원하고 사랑도 그렇다
> 〈김수영, 거대한 뿌리 중〉

하지만 대다수의 학생들에게 학교는 더 이상 추억의 공간이 아니다. 가난하던 시절, 학교에서나마 밥을 먹고 친구를 사귀던 시절에는 추억이라도 있었지만, 헬조선 대한민국의 학교에는 미시적인 폭력과 은밀한 공포가 만연하다. 교사도 학교가 두렵다고 소리를 질러대고, 학생들은 만인의 만인에 대한 투쟁에 내몰려 전쟁 중이다. 〈여고괴담〉이나 〈배틀 로얄〉의 피흘리는 전쟁은 더 이상 게임이나 영화, 은유가 아니고 현실이다. 학벌에 관한 한 사회주의고 진보고 다 허상이고 찾아보기도 어렵다. 그 어느 주의자들도 자기 자식 교육만큼은 우수한 대학 보내기에 열중하는 시대가 아닌가.

그 추억과 사랑의 열망 뒤에 이어지는 강렬한 욕설. 진보주의자와 사회주의자, 통일과 중립이 정녕 나쁜 것이 아닐진대 시인의 욕설은 대상을 가리지 않는다. 그런 시인이 애정을 품는 대상은 흔히 말하는 버림받은 자들이다. 요강, 망건, 장죽, 종묘상, 장전, 구리개 약방, 신전, 피혁점 곰보, 애꾸, 애 못 낳는 여자, 무식쟁이 등 이 모든 무수한 반동 속에서 연대와 희망의 마음을 발견한다.

> 비숍여사와 연애를 하고 있는 동안에는 진보주의자와
> 사회주의자는 네에미 씹이다 통일도 중립도 개좆이다
> 은밀노 심오도 학구도 체면도 위선도 지아국
> 으로 가라 동양척식회사, 일본영사관, 대한민국 관리,
> 아이스크림은 미국놈 좆대강이나 빨아라 그러나
> 요강, 망건, 장죽, 종묘상, 장전, 구리개 약방, 신전,
> 피혁점, 곰보, 애꾸, 애 못 낳는 여자, 무식쟁이,
> 이 모든 무수한 반동이 좋다
> 〈김수영, 거대한 뿌리 중〉

무수한 반동들이 '가만히 있으라'는 명령 아래 숨 죽여 지내면서 학교는 점점 고립되어 왔다. 이들은 성적, 외모, 학벌, 수저 등으로 평가를 받아왔다. 정당한 노력과 가능성은 배제되었다. 아니 어쩌면 '노오력'이야말로 이 시대를 규정하는 하나의 키워드다. 반동의 힘을 잃어버린 사람들이 내몰린 벼랑에서 몸부림치는 '노오력'은 얼마나 가련하

고 잔인한가!

이런 현실에서 많은 교사와 학생, 학부모들이 학교에 대해서 느끼는 속마음이 실은 욕설이다. 금기가 되어 함부로 내뱉기 두려운 말. 자식의 안위와 장래를 위해 현재를 희생하고 기꺼이 견디기를 자처한 시간의 노예들은 입밖으로 욕설을 뱉어내기가 두렵다. 나도 그렇다. 그러나, 그 두려움을 떨치지 못한다면 변화는 없다. 학교는 감옥의 단계를 지나 영원히 침묵만이 웅웅거리는 무덤이 된다.

시인의 상상력은 무엇인지 모를 '거대한 뿌리'로 이어진다. 좀벌레의 솜털과 비교할 수 없는 거대한 뿌리.

이 땅에 발을 붙이기 위해서는
---제3인도교의 물 속에 박은 철근 기둥도 내가 내 땅에
박는 거대한 뿌리에 비하면 좀벌레의 솜털
내가 내 땅에 박는 거대한 뿌리에 비하면

괴기영화의 맘모스를 연상시키는
까치도 까마귀도 응접을 못하는 시꺼먼 가지를 가진
나도 감히 상상을 못하는 거대한 거대한 뿌리에 비하면….
〈김수영, 거대한 뿌리 중〉

이 '거대한 뿌리'를 학교 안에서 찾아보려는 작은 시도가 이 글이다. 누구나 학교에서 살아가지만 학교 안에 갇혀 학교의 변화를 상상하지

못한다. 시인은 우리에게 거대한 뿌리의 상상력을 제공한다. 그 상상의 날개를 펴기 위해 영화 〈억셉티드(accepted)〉를 탐색한다. 억셉티드는 우리 말로 '받아들임', '합격'이다. 그 영화의 첫 머리가 바로 욕이다. 미국 사회에서 가장 흔한 욕, 쉿!(SHIT!)

쉿!(SHIT!)

shit : 똥(dung), 설사(diarreah). 쓸모없는, 제기랄, 빌어먹을 등의 뜻

왜 'SHIT'인가? 'SHIT'는 영화 〈억셉티드〉의 주인공 '바틀비'가 세운 학교의 이름이다. SHIT은 'South Hamon Institute of Technology'의 머리 글자다. 그럼 지금부터, 학교 안으로, 쉿!

영화의 전체 줄거리는 이렇다.

서류를 넣은 곳마다 대학 입학 시험에 떨어진 주인공 '게인즈 바틀비'는 지역 대학인 하몬 대학의 불합격 통지서와 자기 신분증의 '융합'을 통해 SHIT(South Hamon Institute of Technology)이라는 가짜 대학 합격증(현실을 복제한 시뮬라크르?)을 만든다. 실망한 부모님을 가짜 서류로 위로하려던 계획은 부모님의 학교 방문으로 인해 현실(가상이 어느덧 리얼 현실!)이 된다. 다급한 바틀비는 대학에 떨어진 친구들과 함께 주변의 버려진 정신병원 건물을 진짜 학교처럼 개조해 운영한다. '클릭만 하면 합격'이라는 누리집 홍보문을 보고 찾아든 수많은 학생들. 인생의 루저가 된 그 친구들을 집으로 돌려보낼 수 없던 바틀비는 아예 학교의 운영자가 된다. 물론 이 가짜 학교는 정식 인가를 받지 않았다.

정식 대학을 가보지도 못한 바틀비는 대학의 사명과 기능을 알아보기 위해 하몬 대학을 방문한다. 교수들의 지루한 강의와 성적에 목매는 학생들, 친구 모니카가 자기가 듣고 싶은 강의조차 듣지 못하는 현실에 절망한다. 그렇다면 과연 자기가 만든 대학에서는 무엇을 어떻게 가르쳐야 하는가?

여기서 비로소 질문(!)이 시작된다. 배움을 찾아 대학으로 몰려든 친구들에게 질문을 던진다.

"너는 무엇을 배우고 싶은데?"

당황하는 쪽은 오히려 이 대학을 찾아온 학생들이다. 학교에서 한 번도 받아보지 못한 질문. 그냥 당신들이 가르쳐주는대로 길들여져 왔을 뿐인데, 무엇을 배우고 싶냐고? 학생들의 답은 각양각색. 남자들이야 오로지 '여자'에 대해서 알고 싶을 뿐이지만 요리, 명상, 락앤롤, 조각, 염력 등 다양한 개성과 취미가 본인들의 의지로 강좌개설로 이어진다.

흥겹게 자기들만의 세계를 꿈꾸던 이 대학은 정식 인가 대학인 하몬 대학생의 방문으로 정체가 드러나고 샛 대학을 없애려는 하몬 대학생이 꾸며낸 학부모의 날에 이 학교를 대거 방문한 학부모들은 이 대학이 가짜라는 사실을 알고 실망한다. 학생들과 더불어 좌절한 바틀비 역시 괴로워하는데 (헐리우드 영화의 전형답게 극적인 반전을 위해) 교육위원회에서 대학인가(認可) 심사절차를 밟자는 통보가 온다. 대강당에 모인 수많은 학생들. 학교건물도, 교육과정도, 교수도 없이 운영되어온 이 학교는 과연 정식 대학인가를 받을 수 있을까?

얼핏 보면 한 편의 코미디 영화다. 그러나 단순한 코미디로 보기에

는 대한민국의 실상과 너무 유사하며, 제도화된 교육 현실의 폐부를 찌르고 4차 산업 혁명 시대에 앞으로 변혁해야할 우리 교육의 화두들이 이 한 편의 영화 속에 오롯이 담겨 있다.

우리나라 현실에서 이런 학교가 가능할까? 물론 불가능하다. 그러나 영원히 불가능할까? 모른다. 아니 이미 이런 흐름의 학교는 만들어지고 있다. 그 경계가 아직 뚜렷하지 않을 뿐이다.

2017년 11월 구로에 새로 생긴 학교 소식을 보자

서울 금천에 평생학습센터 '모두의 학교' 28일 개관
시민 교사들 모여 배울 사람 찾는 공유학교

6일 저녁 7시 서울 금천구 독산동. 학생없는 학교에 늦도록 불이 꺼지질 않는다. 2년 전 한울중학교가 떠나고 비어 있던 건물 곳곳에서 '모두의 학교' 수업 준비가 한창이다. 1979년대엔 구로공단 시위를 진압하는 기동대원들의 건물이었고 1980년대부터는 중학교로 쓰였던 이 건물은 학생수가 줄어든 한울중학교가 근처 학교와 합치면서 비어 있었다. 그러다 지난 10월28일 시민들의 공공평생학습센터로 문을 열었고, 내년 3월부터는 정규강좌를 시작할 준비를 하고 있다.

카페 하나 찾기 어려웠던 동네에서 주민들은 모두의 학교에 넓은 베란다를 갖춘 동네 밥집이 열리길 바랐다. 모두의 학교는 처음 전문가들이 만든 설계도를 주민들이 뒤집어서 모유수유실과 옥상 도서관 등 필요한 공간을 만들어낸 곳이다. 일(一)자로 나있던 학교 복도는 에스(S)자로 굽어서 그 사이사이에서 복도 토론을 할 수 있는 공간을 품었다.

'시민주도형 평생학습'을 목표로 하는 모두의 학교는 어떤 강좌를 열기 원하는지 공모를 받고 8개 주제의 학교를 선정해 개강할 때까지 교육 과정을 컨설팅한다. 창업가들 지원 프로그램처럼 모두의 학교가 작은 평생학교 강좌들을 육성하는 방식이다. 컨설팅 첫날인 이날은 '독거노인 지도 만들기 학교', '목공학교', '은빛까치학교' 3곳이 컨설팅을 시작했다. 이들 작은 학교들은 컨설팅을 마치고 교육과정이 승인되면 내년부터 정식으로 이곳서 학교를 운영하게 된다.

 '독거 노인 지도만들기'는 학습 목표가 곧 수업이다. 평생교육을 전공하는 늦깎이 대학원생들이 모여 만드는 이 학교는 대학원생들과 중고등학생들이 함께 자기 지역 독거노인들이 어디에서 어떻게 살고 있는지를 조사, 분석, 인터뷰해 노인 삶의 분포도를 그려나간다. 사회학과 지리학, 그리고 다른 계층·세대의 대화가 이 프로그램의 재료다. '목공학교'는 경력단절 여성이나 중장년층들을 기술자로 만들어내는 게 목표다.

 '모두가 학생이자 선생님이 되는 진짜 학교'를 내건 이 학교의 교사들은 나이도 하는 일도 다양하다. '은빛까치학교'는 금천구 지역 65~75세 할머니 5명이 가르치는 드로잉 수업이다. 은퇴한 공무원들은 폐가구를 고치는 '아하! 학교'도 연다. 다른 나라에서 온 외국인들은 '펀펀(FUNFUN) 상호문화학교'를, 19~24살 금천구 청년들은 '1924금청년대학'을 준비하고 있다. 그외에도 부모·자식이 함께 집수리를 배우는 '모두의 홈', 재생을 주제로 한 '업사이클' 등이 열릴 예정이다.

 모두의 학교는 2006년 영국 런던에서 시작한 '스쿨오브에브리싱'에서 힌트를 얻었다. 배우려는 사람과 가르치려는 사람을 웹으로 연결해주는 이 서비스에서 사람들은 때론 교사, 때론 학생이 되어 양봉부터 우주과학까지 수만가지 경험과 지식을 나눈다. 모두의 학교는 다양한 경력을 가진 사람들을 교사와 학생으로 연결하는 오프라인 플랫폼이다.

모두의 학교는 교장이 없는 학교다. 이 학교를 주관하는 서울시 김영철 평생교육진흥원장은 학교 운영위원 중 한 사람일 뿐이다. 김 원장은 "시설과 운영권을 서울시로부터 이관받아 간섭하지 않는 행정권을 발동했다"고 했다. 김혜영 정책·홍보팀장은 "문화센터에서 볼 수 없는 수업을 하는 것, 강의형 수업에서 벗어나는 것, 이 수업을 씨앗 삼아 밖으로 나갈 수 있는 수업을 하는 것 등을 목표로 하고 있다"며 "교육은 늘 학교에서 끝났고 다른 문제를 해결하지 못했는데 여기서 새로운 사례를 만들고 싶다"고 했다.

남은주 기사 mifoco@hani.co.kr

10여 년 전에는 영화 같던 세상이 이미 우리 안의 현실이 되고 있다. 그 궤적을 영화를 통해 하나씩 찾아가보자.

4. '바틀비', 필기하지 않는 인간

"I would prefer not to."

(차라리 하지 않는 쪽을 선택하겠습니다.)

이 말은 〈필경사 바틀비〉의 주인공이 자주 언급하는 말이다. 바틀비?

우선 〈억셉티드〉의 주인공부터 살펴보자. 그의 이름은 바틀비다. 예사롭지 않은 이름이다. 바틀비?

바틀비는 〈모비 딕〉의 저자인 허먼 멜빌의 1853년 작 단편 소설의 주인공이다. 정식 제목은 〈필경사 바틀비 : 월가 이야기〉(Bartleby, the Scrivener: A Story of Wall Street)

자본주의의 심장으로 불리는 미국 월가에 등장한 한 사람에 대한 이야기다. 바틀비의 직업인 '필경사(scrivener)'는 당시 변호사의 일을 돕는 직업이다. 필경사는 지금처럼 인터넷망이 없고 전산화가 되지 않았을 때는 잘 나가는 직업이었다. 영화 〈그녀(Her)〉에서처럼 사람이 말만 하면 인공지능이 알아서 대필을 해주는 시대에는 없어질지도 모르는 직업이지만, 필경사는 변호사가 처리해야 할 수많은 서류작업 및 심부름을 대신하여 해주는 일종의 기록 노동자이다. 과중한 업무량에 비해 보수는 극히 적었으며 근무환경도 좋지 못하다.

이야기는 맨하탄에서 성공한 변호사를 화자 삼아 시작된다. 자화자찬을 은근슬쩍 늘어놓는 이 변호사, 자신이 지금까지 만난 사람 중 가장 기묘한 남자인 바틀비에 대해 이야기를 시작한다.

이야기의 조반에서 변호사는 필경사들을 고용하는데 이들의 별명은 각각 니퍼(Nipper)와 터키(Turkey)이다. 니퍼와 터키는 특이성이 있다. 터키는 낮에 차분하고 오후에 흥분한다. 반대로 니퍼는 오전에 흥분하고 오후에는 차분해진다. 니퍼는 더 어린데, 그는 만성 소화불량으로 고생한다. 터키는 알콜 의존중이다. 어린 사환의 별명은 생강 쿠키(Ginger Nut)인데, 이 소년이 두 필경사에게 가져다주는 간식 이름이다.

니퍼와 터키, 그리고 쿠키는 모두 다 본명이 아니라 음식에서부터 이름을 따온 별명이다. 이는 그 사람들에 대한 친근감의 표현이 아니라 그저 쓸 만한 노동력으로 보는 특성의 반영이다.

변호사의 사업이 번창하면서 새 필경사를 고용하는데, 그의 이름은 바틀비다. 어딘지 쓸쓸해 보이는 그를 보면서, 변호사는 바틀비의 차분함이 니퍼와 터키의 괴팍함을 중화시켜주리라 기대했다.

처음에 바틀비는 문제없이 일을 잘 수행했다. 그러던 어느 날 변호사가 평소처럼 일을 맡기자, 돌연 바틀비는 이렇게 대답한다.

"안하는 편을 택하겠습니다."(I would prefer not to.)

변호사는 혼란에 빠진다. 이후로 바틀비는 점점 일을 하지 않고, 창문 건너편의 벽을 바라보면서 백일몽에 빠지는 일이 잦아진다. 변호사는 너무도 당황스러운 나머지 바틀비를 설득해보려 하지만, 그는 마법과도 같은 주문으로 응답한다.

"안하는 편을 택하겠습니다."

어느 휴일, 변호사는 자신의 사무실에 들르려다가 그 안에 있는 바틀비를 발견한다. 바틀비는 사무실에서 살고 있었다. 그 누구도 만나지 않는 바틀비의 외로움은 묘한 방식으로 변호사에게 깊은 인상을 남긴다. 시간이 지나면서 변호사의 바틀비에 대한 감정은 연민과 혐오로 뒤섞인다.

바틀비는 일을 조금 더 하는 듯 하다가도, 시간이 지나면서 아무런 일도 하지 않는다. 그럼에도 변호사는 바틀비를 해고시키거나 설득조차 못한다. 결국 변호사 자신이 바틀비를 남기고 사무실을 옮기기로 결정한다. 그러나 바틀비는 여전히 떠나기를 거부한다. 바틀비를 사무실 밖으로 끌어냈지만, 그는 종일 그 계단에 앉아있으면서 복도에서 잠을 잔다. 변호사는 심지어 자신의 집에서 살게 해주겠다고 제안하지만, 바틀비의 응답은 여전하다.

"안하는 편을 택하겠습니다."

후에 변호사는 바틀비가 유치장에 갇힌 사실을 알고 그를 찾아간다. 훨씬 여윈 바틀비를 보고 안타까웠던 변호사는 바틀비에게 사식 (私食)을 넣어준다. 며칠 뒤 다시 바틀비를 찾아간 변호사는 충격적인 소식을 듣고 만다. 바틀비가 식사를 거부하고 굶어 죽었다는 소식이 었다. '식사하고 싶지 않았'을 테니까.

시간이 흐른 뒤 변호사는 어떤 사실을 알게 된다. 바틀비는 과거에 수취인 불명 우편을 처리하는 사무실(dead letter office)에서 일하다가 해고되었다. 변호사는 이 사실에 대해 생각한다. 바틀비가 태워 버리기 전에 읽은 수취인 불명 우편에는 얼마나 많은 안타까운 사연들이 담겨져 있었을 것인가? 바틀비는 그곳에서 갈 곳 잃은 사연들을 불태우며 무슨 생각을 했을까? 그가 '그러고 싶지 않습니다' 한 마디로 점점 업무를 거부해가고 연명조차 포기해 버리게 된 뒤에는 그런 자초지종이 있었다. 변호사의 탄식과 함께 작품은 끝을 맺는다.

"아, 바틀비여! 아, 인간이여!"
(줄거리 요약 수정 위키 백과 참고)

줄거리를 다소 길게 인용한 이유는 필경사 바틀비의 삶과 영화 속 바틀비 사이의 친연성(親緣性) 때문이다. 세계를 뒤흔든 프랑스 68혁명의 구호는 '금지를 금지하라'였다. 소설 속 바틀비는 끝없이 거절한다. 진중권은 말한다.

흥미로운 것은 일을 거절하는 방식. 통상적인 거절의 문법은 이것이다. "나는 그렇게 하는 것을 선호하지 않습니다."(I would not prefer to) 하지만 바틀비는 늘 이렇게 말하곤 했다. "나는 그렇게 안 하는 것을 선호합니다."(I would prefer not to) 한마디로 그는 일하는 것을 '부정'하는 게 아니라, 일 안 하는 것을 '긍정'했던 것이다. 화자는 바틀비가 왜 이런 기이한 언행을 하는지 이해하려 하나, 끝내 그 이유를 찾지 못하고, 그러면서도 차마 바틀비를 내치지 못한다.

변호사는 바틀비에게 일을 계속할지, 아니면 자기를 떠날 것인지를 묻는다. 하지만 그는 이 양자택일의 상황을 교묘히 비켜간다. "나는 당신을 떠나지 않는 것을 선호합니다." 긍정도 부정도 아닌 이 '소극적 저항'은 급진적이다. 이 말이 반복될수록 사무실의 기능은 마비되어간다. 변호사는 바틀비에게 '이것, 아니면 저것'을 선택할 자유를 주나, 그 선택은 이미 일을 주는 자의 권력에 의해 강요된 것이다. 바틀비는 적극적 소극성으로 그 누구도 갖지 못한 절대적 자유에 도달한다.

그 변호사만이 아니다. 여러 철학자들이 이 인물에 끌렸다. 들뢰즈는 바틀비를 미학적 형상, 즉 독창적 주체로 바라본다. 바틀비는 반복적으로 자기가 '특별하지 않다'(I'm not particular)라고 말하나, 정상적 문법을 비켜가는 그 독특한 어법은 불현듯 체제를 교란하는 '특이성'(singularity)이 된다. 그의 어법은 마치 마법의 주문처럼 다른 이들을 사로잡아, 결국 사무실의 모두가 그의 말투를 흉내내기에 이른다. 어떤 의미에서 바틀비는 '사건'을 일으키는 현대의 퍼포먼스 예술가를 닮았다.
- 진중권, 거절은 구원인가, 〈필경사 바틀비〉와 급진적 저항

'소극적 저항'이라니! 이는 정확한 표현이 아니다. 마치 저항을 하는데 적당히 타협하면서 저항한다는 의미로 오독되기 때문이다. 일찍이 시인 김지하는 그의 저서 〈밥〉에서 '수동적 적극성'이라는 개념을 제시한 바 있다. 일견 모순 어법으로 보이는 이 말 속에서는 바틀비처럼 끈질긴 생명의 저항력이 담겨 있다. 수천 년 억압을 받으며 살아온 민중은 겉으로 그 혁명성을 쉽게 드러내지 않는다. 독재와 맞서지만 총칼을 들거나 정권을 갈아엎지는 않는다. 하지만 거대한 촛불의 무한한 함성이 소리 없이 이어지듯이 가장 수동적인 듯 보이는 적극성의 힘은 한순간의 혁명을 꿈꾸는 적극적 저항보다 위대하다. 마치 '바람보다 먼저 눕고 바람보다 먼저 일어서는' 김수영의 풀처럼 말이다.

영화 속 바틀비는 '안 하는 편을 택하겠습니다'에서 '다르게 사는 편을 택하겠습니다'로 바꾼다. 물론 그가 기존의 시스템에 포획되는지 여부는 관객들이 판단할 몫이다. 적어도 〈억셉티드〉의 바틀비는 허먼 멜빌의 〈필경사 바틀비〉보다는 능동적이다. 저항과 거부를 넘어 창조와 혁신을 감행한다. 그런 점에서 그는 보다 능동적으로 변신한 '미래형 바틀비'다.

참고로 쉿(SHIT) 대학 건물은 오래되고 낡은 정신 병원(광기의 창조성을 상징)을 개조했지만, 그 앞의 잔디는 눈부시게 푸르다. 정식 인가를 받은 하몬 대학의 학장도 하버드 프린스턴과 자기 대학교를 비교하면서 학교 앞을 잔디밭으로 만들려는 계획을 세운다. 그러나 하몬 대학에서 원하는 잔디밭은 학교의 명성과 권위를 내세우려는 장식용의 죽은 잔디밭이다. 총장은 학교의 명성이 높아질수록 자기 학교를 찾아오는 학생들을 거부할 권력이 강해진다고 믿는 사이비 교육자다. 반면 쉿(SHIT) 대학의 잔디는 그 자체로 푸르고 눈부시다. 학생들이 마음껏 밟고 뒹굴며 운동장삼아 노는 푸른 생명의 잔디밭이다.

〈필경사 바틀비〉의 마지막 장면은 바틀비를 도저히 이해하지 못하는 변호사의 발 아래 연하고 아름다운 잔디가 돋아나는 걸로 마무리된다. 새로운 생명의 탄생이다. 이 대학의 생명성은 이렇게 연결된다.

영화의 주인공 바틀비는 앞날을 예견하거나 기획하지 않는다. 과거에 대한 상처도 없고 미래에 대한 욕망도 없다. 단지 오늘을 산다.(카르페 디엠!) 특별한 의미를 추구하지도 않는다. 의미가 꼭 있어야만 할까? 왜 인간은 무의미를 견디지 못할까? (다른 의미에서) 바틀비와 같은 인물들을 그려낸 황정은은 그의 소설 〈계속해 보겠습니다〉에서 다음과 같이 말한다.

> 목숨이란 하찮게 중단되게 마련이고 죽고 나면 사람의 일생이란 그뿐, 이라고 그녀는 말하고 나나는 대체로 동의합니다. 인간이란 덧없고 하찮습니다. 하지만 그 때문에 사랑스럽다고 나나는 생각합니다. 그 하찮음으로 어떻게든 살아가고 있으니까. 즐거워하거나 슬퍼하거나 하며 버텨가고 있으니까.

> 한편 생각합니다. 무의미하다는 것은 나쁜 걸까. 소라와 나나와 나기 오라버니와 순자 아주머니와 아기와 애자까지 모두, 세계의 입장에서는 무의미할지도 모르겠습니다. 무의미에 가까울 정도로 덧없는 존재들인지도 모르겠습니다. 그래서 소중하지 않을 걸까, 생각해보면 도무지 그렇지 않은 것입니다.
> - 〈황정은, 계속해보겠습니다〉

이렇게 길게 주인공 바틀비에 대한 이야기를 하는 이유는 자신의 현실적인 처지와 암울함을 유머와 웃음으로 풀어가는 그의 낙관적 역능(力能) 속에 이미 탈학교의 새로운 세계가 잠재적으로, 미래적으로 완성되어 있기 때문이다. 학교를 왜 가는가? 바틀비같은 창의성과 협업 능력을 키우기 위해서가 아닌가? 바틀비, 이미 그는 그 존재 자체로 하나의 살아있는 학교이자 스승이다.

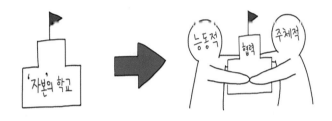

5. 창의성과 협업의 대결

교육계 안팎의 사방에서 창의성이 난리다. 여기도 창의, 저기도 창의. 인간의 덕성은 간데없고 언제부터인가 창의인재 양성이 교육의 목표처럼 되어버렸다. 그래서 슬쩍 인성을 강조하면서 창의성 뒤에 인성을 가져다 붙였다. 창의인성이라고 둘을 붙여버렸다. 과연 창의와 인성은 하나가 될 수 있을까? 인성교육진흥법이다 뭐다 해서 인성교육을 법적으로 강행한다는 논리도 우습지만, 권위적이고 수직적인 관료시스템으로 창의를 키우겠다는 발상 자체가 개 풀 뜯어먹는 소리처럼 우습다.

잠시 인성교육진흥법 이야기가 나왔으니 거기에 대한 나의 의견도 덧붙인다. 그 법안을 보고 어느 밴드에 글을 올린 적이 있다.

인성교육진흥법이 통과되어 사방에서 인성 교육을 강화해야한다는 목소리가 높습니다. 1996년에 발표된 전상국의 소설 〈우상의 눈물〉은 '법제화된 인성 교육이 바람직한가'에 대한 문제제기를 던지는 소설로 읽을 수도 있습니다.

인성이 좋지 않은 학생들이 많이 있지만 과연 그 학생들의 인성을 강제로 혹은 법을 동원해서 교육하는 것이 바람직한가 하는 문제입니다. 담임과 형우는 기표의 잘못된 행동을 고치기 위해서 법을 동원하지는 않았지만 법보다 더 무서운 여론과 이미지를 동원했다고 볼 수도 있습니다. 어찌 보면 더 교묘하고 살벌한 방법이지요. 사람의 성격, 기질, 감정은 자연스럽고 문화적인 성장 과정 속에서 성숙해지는 법인데 외부나 타인의 규제에 의해서 강제로, 의도적으로 만들어진다면 바람직하다고 볼 수 없다는 주장도 설득력이 있습니다.

스탠리 큐브릭 감독의 영화 〈시계태엽장치 오렌지〉에서도 기표 못지않은 망나니 청년 알렉스가 나옵니다.(이 영화는 영국에서도 개봉이 금지된 영화입니다~. 우리나라는 물론 미개봉!) 알렉스는 자유분방과 무법자, 즉 오렌지를 상징합니다. 패거리를 이루어 살인, 강간, 약탈, 폭행을 일삼던 알렉스는 친구들의 배신으로 잡혀가 감옥에서 교화를 받습니다. '강제로' 인성을 교정받습니다. 당시 영국 정부 당국이 선택한 교화프로그램은 선정적이거나 폭력적인 장면을 알렉스에게 억지로 보게 하는 겁니다. 눈을 감지 못하도록 장치를 하고(이게 '시계장치' 즉 미셸 푸코가 말하는 '감시와 처벌'의 규율입니다) 말입니다. 기표처럼 무서움을 모르던 반사회적인 싸이코패스였던 알렉스는 선정과 폭력 앞에서 비굴해지고 구토하는 겁쟁이가 됩니다. 기표가 무서워서 도망치듯 알렉스도 그런 상황을 견디지 못하는 나약한 인간으로 전락하지요. 자기 스스로 선택하는 자유인이 아니라 남들의 시선과 명령에 주눅드는 바보가 되는 겁니다.

인성교육진흥법이 이런 바보를 만드는 취지가 아닌 줄은 알지만, 강제성을 띠는 법과 이성의 논리가 과연 제대로 된 인성을 찾아줄 방법인지 두고두고 곱씹을 만한 주제입니다.

하루가 멀다 하고 벌어지는 뉴스 속의 사건들. 이 사건의 배후인 정부와 자본과 욕망의 문제를 해결하지 않고, 기성세대의 영향을 받았으면서도, 기성 세대와 다른 관점과 인식과 태도를 지닌 학생들을 문제아 취급하며 법으로 교육한다는 인성교육진흥법은 오히려 사라져야 할 악습이 아닐까요?

무한 경쟁과 인간의 자본화, 도구화로 불투명한 미래. 인성의 파괴는 불 보듯 뻔하다. 인성 교육이 중요함을 모르는 바 아니나, 법제화는 교각살우(矯角殺牛)다. 또 하나의 인성파괴 제도다. 그런 마당에 창의성, 창의 인성이라니!

창의란 무엇인가? 진정으로 창의성이 이 시대 교육의 구세주인가? 창의는 어디에서 나오는가? 2017년 1월. 교사성장을 꿈꾸는 교사 자율학교인 '구름학교' 심화 캠프에서 부산의 인문학 공부공동체인 인디고 서원의 이윤영 실장이 하는 강의를 감명 깊게 들었다. 인디고 서원이 문화계 블랙리스트에 올랐다는 사실로 인디고의 존재감을 가볍게 드러내면서 시작된 2시간의 강의는 현대인의 욕망에 대한 적나라한 비판으로 시작하였다. 시리아 난민인 '누어 사이드'에 대한 소개를 통해 약자이자 타자에 대한 공감을 거쳐 최초로 내각에 여성을 반이나 임명한 캐나다의 '트뤼도' 총리를 예시로 하여 진정한 인문학의 가치는 사랑과 정의로 이어져야한다는 말로 마무리되었다.

그는 요즘 불어오는 창의성 열풍에 대한 문제제기로 이야기를 시작했다. '요즘 청소년들과 인문학 콘서트나 캠프를 해보면서 느낀 점이 있다. 초등학생들은 살아있다! 질문과 대화 수준은 어리지만 살아있는 기운이 느껴진다. 그런데, 중학생은 이미 죽어 있다. 왜? 이미 그 나이만 되면 배움의 기쁨을 상실하기 때문이다. 최근 우리나라의 모든 사람들이 추구하는 교육의 목표는? 창의성! 하나같이 창의성을 강조한다. 글로벌 리더가 되라고 하면서 창의력을 강조한다. 그런데 정말 요즘 시대의 최고 리더십은 창의성일까?'라고 질문을 던진다.

이찬승이 쓴 '개정교육과정 무엇이 문제인가'에 인용한 전국대학·고용주협회가 조사한 자료에 따르면 1위는 협업 능력이고 창의성은 무려 17위다. 진정한 창의성은 무엇인가?

잘 알려진 바대로 미국에서 기업체가 요구하는 역량순위를 자세히 보면 1위가 협업 능력이고 2위는 리더십, 3위는 문자(글자)로 소통하는 능력이고 뒤를 이어 문제해결 능력이 4위를 차지한다. 5위는 높은 직업 윤리의식이 그 뒤를 이었고 16위에 이르러 외향적, 친근한 성격이며 창의성은 무려 17위에 해당한다. 다음이 기업가적 능력과 모험심이고 재치와 요령은 그 뒤로 19위. 이 정도면 우리가 생각하는 창의성의 가치와 사뭇 다르지 않은가?

이윤영 실장은 세계 핸드폰 시장을 양분한 애플과 삼성을 비교해하면서 '세계적인 기업 애플의 디자이너는 총 24명이다. 이들은 매일 대면 회의를 한다. 그렇다면 삼성은 몇 명일까? 무려 3,000명이나 된다. 애플이 대면 회의를 통해서 아이디어를 창안한다면 삼성의 직원들은 개인 과제와 프리젠테이션 과제 수행 등 끝없이 경쟁을 부추겨 우수한 제품을 만들어낸다. 물론 장단점이 있고 그 가운데 창의적인 제품이 만들어지기도 한다. 하지만 인간적인 면을 떠나서 효율적인 관점으로 비교해도 어느 쪽이 나은지는 두말 할 필요가 없다.'고 말한다.

반면 애플의 대표였던 스티브 잡스는 어떤 일을 의논하고 결정하고 협상할 때, 상대와 눈을 보고 말하라고 한다. 회의할 때도 자신의 눈을 보라고 하면서 주문을 걸듯이 상대에게 말하고 상대의 마음을 읽고 소통을 추구했다. 사람과 사람의 직접 대면을 추구했다. 함께 공동의 지혜를 만들어나가자는 뜻이다. '어느 쪽이 더 창의적인가?'라고 묻는다.

결국 이 시대가 요구하는 창의성이라는 가치도 상대에 대한 존중과 소통과 협동심이라는 공동체적 가치를 기반으로 길러진다는 의미다. 그가 제시한 하이네켄 맥주 회사 광고 사례가 무척 인상적이었다.

세계적으로 유명한 네델란드의 맥주회사인 하이네켄의 광고 회사는 유럽 축구의 꽃인 유럽챔피언스리그를 후원한다. 유럽 챔피언스리그는 최근 그리스티안 호날두가 최초로 100골을 기록하면서 그 명성이 더욱 빛나는 명실공히 유럽 최고의 축구리그인데, 우리 나라의 박지성, 손흥민 선수 등이 골을 기록하고 이름을 남겼다. 세계적인 맥주 회사 하이네켄은 우승 상금 150억의 챔피언스리그를 후원하고, 그 덕분에 그 회사 직원들은 맥주를 자유롭게 마시며, 챔스리그 관람 기회를 갖는다.

이 회사의 입사 경쟁률은 당연히 엄청나다. 무려 1,734대 1의 경쟁률을 뚫고 들어간 한 사람이 있다. 이 회사가 그 사람을 뽑은 이유는 무엇인가?

하이네켄 회사에서 사람을 뽑는 면접시험이 특이하다. 이 회사에서 사람을 뽑으면서 제시한 문제 상황은 세 가지다.

첫째는 갑작스럽게 손을 잡았을 때, 어떻게 대응하는가?
둘째는 응급처치 사항에서 원하는 연봉을 물어보면서 위기 상황에
　　　대응하는 태도를 보고,
셋째는 불이 나서 출구를 찾아 나서면서 남의 어려움을 보고 어떤
　　　태도를 취하는가를 시험한다.

손을 잡았을 때 불안감을 느끼거나 거부하는가, 그리고 예측 불가 상황에서 그 사람의 본성이 드러나고, 창의력과 열정은 혼자만의 우수성이 아니라 다른 사람에게 어떻게 실천적 영감을 주고 공유하는가와 연관된다.

요약하면 이 회사는 인재선발 기준을 낯선 상황 적응과 관계성 확인, 근본 의식, 실천 행동 그리고 회사가 사람을 대하는 방식을 보여준다. 결국 타인과의 관계와 소통을 기반으로 협업하는 능력이야말로 최고의 인재성이라는 걸 웅변하는 광고다. 과연 우리나라에는 이런 마음을 담은 광고가 존재하는가?

뛰어난 창의성과 협업 능력을 가진 사람을 소중히 여기거나 그런 인재를 찾지도 못하면서 우리는 늘 창의성을 강조하고 교육이 인재를 양성해야 한다고 소리친다. 밑바탕에 타인을 공대하고 공동체적 가치를 중시하는 마음과 함께 문제를 해결하는 능력에 대한 관심을 더 높여야 한다.

미래 학교를 그리면서 특별히 '협업'을 강조한 이유는 〈억셉티드〉의 쉿(SHIT) 학교가 전적으로 협업에 의해서 이루어지기 때문이다. 교장인 듯 교장 아닌 교장처럼 학교를 운영하는 바틀비가 존재한다. 그는 학생이면서 마치 총장같은 역할을 한다. 이 학교에서는 실상 가르치는 자와 배우는 자, 운영하는 자와 운영 대상이 고정되지 않았다. '가르침은 두 배로 배우는 것'이라는 말이 있는데, 진정한 배움이야말로 남을 두 배로 가르치는 작업이다. 바틀비가 보여주는 영감과 창의성도 돋보이지만, 그와 함께 학교를 만든 친구들도 그를 자극하고, 돕고, 실행하여 각자가 자기 영역의 주체가 되어서 일을 해나간다.

초등학교 1학년부터 예일대학을 목표로 공부를 해왔지만, 부모들의 무능력에 의해서 떨어졌을 거라고 짐작되는 로리와 다른 친구 글렌, 슈레이더 등이 그러하다. 심지어는 이상한 방식으로 학교에 입학한 친구들도 모두 이 학교의 협력자가 되어 모두가 학교의 주인이 되는 특이한 공동체가 만들어진다.

미래 사회의 학교를 논의하면서 창의성을 강조하지만 진정한 창조성은 한 개인의 고독한 노력이 아니라 모두가 참여해서 돕고 나누는 협업 정신에서 나온다.

6. 복잡계를 아시나요?

영화 이야기를 풀기 위해 지금부터는 조금 난이도를 높여보겠다. 앞으로 이어지는 말들을 이해하려면 '복잡계'에 대한 이해가 필요하다. '단순계'도 '복합계'도 아닌 '복잡계'. 개념이 조금 어려운데 말로 하기가 난감하다. 서술을 하긴 했지만 마치 절간 산방에서 용맹정진 수행하는 선사의 화두처럼 어렵고, 직관으로 다가가야 통하는 새로운 차원의 인식 세계이기 때문이다.

복잡계는 '스스로 적응하는 하나의 자기조직화' 과정인데, 이는 '행위자들의 행위에 의해 응집되고, 생명력 있는 집단적 현상이 창발'되는 과정이다. 결국 복잡계에 대해 연구한다는 것은 복잡계를 구성하는 행위자들이 어떻게 복잡계를 창발시켜 나가는 가를 연구하는 것이다. 이러한 현상은 당연히 개인 단위에서 이루어지는 것이라기보다는 집단 단위에서 이루어지는 것이다(Davis, Phelps, Wells, 2004: 2).
- 〈심임섭, 복잡성 교육의 관점에서 바라본 학력관 문제〉

아, 쉿! 욕이 절로 나오시는가. 아니다. 〈억셉티드〉 영화를 보면 절로 이해가 되는 말이다. 복잡계 이론에는 교육을 설명하는 몇 가지 중요 핵심 개념이 있다. 그 개념을 기반으로 〈억셉티드〉에 등장하는 쉿 학교의 특징을 정리해보자.

먼저 '작동시키는 통제'라는 개념이다.

작동시키는 통제(liberating constraint)는 복잡계를 만들어내는 구조로서의 역할을 한다. 복잡계를 만들어내기 위해 부트스트래핑(bootstrapping)을 해야 하는데 이 역할을 하는 것이 작동시키는 통제이다. 작동시키는 통제를 인위적으로 만들기 위해서는 만들고자 하는 사람의 능력과 의지가 필요하다. 작동시키는 통제는 수많은 환류고리(feedback loop)에 의해 끊임없이 조절되면서 복잡계를 만들어간다. 즉 복잡계는 미리 만들어진다기보다는 진행되는 과정을 통해 세밀하게 논의되고 고쳐지는 것이다
 - 〈심임섭, 복잡성 교육의 관점에서 바라본 학력관 문제〉

스스로 적응하는 하나의 자기조직화(대학에도 못 들어간 주인공들이 스스로 만들어가는 조직, 이보다 더 완벽할 수 있을까!), 행위자들의 행위에 의해 응집(구름처럼 모여든 학생들이 스스로 학교를 창조해간다!)해서 생명력 있는 집단적 현상이 창발된다. 비인가 대학에서 창조적인 대학으로 발돋움하는 마지막 장면을 떠올려보면 저절로 고개가 끄덕여진다. 그렇게 탈영토화를 추구하며 인가를 받은 대학이 다시 기존 제도권에 포획되어 굳어버릴지는 모른다. 하지만 마지막

장면을 기억하자. 영화의 마지막 장면에서 염력을 공부하던 한 친구가 하몬 대학 총장의 자동차를 날려버린다. 완전히 새로운 '빅뱅'의 시작이다. 지금부터 전개되는 이론의 빅뱅에 당황하지 말고 천천히 그 의미를 파악해보자.

작동시키는 통제라는 말을 위해 먼저 알아야할 단어는 컴퓨터 부팅(Booting)과 친숙한 용어인 '자력(自力)'(Bootstrap)이라는 단어다. 포털 다음의 사전에는 다음과 같이 소개하고 있다.

bootstrap
1. 가기 스스로 하는
2. 부츠의 가죽 손잡이
3. 자기 힘으로 되다

적절한 번역어가 없는지 논문의 필자도 그냥 '부트스트랩'이라 적었는데, 사전적 용어로는 '자력'(自力)이 가장 어울리고 철학적 의미를 담는다면 스피노자가 말한 '역능'(力能)이란 단어가 가장 적절해 보인다. 다시 진중권에게로 돌아가면 그는 바틀비의 삶을 이렇게 말한다.

네그리는 바틀비에게서 정치적 형상, 즉 혁명적 주체를 본다. 아감벤과 달리 그는 바틀비의 거부를 해방으로 나아가는 1단계로 여긴다. 그저 체제를 거부하는 데에서 멈출 경우, 우리는 결국 '무덤'이라는 이름의 감옥에서 아사(餓死)한 바틀비처럼 사회적 자살에 이르고 만다. 따라서 바틀비의 부정은 이제 새로운 삶의 양식과 새로운 공동체를 창조, 생성, 건설하는 2단계 행동으로 이어져야 한다. 이 긍정의 단계에서 네그리의 사고를 이끌어주는 것은 아마도 스피노자가 말하는 '역능'(virtus)의 개념일 것이다.

-진중권, 거절은 구원인가, 〈필경사 바틀비〉와 급진적 저항

달리 말하면 스피노자의 역능은 신적인 자기 역량을 가진 인간의 내재적 잠재력이다. 창발을 위해서는 능력과 의지가 필요하다. 영화에서는 '우연성'의 의도로 그려지지만 실상은 바틀비 내부에 기성 대학에 다니지 못할 바에는 자기 스스로 공부를 하겠다는 '의지'가 작동하고 있으며 영화 첫머리에 야한 잡지나 훔쳐보는 교감을 풍자하는 대목에서 그 공간에 자리한 친구들과 위기를 슬기롭게 넘기는 '능력'이 그에게 있음을 알 수 있다. 이렇게 연결해보면 슛(SHIT) 대학이라는 하나의 복잡계 탄생을 위해서 '작동시키는 통제' 즉 부트스트랩을 작동하는 존재가 바로 바틀비다. 아니 영화 속 바틀비야말로 필경사 바틀비를 능가하는 작동시키는 통제 역할을 제대로 하고 있다.

작동시키는 통제는 '수많은 환류 고리'(feedback loop)에 의해 '끊임없이 조절'되면서 복잡계를 만들어간다. 즉 복잡계는 미리 만들어진다기보다는 '진행되는 과정을 통해 세밀하게 논의되고 고쳐지는 것'이다

- 〈심임섭, 복잡성 교육의 관점에서 바라본 학력관 문제〉

이 세 가지도 영화 속에서 정확하게 드러난다. 먼저 수많은 환류 고리(피드백).

아버지 어머니의 느닷없는 학교 방문이 마이너스 환류고리 역할을

한다면 옆의 동료가 건네는 걱정스런 충고와 솃 대학의 학장으로 부임한 선생의 충고는 긍정적인 환류고리 역할을 하면서 솃 대학의 상태를 끝없이 새롭게 조절한다. 진행되는 과정을 통한 세밀한 논의와 수정 과정이 그렇다.

입시요강이나 교육과정 등이 제대로 만들어지지 않은 솃 대학만이 지니는 강점이다. 솃 대학의 모토는 '누구든지 자기가 되고 싶은 대로 된다(진정한 자기-되기)'이다. 현재의 존재에 그치지 않고 수많은 '-되기'를 실현한다. 그리고 이 대학의 학생들은 자기가 원하는 바대로 창조적 변신을 이루어낸다.

시작은 바틀비라는 '작동시키는 통제'가 있어 부팅을 시작했지만, 이제 찾아온 모두가 사기 인생을 부트스트랩 시키면서 학교의 에너지는 최고조에 달한다. 최악의 마이너스 환류고리는 이 학교를 찾아온 정식 인가 대학인 하몬 대학의 학생회 대표인 호이트 암브로스이다.

지금 듣도 보도 못한 이상한 솃대학의 강당에서 록앤롤 축제가 그의 눈앞에 한창이다. 자기 연인이라 믿었던 모니카마저 바틀비의 친구가 되어 솃 대학을 옹호하고 자기의 권위와 말이 통하지 않자 화가 난 호이트 암브로스는 돌아가면서 비상 소방 스위치를 올려 공연장에 물이 쏟아지게 만든다. 천장의 소방 호스에서 물이 뿌려지면서 공연장 전체가 다 젖어버리자 맥주배달을 왔다가 우연히 이 학교에 입학해서 록앤롤 가수이자 교수이자 동시에 학생인 친구가 신나게 외친다

"흠뻑 젖어 즐기자!"

마치 촛불 혁명 속에서 빗속을 춤추며, 블랙리스트를 만든 악의 무리를 비판한 춤꾼들 무리와 비슷하지 않은가! 복잡하면서도 창조적인 셋 대학의 특장점을 이보다 더 시원하게 보여주는 장면은 없다. 아무도 기획하지 않은 자유랄까, 예상치 않은 환류 상황에서 셋대학의 주인공들은 스스로 지혜를 발휘하는 복잡계의 힘을 유감없이 발휘한다.

그 뒤로 찾아온 부모들 때문에 다시 위기에 처하지만(마이너스 환류), 바틀비와 학생들은 특유의 유머와 역능으로 위기를 돌파한다(플러스 환류).

7. 잉여성과 다양성

학습체계가 하나의 복잡계로서 지식의 창발을 가져오기 위해서는 '잉여성'이 만들어져야 한다. 잉여성은 유사성 또는 중복성을 말한다. 복잡계에서 잉여성이 있어야 인자들의 상호작용이 가능하여 복잡계가 작동할 수 있다. 이런 의미에서 다양성은 잉여성을 통해 현실화 된다.

잉여성은 학습 주제와 얼마나 친숙한지 또는 왜 그러한 주제를 다루어야 하는지 하는 문제의식 등과 관계 있다. 즉 학생들이 수업 주제와 친숙하고, 관심이 많으면 잉여성이 높다고 볼 수 있다.

효과적인 수업이 이루어지기 위해서 교사는 다양한 학생들의 다양한 경험으로부터 수업을 끌어내야 한다. 이러한 무수히 많은 경험들은 수업 주제 등의 잉여성을 통해 새롭게 의미가 부여된다. 따라서 학습 과정은 고립된 상태에서 개개인이 지식을 습득하는 방식이 아니라 학생들의 공통된 행위를 통해 부여된 의미나 개념에 의해 진행된다. 이렇게 만들어지는 학습의 구조는 복잡계가 보여주는 일종의 인지적

적응 과정이다. 즉 교사가 학습과 관련된 자료들을 적절히 배치하여
설계한 환경에 적응해가는 과정인 것이다.

　-〈심임섭, 복잡성 교육의 관점에서 바라본 학력관 문제〉

　아 씽, 갈수록 태산이다. '작동시키는 통제'가 뭔가 했는데 이제 '잉
여성'이라니. 이건 또 뭔가? 우선 '잉여(剩餘)성'이라는 말은 무언가 서
글프다. '나머지'라는 말 같기도 하고 '찌꺼기'라는 말도 떠오른다. 우
리가 어린 시절 편을 갈라서 놀 때 이쪽도 저쪽도 속하지 못하던 '깍두
기'와 같은 말인가? 복잡계를 설명하기 위해 왜 이런 어려운 말들을
써야하는지 모르지만 솜솜 뜯어보면 그리 어려운 말도 아니니 다시
영화를 매개로 풀어가보자.

　여기서 주목할 말은 '다양성은 잉여성을 통해서 현실화된다.'는 말
이다. 또 하나는 '주제와의 친숙함'과 '주제에 대한 문제의식'이다. 학
생들의 공통된 행동과 주제에 대한 잉여성이 복잡계 수업의 핵심이다.

　다양성은 잉여성과 아무리 떼어내려 해도 뗄 수 없는 관계다. 잉여
성이 넘칠수록 다양성은 증가한다. 그렇다면 잉여성은 무엇인가? 해
답은 '주제와의 친숙함', '주제에 대한 문제의식'에 있다.

　언급한 대로 씽 대학에는 고정된 '교육과정(敎育課程)'이 없다. 영화
말미에 씽 대학의 공식 인가를 판단하는 기준으로 제시된 세 가지 요
소 중 하나가 교육과정이다. 그렇다고 이 학교에 교육과정이 없는가?
그렇지 않다. 학생들 스스로 개설한 강좌가 차고 넘친다. 제목은 한결
같이 이상하다. 왜? 다양성과 잉여성이 한껏 발휘된 결과이니까.

　부분적으로는 창조적인 역능이 넘치지만 열등한 존재로 전락한 학

생들을 설득해서 돌려보내려다 받아주는 장면과 스스로 교육과정을 창조하게 작동시키는 이 대목이 이 영화의 가장 하이라이트다. 그 과정을 상세히 살펴보자

부모님의 갑작스런 방문을 따돌리고 한숨 돌린 바틀비와 친구들에게 애버나시 더윈 던랩(A.D.D)란 이름의 학생이 찾아온다. 주의 결여 장애(Attention Defeat Disorder)와 앞 글자가 같은 이름을 가진 이 친구는 한시도 가만히 있지 못하는 정서불안 친구다. 웹 사이트를 보고 오리엔테이션 장소를 찾아왔는데, 영문학, 법학, 축산학 '아무 거'(!)라도 좋으니 이 대학에 입학 허가를 받기 원한다. 그런데 그렇게 찾아온 친구는 던랩만이 아니었다. 주변 곳곳에서 대학 입학을 거부당한 학생들이 솃 대학을 찾아왔다. 다양성을 띤 잉여들의 등장이다.

그냥 학교만 만들어놓고 부모님을 속이면 게임이나 하고 탱자탱자 놀 줄 알았던 바틀비와 친구들. 전혀 예상치 못했는데 솃대학을 찾아온 수백 명의 학생들 앞에서 당황한다. 슈레이더의 충고대로 학생들을 전부 집으로 돌려보내기 위해 그들 앞에 선 바틀비는 의도대로 실행하지 못한다. 이미 여기를 찾아온 학생들의 움직임이 '의도된 통제'를 넘어서서 작동하기 때문이다. 바틀비는 질문하려고 했다. 먼저 손을 든 애버나시. 무시하고 말을 하려는데 어느 누군가가 먼저 묻는다.

"당신은 누구인가?"
"바틀비 게인즈입니다. 여기 오실 때, '홈페이지에 클릭만 하면 합격입니다.'라는 글을 보셨는데 그렇게 한 의도는……,"

바틀비가 더 이상 변명의 말을 못 잇는 사이 계속 손을 들고 발언권을 요청하는 애버나시. 할 수없이 지명해서 발언권을 준다.

"내가 (웹사이트에 클릭해서) 합격했을 때, 부모님이 처음으로 자랑스럽다고 해주셨어요. (여기저기서 쏟아지는 박수와 환호, 와~)

알고 보니, 여기 찾아온 모든 학생들 가운데 다른 대학에 입학을 지원했으나 합격한 학생들은 하나도 없었다.(절친 슈레이더만이 하몬 대학에 합격한 유일한 사람이다.) 공감대가 발동한 바틀비.

"이거 아세요? 저도 합격하지 못했답니다(8군데나 떨어졌으니!) 거부당하는 느낌 알아요. 속상하죠. 거절당한다는 건 정말 쓴 맛이죠.

안 된다는 말. 미안하지만 당신은 너무 부족하네요. 과외활동이 모자라네요. 테니스 경력도 부족하고요. 시험공부를 충분히 안 했나봅니다. 그래서 안 될 것 같네요.

이런 말 신경 쓰지 말아요! 우리 모두 예스라는 대답을 들을 자격이 있지 않나요. 저희 사우스 하몬에서는 당신에게 예스합니다. 당신의 희망에 예스합니다. 당신의 꿈에 예스합니다. 당신의 약점에도 예스합니다. 환영합니다. 짝 찾아 기숙사 방으로 가세요, 저희는 상관 안 합니다! 슷(SHIT)에 오신 걸 환영합니다. 슷!"

앞서 시인 김수영이 더럽고 썩어빠진 대한민국을 추억과 사랑의 힘으로 긍정했듯이 바틀비 역시 위대한 긍정의 힘으로 학생들을 포용한다. '부정으로는 아무것도 창조하지 못한다'고 말한 이는 프랑스 철학자 들뢰즈이다. 영화 속 바틀비는 소설 속 바틀비와 다른 차원의 긍정성을 보여준다.

학생들은 더 큰 환호성으로 대답한다. 이들이 여기에서마저 거부당한다면 얼마나 상심할지 알고 연민과 공감으로 그들의 손을 잡아준 바틀비, 그는 진정한 스승이다. 이제 정신병원, 아니 섯 대학은 잉여성이 다양한 학생들로 차고 넘친다. 문제는 제대로 된 학교 운영 능력이 없는 바틀비가 이 혼돈(지나친 다양성)을 어떻게 섬세하게 균형을 잡아갈까 하는 더 큰 난관에 봉착한다. 과연 길은 있을까?

이 대목에서 바틀비는 생각하고, 생각하고 또 생각한다. 바틀비는 친구 핸즈가 걱정하는 소리를 듣고 대학의 실체 파악에 나선다. 도대체 대학이란 무엇인가? 대학은 무엇을 하는 곳이고 어떻게 운영해야 하는가? 운동장과 수영장에서 학생들이 마음껏 벌이는 갖가지 놀이의 향연이 아직 바틀비에게는 낯설고 어지럽다. '복잡도'가 너무 높기 때문이다.

진짜 대학의 모습은 어떠한가. 위장 학생으로 들어가서 정식 인가를 받은 하몬 대학을 방문하고 온 바틀비는 자신감이 생긴다. 왜? 질서 있고 시간을 들여 만든 교육과정이 엄격하게 지켜지는 기존의 대학이 보여주는 낡고 굳고 답답한 모습에서 그 어떤 생기도 발견하지 못했으니까. 아무런 차이를 생성하지 못한 채 동일성의 잣대로 학생들을 가두는 대학에서 아무런 희망을 발견하지 못했다. 섯 대학의 유일한 공식인가 교수인 벤 학장이 말한다.

"미국 대학의 본질은 서비스 산업이고 주체는 학생들이며 이 학생들은 돈을 내고 왔으니 무엇을 배우고 싶은지는 본인들 스스로 가장 잘 알 테니 질문을 해야 한다. 당신들은 무엇을 원하는가?"

자본주의를 부정하지 않으면서 각자의 주체성을 살리는 절묘함. 그 비밀은 질문에 있다. 위의 질문이 바로 잉여성이라는 공통성에서 차이를 생성하는 다양성이 싹 트는 순간이다. 바틀비는 먼저 학교를 같이 세우고 운영하는 친구들에게 무엇을 원하는지 '묻는다'. 학생들의 반응은 '황당하게 그걸 왜 나에게 묻냐'는 표정으로 돌아온다.

"뭘 배우고 싶냐고? 왜 그걸 나한테 물어봐?"

당황한 글렌이 바틀비에게 되묻는다.

"글렌 내가 보기엔 아무도 너한테 그런 걸 물은 적이 없는 것 같아. 그렇지?"

원래 글렌은 요리를 좋아했다. 팬케이크와 콩나물 뿌리와 레모네이드를 좋아하는 글렌에게 바틀비는 요리에 대한 투자를 약속한다. 그럼 로리는? 유아원 다닐 때부터 하루도 빠짐없이 꽉 짜여진 스케줄에 시달린 로리는 아무 것도 안하기(nothing). 여름 캠프에서 목각인형을 깎아 상을 받아본 적이 있지만, 달리기로 상을 받은 후에는 자기가 좋아하지 않는 미식축구를 해온 핸즈는 비로소 자기가 오랜 세월 꿈꾸어온 목각인형깎기 공부를 시작한다.

이 과정을 통해 바틀비가 얻은 결론은 바로 '질문'하기다!

"우리는 평생 뭘 배워야하는지 듣기만 했잖아. 하지만 오늘은 입장이 바뀔 거야. 학생들에게 직접 물어볼 거라고!"

질문이 있는 교실, 질문이 있는 학교는 이렇게 자기 스스로 무엇을 꿈꾸며 무엇을 배우고 싶은가에 대한 성찰로 출발한다. 그렇다 우리는 평생 자기 공부와 배움의 주인이 되지 못하고 학교가 부모가 선생님이 가르치고 떠먹이는 대로 노예처럼 길들여지면서 살아왔다. 바틀비의 질문은 오래된 학교의 관습에 놀을 던진다. 당신은, 무엇을 배우기를 원하십니까?

질문이 너무 참신했던가? 바틀비의 질문에 오히려 당황한 쪽은 학생들이다. '그걸 왜 우리에게 묻지, 그것은 당신의 일인데' 하는 심정으로 곤혹스런 표정을 짓지만 그들이라고 배움에 대한 꿈과 열정이 없을 리 없다.

처음에는 다들 당황해서 '뭐라고요? 다시 한 번 물어주세요~'라고 반문하던 학생들이 자기 대답을 한다. 대다수 남학생들의 관심은 너도 나도 여자들이지만, 락앤롤을 원하는 맥주 배달부의 열망을 시작으로 하나같이 자기 고민과 관심 분야를 제시한다.

주의 결여 장애에 시달리는 애버나시는 차분하게 진정하는 방법이 절실하다. 매끄러운 사유를 상징하는 스케이드 보드를 타고 학교를 누비는 두 친구는 스피드와 높이에 관심이 많다. 수영복을 입고 노출을 즐기는 여자 친구들은 옷을 입었다, 벗었다 하면서 남들에게 과시적으로 자신의 몸을 보여주는 관음적 활동을 원한다. 아마도 어린 시절부터 모델을 꿈꾸어왔나 보다. 그 가운데는 염력(念力)으로 이것저것을 움직이기를 원하는 친구도 있다. 각양각색 사람마다 배우고 싶은 바가 다르다.

이 모든 요구를 한 눈에 알아보기 쉽게 바틀비는 대형 칠판을 활용한다. 자기가 배우고 싶은 바를 각자 마음껏 적는다. 요리를 좋아하는 글렌을 위해 주방을 새로 만들고, 나무깎기를 원하는 핸즈를 위해 나무 재료를 구입하고, 높이와 스피드 연습을 위해 스케이드 보드 연습장을 만들어준다. 새로운 학교 색깔과 로고를 만드는 일은 디자인과 모델에 관심 많은 키키와 친구에게 맡기고 말 그대로 본인이 원하는 도제식, 맞춤형 교육이 이루어진다.

새로운 학교의 학생들은 주제와의 친숙함, 주제에 대한 문제의식으로 충만하다.
과목 종류도 기이하고 다양하다.

foreign affairs, doing nothing405, advanced napping, advanced skepticism, making balloon animals, skateboading, hitting on strippers, day dream, bumper stickers, fire works, thinking about stuff 등

외교, 아무 것도 하지 않기, 선잠 자기, 회의론, 동물 풍선 만들기, 스케이트 보딩, 스트리퍼를 때리고, 하루 종일 꿈을 꾸며, 범퍼 스티커, 불의 작품, 물건에 대해 생각(염력) 등 헤아릴 수 없이 많다. 누군가가 강좌를 개설해서 강의실 번호와 함께 적어두면 그 강좌에 관심 있는 사람이 칠판에 수강 신청을 하고 그 강좌는 아무런 제약 없이 그대로 시행된다. 요즘으로 말하면 각 팀별 프로젝트 수업이 자연스럽게 구성된다. 자기가 배우고 싶지도 않은 과목을 창살 없는 감옥에 앉아서 억지로 들어야하는 고역의 가르치기와는 거리가 멀다.

주제와의 친숙함이라는 복잡계 이론과 관련 있는 또 하나의 상빈은 영화 〈쿵푸 팬더〉에 등장하는 포와 시푸의 공부 과정이다. 졸저 〈공부를 사랑하라(2014, 이파르)〉에서 그 과정을 논어에 나오는 인재시교(因材施教)라는 개념으로 상술한 바 있다. 팬더의 공부 과정 그 요지를 줄여 정리하면 이렇다.

날마다 쿵푸의 대가가 돼서 악당을 물리치는 꿈을 꾸던 자이언트 팬더인 주인공 곰돌이 포, 거위 양아버지를 도와 아르바이트 하느라 도무지 공부에 전념할 여가가 없다. 그러나 공부를 잘하고 싶은 마음은 굴뚝 같아서 나날이 꿈만 꾸다가 어느 날, 용의 전사를 뽑는다는 말을 듣고 좋은 공부의 자리라 생각하여 전사를 뽑는 자리에 찾아간다.

자기를 키워주신 아버지를 등지고 집을 나가는 포. 그렇다 바틀비가 집을 나와 새로운 학교를 만들어 새로운 흐름을 만들어내듯 포 역시 집을 나와 새로운 길을 걸어가야만 한다. 공부를 잘 하기 위한 필수 과정, 바로 가출(家出)이다! 성철이나 만해나 예수나 공자 할 것 없이 위대한 공부의 대가들은 모두 집을 나왔다. 집안에 틀어박혀 앉아서는 도무지 공부가 안 되는 이치, 그게 공부의 본질이기에 그렇다. 물론 집안에 앉아 천 리를 내다보는 사람도 있지만 인류 가운데 그런 사람이 세상에 얼마나 되랴!

집을 나간다는 말은 무슨 의미인가? 집 나가 단순히 거리를 떠돌고 아르바이트를 하며 시간을 보낸다는 말이 아니다. 아니 그 과정도 실은 치열한 인생 공부다. 지방이든 서울이든 집을 떠나서 낯선 곳으로 이동해 새로운 사람을 만나고 새로운 사건과 조우하고 접속하면서 자기 신체의 이질성을 체험하는 과정 그것이 바로 공부이고 쿵푸이니까. 팬더 또한 집이라는 익숙한 공간, 국수 판매 아르바이트라는 일상의 활동을 접고 새로운 만남을 추구했다. 그게 자율적인 공부의 시작이 아닌가.

쉿 대학의 학생들도 마찬가지다. 다른 아무 대학에도 입학하지 못하고 고민하다 집을 나와 쉿 대학에 찾아온 학생들과 진정한 자기 공부를 위해 집을 나간 팬더와 크게 다르지 않다. 다른 점이 있다면 쉿 대학 학생들은 누리집의 클릭 한 번으로 대학에 왔다면 팬더는 높고 높은 계단을 온몸으로 기어올라 겨우 성 앞에 당도했다는 점이다. 하지만 쉿 대학 학생들이라고 달랐을까. 그들 또한 이미 어린 시절부터 치열한 경쟁에 내몰려 끝없이 패배자의 길을 걸어온 사람들이다. 그래서 자기 한계를 극복하고 뛰어넘어 찾아온 학교. 니체는 이런 사람들을 초인이라 불렀을지 모르지만 인하대 김진석 교수는 이런 활동을 초월이 아니라 '포월'이라 불렀다.

포월은 초월과 달리 현실을 훌쩍 뛰어넘어 한 순간에 새로운 세상으로 다가가지 않는다. 초월이 넘어 다른 곳을 간다면, 포월은 기어서 새로운 곳에 당도한다. 포월의 포는 군인들이 훈련소에서 바닥을 박박 기어가며 포복한다는 말에 쓰이는 포, 기어갈 포(匍)자다.

포월이란 단어를 떠올릴 때 우리에게 가장 익숙한 이미지는 도종환의 담쟁이다.

저것은 벽이라고 우리가 느낄 때, 그때 담쟁이는
푸르게 절망을 안고 놓지 않는다

남들은 쉽게 올라간 그 긴 계단을 고독하게 겨우 올라간 포에게 놓인 다음 관문은 굳게 닫힌 성문이다. 기어서 왔으니 이제 넘어갈 차례다. 낑낑거리며 올라온 포가 발견한 것은 폭죽, 그 폭죽을 활용해 하늘로 날아올라 성벽을 넘어간다.

높은 하늘이 올라 땅으로 내려오면서 팬더는 온몸의 기운을 모아 소리를 지른다.

아이 러브 쿵푸, 나는 공부를 사랑해!!!!!!!!

와, 세상에 이렇게 공부를 사랑하는 아이가 있다니. 학문을 그렇게 사랑하던 공자도 이렇게까지 공부를 사랑하지는 못했을 텐데. 팬더의 공부 사랑은 정말 남다른 데가 있다. 타이그리스와 몽키, 맨티스, 바이퍼 등 최고의 무예 솜씨를 자랑하는 5인방 안에 용의 전사가 없어서 애태우던 대사부 우그웨이의 눈이 밝아진다. 그리고 정신 없이 금방 하늘에서 떨어진, 덜 떨어진 팬더를 향해 손짓하며 네가 용의 전사라고 말한다.

우그웨이는 무엇을 보았던가. 팬더의 현재 역량을 보지 않고 그 안에 담긴 열정과 잠재성을 읽었다. 비록 대학은 떨어졌지만, 대학에 들어가 진정한 자기만의 공부를 하고 싶었던 바틀비와 친구들이 원하는 바로 그 마음, 공부를 사랑하는 마음을 대사부는 읽었다. 드러난 것은 늘 지나가는 법, 언젠가 다가올 미래의 핵심 역량은 쿵푸 의지가 충천한 팬더의 내면이었다. 뜨아해하는 주변의 시선을 아랑곳 않고 우그웨이는 작은 사부 시푸에게 팬더의 무술 지도를 맡긴다.

"저런 찌질이를 가르치라고요? 싫습니다."
"아닐세. 믿으면 된다네. 무시하지 않고 믿어준다면."

사실 팬더의 역량은 쉿 학교를 찾아온 수많은 학생들과 다르지 않았다. 늘 거부당했고 무시 속에서 버려져야 했던 존재들. 그들은 함께 찾아와 협업을 이루었고 팬더는 혼자서 용맹정진하고 스승과 '줄탁동시'로 '절차탁마'(切磋琢磨) 했다는 점이 다를 뿐.

작은 사부의 팬더 테스트는 혹독했다. 불 속을 뛰어다니고 날카로운 가시가 달린 통들이 휙휙 지나가는 사이를 오가는 고난도 시험을 팬더가 통과할 리가 없다. 뜨거운 마음 속에서 꿈만 꾸었지 '몸'

(MOM)으로 실현본 적은 없었으니 말이다. 결과는 몸살이었다.

꿍꿍 앓는 팬더의 몸에 사마귀 맨티스가 침을 놓아주며 충고한다. '네 수준의 학동은 여기서 공부하면 다쳐요, 더 험한 꼴 당하기 전에 집으로 돌아가'라고 말이다. 어지간한 일에 기죽지 않을 팬더, 그 소리에 힘이 빠졌는지 울상이다. 분홍빛 복숭아 나무 아래서 복숭아나 따먹으면서 시름을 잊고자 하는데 우그웨이 대사부가 와서 팬더에게 용기를 주는 말 한 마디를 건넨다.

"어제는 히스토리, 내일은 미스테리, 오늘은 프레즌트."

물 먹은 별같은 팬더의 눈이 심봉사가 심청을 만난 듯 번쩍 띠신니. 그래 지나간 과거 그 수많은 상처의 나날들에 얽매일 필요가 없구나. 맞아, 아직 오지도 않은 머나먼 미래 그거 미리 알 사람이 누가 있겠어. 지금 이 순간 바로 이 순간이 중요하지! 팬더는 의기충천 다시 공부에 대한 의욕이 쩽쩽하다.

마음은 가벼워졌으나 몸은 여전히 무겁기만한 팬더. 과연 그를 가르칠 방법은 무엇인가? 대사부의 권유로 팬더를 가르치기에 골몰한 작은 사부는 팬더의 삶을 깊이 바라본다. 팬더가 좋아하는 것이 무엇이던가?

잠시 복잡계 이론를 다시 적용하면 팬더의 잉여성은 다소 부족해보인다(다른 친구들에 비하면 충만하지만). 남들이 다하는 쿵푸를 배우고자 하는 열망은 뜨거우나 팬더만의 고유한 특성이 무엇이던가? 표면적으로 팬더 스스로 배우고자 하는 고난도 쿵푸와는 거리가 멀어보인다. 주제와의 친숙함이 한참 모자라 보인다. 그 간극을 메워주는 일이 스승의 몫. 팬더가 먹기를 좋아하는데 착안한 시푸는 만두를 매개로 그 거리를 좁힌다. 주제와 친숙할 수 있는 계단, 그 사다리로 팬더의 취향에 맞는 먹거리를 활용한다. 스승의 지혜다.

주거니 받거니, 뺐고 빼앗기고, 만두를 둘러싼 둘 사이의 치열한 공방 속에서 팬더는 비로소 성장을 경험한다. 그리고 비로소 자기 스스로의 동력으로 세상을 살아갈 힘을 얻는다.

인재시교(因材施敎). 각자가 지닌 재주와 능력에 맞추어 맞춤형 교육을 한다는 공자의 이 말은 팬더를 가르친 스승에게 해당하는 말이자, 솟 학교를 찾아온 수많은 친구들에게 바틀비가 보여준 모습이기도 하다. 〈쿵푸 팬더〉에서는 작은 사부가 팬더의 삶을 관찰해 발견했다면, 억셉티드에서는 본인들에게 물어 스스로 결정권을 행사하도록 자신감을 키워주었다는 차이가 있을 뿐이다

다시 한 번 상기할 말이 있다.
잉여성과 다양성이 복잡계를 이룬 상태에서 복잡계는 스스로 자신을 만들어가기 시작한다.
- 〈심임섭, 복잡성 교육의 관점에서 바라본 학력관 문제〉

복잡계는 스스로 자신을 만들어간다. 관성을 말하는 게 아니다. 오

히려 관성을 깨고 새로운 차이를 끝없이 재생산한다는 말이다. 셋 대학의 진화, 진보는 그렇게 이루어졌다. 한 사람의 창발이 학교를 만들고 그 학교를 찾아온 구성원들이 다양성과 잉여성을 발휘하여 스스로 새로운 학교를 만들어간다.

8. 탈중심화된 통제

복잡계를 이해하는 다른 키워드는 '탈중심화된 통제'다.

복잡계는 복잡계의 구조에 의해 결정된다. 이것이 탈중심화된 통제의 원리이며 실체다.

하나같이 모순어법이다. 중심에서 벗어나는데 통제라니! 그래도 이 말은 일견 당연하고 의미는 쉬워 보인다. 복잡계의 구조가 복잡계를 결정한다. 그것이 탈중심화된 원리다. 좀 풀어서 설명해보자.

복잡계가 창발된다는 것은 '탈중심화된 통제'가 이루어지고 있다는 것을 의미한다. 복잡계는 복잡한 시계처럼 선형적 인과관계로 작동하지 않는다. 스스로 조직화하는 과정을 통해 창발된다. 따라서 학습체계를 복잡계로 만들어가려면 교사 중심의 수업 즉, 교사에 의한 일방적 통제가 없어야 한다. 그렇다고 해서 수업이 학생 중심으로 진행되어야 한다는 것을 의미하는 것은 아니다. 왜냐하면 교사 중심이냐 학생 중심이냐 하는 논의는 학습이 이루어지는 장소가 개인임을 전제로 한 것이기 때문이다. 학습은 다른 층위에서도 일어난다. 학습체계에서 창발되는 복잡계 단위는 수업에서 만들어진 지식을 함께 구성하는 공유된 생각, 통찰, 이해 등이다. 이러한 복잡계가 창발되는 과정에서 교사나 학생, 교과서, 문서화된 교육과정 그 어느 것도 복잡계를 결정하지 못한다.

〈억셉티드〉에 등장한 숏 학교의 운동장이나 강의실을 보자. 같은 공간이 하나도 없다.

마당엔 수영장이 있고 잔디밭 여기저기에서 온갖 일들이 벌어진다. 나무 아래에서는 명상이 한창이고 풀밭을 스키장처럼 사용하는 친구도 있다. 같은 공간이라도 '홈 패인' 공간처럼 고착화하지 않고 '배치'에 따라 다양한 용도로 '매끄럽게' 활용한다.

일견 복잡하고 무질서해 보이지만 그 안에는 보이지 않는 흐름이 있다.

그가 수업하는 공간이 스케이트 보드를 타는 매끄러운 공간이라는 점도 눈에 띤다. 21세기 교육은 홈패인 공간과 매끄러운 공간의 보이지 않는 싸움이기도 하다

학장으로 온 광기 넘치는 벤 교수는 말한다.

"배운다는 게 뭐야? 인생에 유의하는 거지! 인생 앞에서 자신을 여

는 거야. 최악의 결과가 뭐겠나? 인생에게 엉덩이를 물어뜯기는 거지. 내 엉덩이를 알아볼 수 없도록 엉망이 됐지만 그래도 앉을 수는 있다!"

마치 안치환이 부르는 정호승 시인의 노래, '인생은 나에게 술 한 잔 사주지 않았다'처럼 인생의 진수를 담은 말에 학생들은 환호성을 지른다.

수영장에서 벌어지는 수업은 더 볼만하다. 학생들조차 감탄사를 아끼지 않는다. 이게 수업이라니!

세 명의 여학생이 비키니만 입고 수영장 한 가운데서 일광욕을 즐기고 다른 학생들은 그 여학생들의 몸을 관찰한다. 바틀비가 창안한 과목으로 말하자면 '인체학' 수업이다.

이제 이 〈억셉티드〉의 절정으로 가보자.

급작스럽게 들이닥친 바틀비와 친구들의 부모님들. 정규 인가를 받은 학교일 줄 알았다가 학생들의 '창작 대학(?)'이라는 사실을 알고서는 실망한 채 자식들을 데리고 돌아간다. 쓸쓸하게 혼자 남은 교정에는 바틀비만 외롭게 거닌다. 이때 흘러나오는 노래가 인상적이다. 시티즌 코프(citizen cope)의 '렛 더 드러머 킥'(let the drummer kick)이라는 노래인데 영어의 각운 효과 때문인지, 명사만 나열하는데도 묘한 울림을 준다.

Relations(관계), Creation(생성), Incarceration(감금), Determination(결정)

Equation(동일시), Humiliation(굴욕), Reincarnation(환생), Situation(상황)

Elation(우쭐댐), Identification(표시), Retaliation(보복), Education(교육)

Inspiration(영감), No substitution(대체 없음), Solution(해결책), Conclusion(결론)

Let the drummer kick

Let the drummer kick that(반복)

참담한 심정으로 집에 도착한 바틀비에게 한 장의 편지가 와 있다. 편지를 통해 바틀비는 '대학 인정 심문회'가 열린다는 소식을 받는다. 물에 빠진 사람 심정으로 지푸라기라도 잡아보려는데 친구들은 실망해서 말린다. 하지만 바틀비가 누구인가. 남들이 말할 때, "저는 그렇게 하지 않는 편을 택하겠습니다"를 고집하던 사람이 아닌가.

"정부에서는 고수준 교육을 공동 목적으로 두고 있는 한 집단을 대학교라고 부르지, 그게 우리 아냐? 고수준의 정의는 사람마다 좀 다를 수 있지만. 교육기관 인정회 앞에서 우리 사정을 말하기만 하면 돼."

바틀비는 '별 거 아닌 종이 한 장이 우리를 결정해. 못 할 이유가 없잖아. 우리 걱정만 할 게 아니라 모든 학생을 생각해서라도.'라며 인가 장소에 나가기를 결심한다. 사실 대학 인가 인정 심문 신청은 바틀비 친구인 슈레이더가 한 일이다. 슈레이더는 4대 가문을 이어 내려온 집안의 전통보다 새로 창조된 쉿 대학이 더 좋다면서 하몬 대학을 때려치고 나왔다.

드디어 심판의 날. 몰려온 학생들 때문에 심문회는 대강당에서 열린다.

심사위원장의 말에 따르면, 공식 인가 학교 인정을 받으려면 세 가지 조건이 필요하다.

〈학교 시설, 교육과정, 교수단〉

셋 다 난감한 대답이긴 마찬가지인데, 숷 학교를 만들고 상황을 가장 잘 아는 바틀비가 나선다.

"시설, 저희는 시설은 확실히 갖추고 있지요. 학생 휴게실과 기숙방도 갖추고 있습니다. 스케이트 보드 경사로도 있고요. 야외 음료 스탠드도 있고."

하몬 리차드 칼리지 밴혼 학장은 '폐쇄된 정신 병원을 빌렸고, 전통적인 지원 시설이나 자력은 하나도 없다'며 반발한다. 그렇다. 물론 이 학교에 정식 운동 시설은 없다. 도서관도 보건복지시설도 없다. 정신 병원의 은유 자체가 광기와 이성을 분리하던 근대의 체제를 비판하려는 의도처럼 보인다. 과연 진짜 미친 사람은 누구인가?

미셀 푸코는 병자나 광인이 분리수거물처럼 취급받기 시작한 근대를 비판했다. 오늘날도 크게 다르지 않다. 다수의 무리와 달리 특이성을 보이는 존재들, 소수자, 왼손잡이, 동성애자를 존중하지 않는 문화는 지금도 여전하다. '인정은 하지만 너희는 안 돼'라는 이중 잣대가 여전히 횡행한다. 차이를 존중하는 척하면서 차이 생성을 거부한다.

왜 학교 건물은 각진 교실을 지녀야만 하고 운동장은 체육시설만 있어야 하는가? 공간에 대한 근대적 억압이야말로 현재의 학교가 보인 가장 끔찍한 현실 가운데 하나가 아닌가. 섯 대학은 홈 패인 공간을 거부했다. 오히려 창의적인 변용을 통해서 사람이 모이거나 그 이유에 따라서 공간의 쓰임이 달라졌다. 스케이트 보드장과 수영장, 야영장 등등 자유롭게 공간적 변신이 가능하다.

심사위원장은 다시 묻는다.

"교육과정은요? 과정 책자라도 있나요? 종합적인 수업 목록이라도 있습니까?"

교육과정이야말로 바틀비가 기다리던 질문이다.

"물론이죠. 그것 좀 들여보내주세요."

무엇이 들어올지 짐작이 되시는가? 그렇다 바로 학생들 스스로가 만든 자율적 교육과정이 적힌 커다란 게시판이다. 사방에서 환호와 박수가 터진다. 황당하다는 표정의 심사위원들은 영문을 몰라 '이게 뭐죠?'라며 묻는다.

"교육과정입니다. 저기 섯 대학이 갖춘 수업들이죠."

우리는 앞서 이 대학의 교과목들이 어떤 과정을 거치고 학생들이 어떤 과목을 원했는지 살펴본 바 있다.

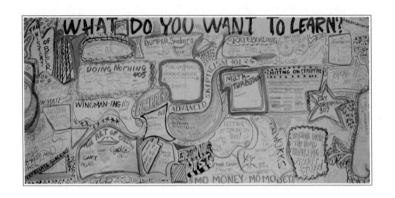

하몬 대학 학장이 말도 안 된다는 표정으로 이의를 제기한다.

"이건 장난입니다. 노닥거리기 101호. 범퍼 스티커 전공은 어떻게 하지요, 게인즈씨?"

심사위원장도 자기가 보기에 '저 안에는 교육적 가치가 있는 항목이 전혀 보이지 않는다'며 문제를 제기한다.
학생들이 나선다.

"산책하며 몽상하기 수업에서는 스트레스에서 벗어난 환경 속에서 저희 인생을 계획하고 생각하는 시간을 가집니다."
"자신에게 귀 기울이기 202 수업은 각각 개인의 경험을 돌아보며 우리의 숨은 소질을 발견하는 미술수업이지요."

"스케이트보드 234를 위해서 경사로를 지을 때는 공학과 물리학을 동원했어요. 항공 역학도요."

마침내 일어선 락 가수.

"미치도록 락앤롤 222에서는 방황하는 세대의 음악과 가사 속 불안감을 감상합니다. 그리고 미치도록 락앤롤을 하지요."

다시 터져나오는 환호성에 심사위원장은 할 말을 잃는다.

"교수단은 있습니까?"
"예, 있습니다. 교수들 일어서 주세요."

모든 학생들이 우르르 일어서자 당황한 위원장이 '이건 무슨 뜻이지요?'라며 묻는다. 발랄한 목소리로 바틀비가 말한다.

"솟 대학에서는 학생들이 모두 교수랍니다."

왜? 모두가 모두에게 배우는 학생이고 모두가 모두를 가르치는 스승이기 때문이다. 솟 대학에서는 늘 교학상장(敎學相長)이 이루어진다. 가르치는 사람은 두 배로 배운다는 말처럼 모두가 모두에게 자기 지식과 경험과 관심과 능력을 나누고 베푼다. 그 베풂을 받아 배우고 때때로 익히니 모두들 그 아니 즐거운가!

다시 하몬 대학의 벤 혼 학장이 '말도 안돼요. 학생들은 교수가 아니고 자격도 없습니다.'라며 이의를 제기한다.

심사위원장 왈,

"교육부 인정을 받은 교수단이 없으면 교육기관 인가를 받지 못합니다. 정식 교수단은 없나요?"

드디어 쉿 대학 학장인 벤 루이스 삼촌의 차례다. 자기가 유일한 교수라며 발표하자 벤 혼이 다시 '술꾼에 타락자에 정신이상자'라고 이의를 제기하며 설전이 벌어진다. 정식과 비정식의 차이는 뭘까?

페친 중의 한 분이자 '교컴' 활동으로 알려진 함영기님이 페북에 다음과 같은 질문을 남겼다.

"누스바움이 말하는 역량(capability)과 최근 유행하는 담론에서의 역량(competence)은 어떤 차이가 있는가?"

페북에서 답글을 달지는 못했지만, 나라면 '미래 가능' 능력과 '과거 현실' 능력이라고 말하겠다. 후자의 역량(competence)은 지금 어디서 무슨 일을 할 수 있는 스펙, 성적이다. 당장 눈앞에 펼쳐지는 가시적인 성과 역량이다. 그 자체로 의미가 있다. 하지만 낯선 상황과 환경에서 이 역량이 얼마나 발휘될지는 아무도 모른다.

반면 마사 누스바움의 역량은 다르다. 마사 누스바움은 인간 존엄성의 회복을 시도하기 위해 '역량'의 개념을 활용했다. 그녀에게 역량이란 "이 사람은 무엇을 할 수 있고 무엇이 될 수 있는가?" 라는 물음에 대한 대답이다. 그는 아마르티아 센이라는 인도출신 경제학자의 말을 빌려, '역량'은 성취할 수 있는 기능의 선택 가능한 조합이며 그래서 '역량은 일종의 자유, 즉 선택 가능한 기능의 조합을 달성하는 자유'라고 말한다. 쿵푸 팬더에서 대사부 우그웨이 앞에 나타난 팬더는 기술적인 역량(competence)은 형편 없었지만 마사 누스바움이 말하는 역량(capability)은 최고로 차고 넘쳐 용의 전사로 지명 받았다. 위대한 스승은 형식적인 스펙보다 그 안에 담긴 열정과 끈기와 가능성을 보는 혜안을 가졌다.

근대적 시스템과 제도에 갇힌 사람들은 '인물의 됨됨이와 깊이(capability)'를 보지 못한다. 그저 '서류와 스펙'으로 사람을 판단하고 일의 능률을 숭배한다. 그 안에서 교육이 이루어질까? 하몬 대학의 학생들은 꽉 짜여진 경쟁적 교육과정 속에서 자기가 원하는 교과목 신청도 못하고 학생들은 시험의 노예가 되어 지루한 지식 경쟁에 사로잡혔다. 전통을 자랑하는 학교의 문화는 후배 신입생들을 집단 구타하고 괴롭히는 오늘날 우리 학교 현실과 다르지 않다. '가만히 있으라'며 억압과 규율에 길들여진 학생들이 갈 곳은 타인의 배제와 폭력과 일탈이다.

'교수는 없냐'는 질문에 이제 바틀비는 대답을 거부한다. 학위와 문서와 시스템에 길들여진 교수가 무슨 의미가 있는가? '어차피 결정은

났고, 살면서 여러 번 거부 맛을 보았는데 심사위원장의 얼굴에 이미 거부의 뜻이 비친다고. 사람을 인성이 아니라 외모로 판단하는 게 유감'이라며 항의한다.

"저희를 동일자의 교육으로 몰아가시는데, (차이를 생성하며 독립과 자율을 이루어온) 저희는 이 모습이 자랑스럽습니다."

김수영이 '달나라의 장난'에서 말했던 그 고유성. '너도 나도 스스로 도는 힘을 위하여/ 공통된 그 무엇을 위하여 울어서는 아니 된다'는 듯이 살아온 바틀비는 이제 더 이상 대학이라는 틀의 인가 자체에 집착하지 않는다.

"하몬 대학의 100년 전통? 신입생이나 괴롭히고 조금이라도 다르면 모욕하는 거?
학생들에게는 부담감만 산더미처럼 주고 그들은 스트레스에 쫓기는 카페인 중독자만 됩니다."

'당신의 가짜 학교는 진짜 대학의 품위를 깎아내린다'고 강압하는 하몬 대학 학장에게 '뭐가요, 둘 다 존재할 수 없나요? 학부모님들은 어떠신가요? 그런 체계가 효과적이었습니까? 본성을 따르라고 가르쳤나요? 아니면 안전한 길을 따르라 하던가요? 위원님들은요? 항상 교육부 직원이 되고 싶으셨나요?'라며 반박한다.

"자포자기 행위로 시작한 일이 정말 놀라운 것으로 변했지 뭐예요? 인생은 가능성으로 가득 찼거든요. 결국 저희를 위해 원하는 것이 그것 아닌가요? 부모로서는, 가능성 말입니다. 저희는 오늘 여러분의 인정을 받으러 왔지만 전 방금 깨달았습니다! 그 따위는 아무 관심 없어요. 당신들의 인정이 뭐가 그리 중요합니까?

우리 삶이 대단한 일이었다는 건 당신들 인정 없어도 이미 알아요. 이 세상에 진실이란 건 정말 드물지만 한 번 보면 바로 알아봅니다. 그리고 전 셋 대학에서 진정한 교육이 일어났다는 것이 진실임을 확신합니다. 정말로 배우는 데는 선생이나 교실이나 화려한 전통, 돈 따위는 필요 없거든요. 필요한 건 오로지 자신을 개선하고자 하는 사람들입니다. 셋 대학은 그런 사람들이 넘쳐납니다.

인정 사인? 마음대로 하세요. 저희는 계속 배우고, 계속 자라고, 저희 학교에서 배운 인식들은 결코 잊지 않을 겁니다. 저희는 셋 학생이고 영원히 셋 학생이 될 겁니다."

바틀비의 이 말이야말로 기존의 시스템에 균열을 내면서 호빵처럼 찍어내는 규격화된 교육을 거부하고 각자가 지닌 고유성의 리듬을 따라 흐르는, 리좀적이면서도 동시에 거대한 뿌리의 정신을 지닌 새로운 교육자의 탄생이 아닌가.

"어떤 결정을 해도 우리는 변하지 않습니다!"

그렇다. 불변성. 세상은 변하지만 진정한 외부자들, 교육자들, 위대한 스승들은 변하지 않는 그 절대성을 지녔다. 학제, 입시, 교육과정, 교과서가 바뀌어도 흔들리지 않는다. '나에게 놋주발보다 더 쨍쨍 울리는 추억이 있는 한 인간은 영원하고 사랑도 그렇다'고 김수영이 한 그 말의 의미다.

심사위원장은 '교육의 목적은 학생들의 창의력과 열정을 자극시키는 것입니다. 우리 성공 위원회는 혁신을 거부하지 않습니다. 조심스럽게 지켜봐야지요. 1년이란 검정기간이 주어집니다. 실험 제도를 진행하세요.'라고 말하지만 이미 바틀비와 쉿 대학에게 형식적인 대학이란 의미가 없다. 자기 스스로 주인인 삶 거기서 이미 큰 배움은 이루어졌으므로.

김수영의 〈거대한 뿌리〉로부터 시작했으므로 다시, 김수영으로 돌아가자.

영화 말미에서 쉿 대학의 벤 학장은 말한다.

"정신을 차리게 하지 않고 정신을 혼란스럽게 하는 거야. 너희는 수년 동안 정신을 차려만 왔어."

정신을 차리지 마라! 그렇다. 학교에서 학생들에게 교사들이 가장 자주 하는 말이 무엇인가? '조용히 해, 입 다물어, 정신 차려'다. '차렷'이라는 명령 자체가 일제의 망령이다. 바틀비의 쉿 대학은 반대로 말한다. 스스로 아름다운 혼돈을 창조하라고! 김수영도 말했다.

"이 시론도 이제 온몸으로 밀고 나갈 수 있는 순간에 와 있다. 막상 '시를 논하게 되는 때에도 시인은 시를 쓰듯이 논해야 할 것'이라는 나의 명제의 이행이 여기 있다. 시도 시인도 시작하는 것이다. 나도 여러분도 시작하는 것이다. 자유의 과잉을, 혼돈을 시작하는 것이다. 모기 소리보다도 더 작은 목소리로 시작하는 것이다. 모기 소리보다도 더 작은 목소리로 아무도 하지 못한 말을 시작하는 것이다. 아무도 하지 못한 말을, 그것을.
　- 김수영, 시여 침을 뱉어라

　아무도 상상하지 못한 거대한 뿌리, 미존(未存)의 삶, 과잉과 혼돈의 자유와 존중, 거기에 미래의 꿈과 희망이 있고, 그 미래는 바로 오늘 현실이 된다.

　"나한테 와서 이건 어디서 구해요, 이런 거 묻지 마! 내가 알게 뭐야. 너희가 알아서 찾아. 내가 할 수 있다 그랬지!"

　지능과 성적이 아니라, 의지와 열정으로 평가하는 학교를 만들어야한다.
　기득권자들, 내부자들, 정주하는 자들, 한 곳에 머물러 자기 세계에 갇힌 자들은 타자를 배척하고 거부한다. 동일자의 교육관에 갇힌 존재들이다. 그 교육관이 자라고 자라면 유대인들을 학살한 나치의 아이히만이 된다.

　여기서 추가로 덧붙일 개념은 '근접상호작용'이다. 억셉티드 학교의 학생들이 스스로 만들어낸 과목들을 보면 미세한 지각의 감응들이 서로 반응하며 기존에 없었던 새로운 의식과 내용들을 창발한다. 복잡계에서는 이런 창발 과정이 만들어내는 학습 체계를 근접상호작용으로 설명한다.

근접상호작용이란 단순히 공간적으로 학습자들이 가깝다는 뜻이 아니라 상호작용하면서 이루어지는 개념, 생각, 직감, 질문 등 다양한 표현들이 다른 해석들을 촉발(trigger)하는 과정을 의미한다. 여기서 지식은 잠재되어 있고 행동으로 현실화되지만 표현되는 것은 지식이라기보다는 더 미세한 가능성들이다.

여기서 더 미세한 가능성들은 수업 과정에서 학습자들의 말, 몸짓, 표정 등으로 표현되는 그 모든 것들을 말한다. 이렇게 표현된 것들이 상호작용하는 것이 '근접상호작용'이다. 복잡계로서의 학습에서 말하는 근접상호작용에서의 표현은 들뢰즈가 말한 '차이', '시뮬라크르'이며 '감응(affection, affectio)'에 해당하는 것이다.[3]

- 〈심임섭, 복잡성 교육의 관점에서 바라본 학력관 문제〉

'근접 상호 작용'은 가까이 접근해서 서로에게 영향을 미친다는 뜻이다. 협업의 기초과정이다. 문제는 둘이 붙어있다고 해서 반드시 바람직한 근접 상호 작용이 일어나지는 않는다는 점이다. 30년을 한몸처럼 붙어 살아가는 부부를 보라. 〈님아 강을 건너지 마오〉에 나오는

---

3) Davis와 Simmt(2003: 156)에 의하면, 지식의 실체 역시 학습자 밖에 존재하는 체계화되고 정리된 무형의 그 무엇이 아니라 Varela(1999)가 말한 바와 같이 '실제로 구체화된(concrete)', '신체화된(embodied, incorporated)', '살아있는(lived)' 것이다. 따라서 이러한 신체화된 지식은 감응을 통해 여러 가지 형태로 표현되고 표현된 것들끼리 근접 상호작용을 일으키게 된다.

아름다운 노부부처럼 이승의 사랑이 저승까지 이어질 듯 아름답게 성숙한 진화를 하는 경우도 있지만 현실에서의 사랑은 원인 모를 호르몬 때문인지 그 수명이 삼 년을 넘기기가 어렵다. 문제는 거리가 아니라 미세한 가능성을 감지하는 '섬세한 지각과 밀도'이다.

위의 언급에 달린 주석을 먼저 살펴보자.

지식의 실체 역시 학습자 밖에 존재하는 체계화되고 정리된 무형의 그 무엇이 아니라 '실제로 구체화된(concrete)', '신체화된(embodied, incorporated)', '살아있는(lived)' 것이다. 따라서 이러한 신체화된 지식은 감응을 통해 여러 가지 형태로 표현되고 표현된 것들끼리 근접 상호작용을 일으키게 된다.

시험을 치르기 위해 이해하고 암기하는, 추상적이고 절대적인 외부의 지식이 아닌 그 무엇. 몸에 새겨진 살아있는 감각과 인식 그것이 바로 진정한 의미의 지식이다. 그러한 지식들은 앞에서 언급한 세 가지를 고민하게 만든다.

개념, 생각, 직감, 질문 등의 다양한 표현들은 다른 해석들을 촉발한다(trigger).

더 미세한 가능성들은 수업 과정에서 학습자들의 말, 몸짓, 표정 등으로 표현되는 그 모든 것들이다. 이는 들뢰즈가 말한 '차이', '시뮬라크르'이며 '감응'이다.

배보다 배꼽이 큰가? 근접 상호 작용이라는 말보다 그를 해석하는 말들이 더 어렵다. 객관화된 죽은 지식이 참 지식이 아니라는 말은 얼추 이해가 된다. 그럼 다양한 표현의 다양한 해석은 어떤 의미인가? 지식보다 미세한 가능성은 무엇이며 그것은 어떻게 학습자들의 말, 몸짓, 표정으로 나타나는가? 그리고 들뢰즈가 말한 차이, 시뮬라크르, 감응은 또 어떻게 이해해야 하는가? 다시 머리를 식힐 겸 영화 〈억셉티드〉로 돌아가보자.

9. '공유지(共有地)의 비극'에서 '공유지(共有知)의 희극'으로

무감독 고사는 가능할까?

학생과 청년들의 삶이 암담한 이 비극의 사회에서 미래 학교는 어떤 모습이어야 할까?

배움의 공동체, 하브루타, 거꾸로 수업, 질문이 있는 교실 등 교육 과정과 수업의 혁신은 이미 시작되었다. 앞서 명명한 교육 방법들이 단순히 기법만을 의미하지 않는다. 철학과 역사적 배경과 사회적 맥락이 고루 얽혀있다. 이 모두가 함께 안은 숙제가 하나 있다. 바로 평가다. 과연 학생들을 어떤 잣대로 평가해야 학생이 중심이 되는 취지의 교육과정과 활동 수업을 의미 있게 해나갈까.

기존의 수업들이 다 대학입시와 평가 때문에 벽에 부딪쳐 망가지고 한계에 봉착했다는 사실은 대부분 교육관계자들이 인정한다. 그렇다면 미래 학교에서의 평가는 어떠해야 할까?

평가에 관한 탁월한 연구 성과를 보여준 이형빈은 〈교육과정-수업-평가, 어떻게 혁신할 것인가(맘에 드림)〉를 통해서 보여준 바 있다.

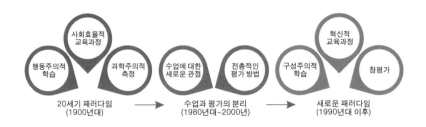

이형빈에 따르면 전통적인 교육과정-수업-평가의 패러다임은 국가와 자본이 필요로 하는 인력을 양성하기 위한 교육과정에 따라 명시적 · 세부적인 교육목표를 설정하고 이를 달성하기 위한 효율적인 교수학습을 중시하게 되며 이에 따라 '자극-반응' 모델을 중시하는 행동주의적 수업전략을 채택하게 된다. 또한 평가에서도 명시적 · 세부적으로 제시된 교육목표를 달성했는지 여부를 확인하는 과학적 측정전략을 중시하게 된다.(이형빈 저, 『교육과정-수업-평가 어떻게 할 것인가』) 기존의 교육 패러다임이 단순계라면 앞으로 우리가 나아갈 미래지향적 교육은 참된 학력을 기르는 교육과정과 학생 개개인의 다양한 역량을 평가하는 참 평가로 나아가야 한다. 그런 의미에서 교육과 학력의 의미를 제고해야 한다는 측면에서 '복잡계'가 주는 의미를 고민하게 된다. (전정희)

함께 토론을 공부하는 과정에서 한 선생님이 쓰신 글이다.

그렇다. 경쟁을 위한 스펙과 학력이 아닌 참 학력과 참 평가. 이 평가 문제는 지금의 입시와 연결되어 교육과정과 교과서를 장악하고 지배하는 절대자 역할을 한다. 평가에 대한 문제를 풀지 않고는 미래 교육과 새로운 학교의 그림을 그리기가 어렵다. 과연 바람직한 평가는 어떠해야 하며 그것은 현실 가능한가?

교육방송의 '왜 우리는 대학에 가는가' 시리즈 가운데 5부작 '말문을 터라'에서는 정답이 있는 객관식 평가 방식의 문제점을 적나라하게 보여준다. 다양한 생각이 가능한데 하나의 정답만을 강요하는 평가 방식에 대한 풍자다. 왜? 교과서에 그렇게 나와 있으니 따를 수밖에 없으니까. 교과서도 틀릴 수 있다는 가능성을 열어두지 않는다. 교과서에 대해서는 〈질문이 있는 교실〉에서 자세히 다룬 바 있으므로 여기서는 평가 문제를 좀 더 밀고 나아가보자.

정답이 없는 열린 문제에 대해서 답을 말하라 하면 학생들은 물론이고, 교사나 교수들도 답을 찾지 못한다. 열린 사고, 자유로운 상상력을 발휘할수록 더욱 그렇다. 시인들에게 자신의 시에서 추출한 수능 문제를 풀라고 했을 때 대부분 정답을 찾지 못했다는 이야기는 이미 오래된 전설이다. 문제는 대안이다. 수능과 논술이 강력하게 똬리를 트는 상황에서 평가 문제의 해결책 말이다.

서문에서 소개한 〈다가오는 것들〉이라는 영화에서 또 하나 인상적인 장면은 시험 보는 풍경이다. 방식은 논술인데, 시험 시간을 2시간이나 남겨두고 배점이 별로라며 먼저 나가는 학생도 있다. 교사는 조용히 앉아서 책을 본다. 프랑스의 바칼로레아나 독일의 아비투어 수업 및 시험 풍경을 그려보게 하는 대목이다.

평가에 관한 한 우리나라 교사들은 모두 머리를 쥐어짠다. 배움의 공동체를 비롯 하부르타, 거꾸로 교실, 토론 수업, 비주얼 씽킹, 디자인 씽킹 등 다양한 종류의 혁신적 수업 방식 개혁은 교과서와 교육과정의 재구성에 이르렀으나 평가에 와서는 다들 숨을 멈춘다. 궁극적으로 공교육에서의 가르침은 평가 문제를 떠나서 존재하기 어려운 까닭이다. 그래서인지 최근에는 아예 학교에서 평가를 할 때, 객관식을 없애자는 의미 있는 주장도 나왔다.

오마이 뉴스 신향식 기자의 글인데 일부를 옮기면 이렇다. 필자는 2015년 '독일 글쓰기 교육' 현장탐방취재를 마치고 돌아와 독일 교육의 풍경에 대한 글을 썼다.

모든 학교에서 아예 객관식 시험문제를 법(法)으로 금지하면 좋겠다. 대한민국 시험문제를 서술 논술형으로 혁명적으로 전면 개편하라는 말이다. 시험 방식을 바꾸어야 수업 방식을 효율적으로 개선할 수 있기 때문이다.

이를 위해서는 학급당 학생 수를 줄여야 하고, 교원을 더 많이 양성해야 하며, 새로운 문제 유형과 공정한 평가방식을 개발해야 한다. 이것은 교육재정을 대폭 늘려야 가능한 일이다. 하지만 창의력과 사고력을 키우는 교육을 위해서는 객관식 시험문제 폐지를 더 이상 미룰 수가 없다.

(중략)

철저하게 독서-토론-글쓰기를 기반으로 하는 독일 교육은 한국의 대입 수능시험 격인 '아비투어(고교 졸업 자격고사)'도 논술이 큰 비중을 차지했다. 과목당 3~4시간에 걸쳐 장문의 글을 써내는 방식이다.

하루만에 수능시험을 끝내는 한국과 달리 며칠에 걸쳐 글쓰기 시험을 본다. 독일이 인재 강국이 된 비결은 독서와 토론과 글쓰기를 결합한 창의적인 교육에 있다고 한다.

독일만 그런 것이 아니다. 글쓰기를 강조하는 입시는 선진국 교육의 큰 흐름이다. 글읽기(독해)와 글쓰기(표현)를 모든 지적 활동의 출발점으로 보기 때문이다. 프랑스의 대입시험인 바칼로레아와 영국의 고교 졸업자격시험, 호주의 대학입학 논술시험, 그리고 글쓰기(에세이)가 포함된 미국의 수능시험인 SAT를 보더라도 선진국에서는 글쓰기를 중시한다.

한국 학생들이 참고서와 문제집으로 내신과 수능 시험에 몰두할 때 선진국 청소년들은 책을 읽고 토론을 하고 글을 쓴다. 수많은 주제로 자료를 찾아 보고서를 기성해 발표를 하고, 급우들에게서 비평을 받는다.

잘 아다시피 아비투어(Abitur)는 독일이나 핀란드의 2차 교육(한국의 고등학교 과정)을 마칠 때 보는 시험이다. 아비투어 시험은 12년이나 13년 교육을 받은 후 보게 되며 이때의 나이는 18, 19, 20세 정도이다. 고등학교 졸업자격고사로 이해될 수 있다. 시험에 합격할 경우 'Zeugnis der allgemeinen Hochschulreife'이란 문서가 발행되며 여기에 등급이 적혀 있어서 대학에 배치될 때 사용된다. 다시 말해, 이 시험과 합격자격증은 고교 졸업의 자격증이자 동시에 대학입학시험의 의미가 있다

하지만 독일에서는 이런 시험을 통과해서 대학으로 가는 학생은 그리 많지 않다. 제대로 공부하기 때문에 누구나 쉽게 대학을 가지 못한다. 밑바탕에는 독일 사회의 특징이 깔려 있다. 바로 학벌이 아닌 가능성을 중시하는 사회 풍토다. 독일은 우리나라처럼 '서연고 중경외시'

로 시작하는 대학 서열화가 안 되어 있다. 공부하고 싶은 학생은 부모 재산이나 자기 소유의 돈이 많고 적고를 떠나 누구든지 대학에 갈 수 있다. 기술을 배워 꿈을 이루고 싶은 학생은 일찌감치 직업고등학교를 선택한다. 대학을 나왔느냐 여부가 사회적 차별로 존재하지 않는다.

아비투어는 학습능력만을 평가하는 시험이 아니다. 논술과 구술 시험을 위해서는 논리적 사고와 언어 구사 능력이 필수고, 3년간의 시험 준비 과정은 학생들에게 좋은 결과를 향한 의지를 비롯해 자신을 돌아보는 능력, 처한 상황을 판단하는 능력, 그에 맞는 전략을 세우는 능력에 더해 지구력, 사회성까지 요구한다.

문제를 보면 우리와 수준이 다르다.

- 18세기 독일 문학이론에서 셰익스피어 작품에 관한 논의가 차지하는 의의를 약술하고 임의의 독일희곡 작품을 들어 거기에 나타난 셰익스피어의 영향을 논하라.
- 17세기부터 18세기까지 발전한 유럽의 고전주의의 특징에 대해서 서술하시오

중요한 작가를 소개하고 관련된 배경지식을 활용해야 한다

- 다음 주제 발표문의 도입부를 작성하시오. 가령, 학교에서 '욕망-유혹-조작'이라는 주제로 연구 발표회를 한다고 가정합시다. 마무리

발표에서 학생들과 교사들은 이 프로젝트를 참관하는 다른 사람들-학생들, 교사들, 학부모들-에게 주제에 관한 여러 가지 관점을 각자의 강의실에서 다양한 방식으로 각기 보여주고 있습니다. 당신이 참가한 독일어 교실에서는 '문학 속의 유혹'이라는 주제를 다루고 있습니다. 문학 작품에서 발췌한 제시문을 통하여 객관적 정보들과 사진 자료들, 그리고 시청각 자료들도 제시하고 있습니다. 당신은 '문학 속의 유혹'이라는 주제로 진행하는 발표 활동에서 시작 부분을 맡고 있다고 합시다. 당신은 지금부터 도입부 발표문을 작성해야 합니다. 문학작품이나 영화의 줄거리에서 '문학 속의 유혹'에 관한 실마리를 얻어 작성하면 좋습니다. 본론에 이론적 배경(1~5쪽 분량)과 탐구 결과(6~9쪽), 그리고 탐구 결과를 논의하는 결론에 여러분의 생각이 담긴다고 가정하고 작성하면 됩니다. 도입부 분량은 1200자로 제한합니다.

프랑스라고 독일과 크게 다르지 않다. 아비투어는 1788년 프로이센에서 출발했다. 스스로 생각하고 행동하는 건강한 시민을 만들어내기 위해 1808년에 처음 시작한 바칼로레아 문제는 끝없이 진화해왔다.

- 모든 사람은 존중해야 하는가?(1993)
- 과거에서 벗어날 수 있는가?(1996)
- 타인을 심판할 수 있는가?(2000)

2015년 프랑스 바칼로레아 문제를 보자.

- 모든 살아 있는 존재를 존경한다는 것은 도덕적 의무인가?
- 현재의 나는 나의 과거가 만든 것인가?
- 개인의 의식은 그가 속한 사회의 반영에 지나지 않는 것인가?
- 예술가는 이해할 무언가를 주는가?
- 예술 작품은 언제나 어떠한 의미를 지니는가?
- 정치는 진실의 요청에서 벗어나는가?

그밖에 토크빌의 민주주의에 대한 글이나 스피노자의 철학서를 주고 해석하는 문제도 있다.

이런 형태의 문제 풀이가 가능한 것은 초등학교 때부터 읽고 요약하고 비판하는 훈련을 반복했기 때문이다. 프랑스에서는 어려서부터 반복적인 글쓰기 연습과 체계적인 사고력, 독서 경험을 풍부하게 할수 있도록 지도하고 있다.

프랑스, 독일뿐만 아니라 영국, 미국의 논술시험 문제도 다르지 않다.

- 현재의 재정 상태를 설명하면서 고질적인 재정 적자를 해소하기 위해 정부가 취할 수 있는 정책들을 비교 논술하라(영국 대학입학자격시험 GCE(General Certificate of Education).
- 자신에게 중대한 영향을 미친 사람은 누구이며, 그에게 어떤 영향을 받았는지 서술하라 - 미국 하버드대

우리 전통 속에도 수준 높은 글쓰기 시험이 있었다. 조선시대 치러진 과거시험 중 책문(策問)이 있다. 오늘날 대입 논술과 같은 거지만 열린 사고를 끌어낼 수 있다는 점에서 다르다 하겠다.

- 법의 폐단을 고치는 방법은 무엇인가 - 1447년(세종 29), 문과 중시.
- 외교관은 어떠한 자질을 갖추어야 하는가 - 1526년(중종 21), 문과.
- 교육이 가야할 길은 무엇인가 - 1558년(명종 13), 생원 회시.
- 화친이냐 정벌이냐 - 1568년(선조 1), 증광 회시.
- 지금 나라가 처한 위기를 구제하려면 - 1609년 (광해 1), 증광 문과.

현행 입시 논술처럼 원하는 답안의 방향과 범위를 세시문을 통해 정해놓고 답안에 근접한 순으로 점수를 매기는 형태가 아니라, 창의력과 문제해결능력을 바탕으로 자유롭게 대안을 제시하는 형태이다. 프랑스 바칼로레아가 1800년대에 처음 만들어졌다고 하니 몇 백 년은 앞서는 기록이다. 다만 프랑스는 그 전통을 오늘날까지 이어오고 있고 우리는 주입식 암기식으로 후퇴한 과오가 있다.

〈다가오는 것들〉 영화 속 장면에서 또 하나 눈여겨 볼 점은 시험 시간을 대하는 교사의 태도다. 학생들을 '감독'하지 않고 자신의 시간을 보내며 책을 읽는다. 논술이라 그렇기도 하겠지만, 거의 무감독 시험이라는 뜻이다.

부분적이긴 하지만 한때는 나도 무감독 고사에 대한 추억을 간직하고 있다.

서로 공유하지 못하고 사적 이익을 추구하는 사회에서는 누구도 행복하지 못하다. 그야말로 더불어 숲에서나 행복의 향기를 맡을 수 있을까? 그런데 행복이란 무엇인지 정의하기 어렵다. 학교에서 행복한 삶이 가능할까? 현재는 어려운데 과연 미래에는?

학교가 불행한 이유는 대학입시뿐만 아니라 이사장이나 교장의 관료화, 교육부의 퇴행, 자치의 실종 등 헤아릴 수 없다. 총체적인 학교 시스템을 바꾸지 않고서는 학교 생활이 행복해지기를 기대하기 어렵다. 열쇠는 하나가 아니다. 마치 고르디우스의 매듭을 끊은 알렉산더의 결단처럼 과감한 해법이 필요한 때다.

대표적인 사례가 학원과 과외를 금지하고 평준화를 엄격히 수행하던 1980년 정책이다. 이는 21세기 신자유주의 자본주의 체제에서는 거의 불가능해 보이지만 누군가 먼저 고양이 목에 방울을 달지 않으면 안 된다. 학교의 민주화, 학생 자치 등 학교 운영의 시스템과 과정을 바꾸지 않으면 어렵다. 하나 같이 어렵기는 마찬가지인데 사적 이기심을 충족하는 '공유지의 비극'을 깨고 모두가 더불어 행복한 '공유지의 희극' 창조를 위한 한 가지 제안을 생각했다.

바로 '무감독 고사'다. 사실 미래 사회에 대한 그림 없이 미래 교육을 논하기는 어렵다. 4차 산업 혁명을 비롯한 무수한 미래 담론 속에서 과연 진짜 우리에게 다가오는 미래를 진실로 잘 그려내주는 상은 무엇일까?

개인적으로 〈엔트로피〉의 저자인 제레미 리프킨이 쓴 〈한계 비용

제로의 사회)를 추천한다. 자본주의가 발달하면 발달할수록 자본주의의 장점에 의해 새로운 생산을 위한 투자비용이 줄어들고 그러면 마침내 재투자에 사용하는 한계비용이 제로에 가까워져 더 이상 이윤 창출을 위한 새로운 비용이 들지 않는 사회를 말한다. 너무 낙관적이지 않냐고? 그렇다 매우 낙관적이다. 그렇다고 비관적인 결정론에 빠져 울상을 지을 필요는 없지 않은가? 문제는 리프킨이 말하는 한계비용 제로 사회가 그냥 다가오지는 않으며 사물인터넷에 의해 정보와 인터넷, 물류 영역에서 세계적인 연결망이 구축되고 인간들의 개인적 이기심이 상호 신뢰와 공생의 마음으로 바뀌어야 한다는 점이다.

그 과정에서 꼭 넘어야 할 벽이 '공유지의 비극'과 '공유지의 희극'이다. 이 둘은 지금 학교가, 혹은 미래 학교가 행복일시 어?를 가늠하는 중요 잣대다. 학교 공동체 구성원들은 당연히 '공유지의 비극'을 넘어서 '공유지의 희극'을 추구해야 한다.

공유지의 비극은 논술 주제로 자주 나와 널리 알려졌다. 인류의 삶이 행복하기 위해 공유지를 골고루 나누어 사용할 때, 사람들은 자기 이기심에 의해 움직이므로 비극적 결과를 가져온다는 하딘의 이론이다.

이 주장을 깬 사람은, 여성으로서는 세계 최초로 노벨 경제학상을 받은 엘레나 오스트롬이다. 그녀는 공유지의 비극이 많은 문제를 야기한다는 점에 착안하여 그 극복 방법을 찾다가 북유럽 여러 나라의 공동체에서 공유지를 두고 서로 싸워 비극을 연출하지 않고 기쁜 맘으로 같이 사는 다양한 사례를 연구했다. 그녀가 내린 결론은 역시 공동체내 의사소통이다. 서로가 존중하는 합의 방식을 공유하고 다 같이 동의하는 최소한의 규칙을 제정하는 일이 중요하다. 입시와 법이 지배하는 학교 사회에서 독자적인 법체계를 갖기는 어렵다. 무엇보다 같은 사회 내의 구성원 간에 신뢰를 쌓는 일이 중요하다는 점에서 무감독 고사의 정신과 실천은 그 빛을 발할 수 있다.

내가 근무하는 '영동일고학교'의 전 이름은 '영동여자고등학교'다. 2004년부터 3년 동안 재건축을 하는 과정에서 여학교가 남녀 공학으로 바뀌었고, 이름도 서울 강남에 '영동고'가 먼저 있는 까닭에 같은 '영동고'라 짓지 못해 '영동제일고'라는 개념으로 줄여 '영동일고'라 지었다. 이천 년대 초반 재건축을 해서 학교를 잠시 다른 동네의 건물을 빌려 쓰던 시기였다. 그 전까지 개교 이래 수십 년을 내려오던 무감독 고사 전통이 그 무렵에 사라졌다. 참으로 슬픈 일이다.

무감독 고사의 사라진 사연은 복잡하다.

1990년 처음 근무하던 시절부터 무감독 고사는 별 탈 없이 공동체 구성원들의 합의 속에서 잘 이루어져왔다. 입학식 때 무감독 고사 선서도 하고 시험 기간마다 훈화를 통해 무감독 고사의 정신을 강조해왔다. 1학년 1학기 첫 중간고사 기간에 무감독 고사에 적응하지 못하는 학생이 간혹 있어 부정행위의 유혹에 흔들리거나 실제 부정행위에 이르는 경우도 있지만 가벼운 처벌로 문제는 해결되고 그 후로 기말고사 기간을 지나면 무감독 고사는 자연스럽게 정착되었다.

개교 이래 그렇게 유지되어 오던 무감독 고사는 2004년 무렵 자취를 감추었다. 여학교에서 남학생이 들어오는 남녀공학으로의 변신 과정에서 학생들과 소통이 부족한 점도 있었다. 다른 하나는 교육의 부재로 학생들에게 지속적인 약속과 다짐의 기회를 주지 못했다. 결국 집단적인 부정행위 사건이 터지면서 학부모의 반발이 커지고 무감독 고사 정신은 무릎을 꿇었다. 지금은 여느 학교와 마찬가지로 학기 초만 되면 담임선생님들이 급식과 시험 감독 담당 학부모를 선정하느라 머리를 조아려야 하는 현실이다. 교육에서 믿음을 잃어버린 현장의 아픔이다.

무감독 고사를 전통으로 지켜오는 학교도 있다. 경기도 이천의 양정여자고등학교가 대표적이고 대학교에는 한동대학교가 꼽히고 있다. 이 두 학교는 각각 47년, 10여 년 간 무감독 시험이란 원리를 지켜왔다. 이러한 시험 제도를 통해 비양심적으로 얻은 100점보다 양심으로 얻은 1점이 소중하고 명예롭다는 가치관을 학생들에게 심어 온 것이다.

올해로 개교 62주년을 맞은 인천 제물포고등학교도 있다. 이 학교 학생들의 중간·기말고사는 늘 특별한 다짐으로 시작된다.

'양심의 1점은 부정의 100점보다 명예롭다.'

학생들은 1교시 시험 시작 5분 전 다 함께 손을 들고 '무감독 시험은 우리 학교의 자랑'이라는 선서를 한다. 이후 매 교시 시험 시작에 앞서 양심과 명예를 지키겠다는 구호를 힘차게 외친다.

영동여고 시절의 경험을 떠올려 보면 시험 시작 종이 치면 교사들이 시험지와 답안지를 들고 들어가 나누어주고 10분 정도 뒤에 나온다. 중간에 시험 과목 담당 교사가 순회를 하고 감독 교사는 마치기 십분 전에 들어가 답안지를 교체할 학생이 있으면 나누어주고 종이 치면 답안지를 걷어온다.

학생들 사이의 상호 견제가 없지 않지만 교사와 학생, 학부모 사이에 믿음이 없다면 이루어지기 힘든 일이다. 지금은 3주체 간에 불신이 심해져 더 어렵고 불가능하다고 생각하지만, 소개한 바대로 전통을 이어오는 학교를 보면 불가능한 일은 아니다. 다만 학교 공동체 구성원의 합의와 실천이 얼마나 꾸준히 잘 이루어지느냐가 문제다.

오랜 전통을 지닌 제물포고 학생들이 다짐해온 양심의 선서는 무감독 고사에 회의의 시선을 던지는 이들에게 들려줄만 하다.

'무감독 시험은 양심을 키우는 우리 학교의 자랑입니다. 때문에 우리는 무감독 시험의 정신을 생명으로 압니다. 양심은 나를 성장시키는 영혼의 소리입니다. 때문에 양심을 버리고서는 우리는 성공할 수 없습니다.'

인성교육을 별도로 하고 법을 만들어 시행하기보다 이렇게 일상과 생활 문화 속에서 무감독 고사를 실시한다면 공유지의 비극과 다른 '공유지(公有地)의 희극', 그리고 '공유지(共有知)의 희극'을 이룰 수 있지 않을까?

10. 아이들이 사라지고 있다

아이들이 사라지고 있다. 인구절벽과 고령화 사회. 과연 미래의 아이들은 언제까지 얼마나 유지될까? 통계청이 제시한 수많은 자료들은 절망적이다. 비혼에 따른 인구감소와 고령화 추세는 인류의 미래를 위협한다. 그 가운데서도 우리나라의 결혼률 저하와 출산률 감소는 세계 으뜸이다.

막스 베버 연구로 유명한 사회학자 노명우 교수가 인구 감소와 고령화 사회, 출산률 저하와 직업의 변화에 대해서 강의하는 명견만리 방송에 방청객으로 참여했다. 노명우 교수님의 강의와 각종 통계 자료를 보니 저출산 고령화에 따른 문제들은 생각보다 심각했다.

2016년 기준 통계청 자료에 따르면 우리나라의 합계 출산률은 1.3명으로 경제 협력 개발 기구(OECD)국가 최하위다. 출산 신생아수는 80년대 년간 100만 명대에서 최근에는 40만명으로 급감했다. 우리나라 취업자들은 2015년 기준으로 연평균 2113시간을 일하는데 이는 오이시디 국가들 가운데 멕시코 다음으로 긴 시간이다. 독일 사람들이 1371시간으로 가장 짧은데 우리는 그들보다 6개월을 더 일하는 셈이다.

최근 주당 근무시간을 둘러싼 논쟁이 한창이다. 주당 40시간은 꿈 같은 이야기고, 68시간에서 52시간으로 전환. 그 조차도 함정이다.

직장인들은 야근을 밥 먹듯이 하면서 삶의 질은 떨어지고, 청년실업률은 2016년 기준으로 10.7%다. 일본(5.2%)의 두 배가 넘고 미국(10.4%)을 능가한다. 일하는 시간이 짧은 독일은 유럽연합 평균보다 낮은데 이는 근로자들이 임금을 조금 낮추는 대신 근로 시간을 단축하고 실업자들을 더 많이 고용하여 같이 일하면서 생긴 결과다. 혼자 살지 않고 같이 사는 사회, 공유할 땅과 시간을 가진 자만이 누리지 않고 약간의 경제적 손해를 감수하면서 공존, 공생하는 길을 찾은 결과다.

이렇게 근로시간을 단축하면 삶의 여유가 생기고 여가 시간의 증가는 출산율 상승에 기여하는 선순환을 이룬다. 이런 과정이야말로 전형적인 공유지의 희극이다.

전에 한겨레 신문에서 경기 지역의 새도시에 신설학교를 세우지 않으려는 교육부와 지역 주민의 갈등에 대한 기사를 보았다.

건축과 교사 채용에 들어가는 비용을 줄이려는 교육부. 경제 논리로 접근해서 신설학교를 막으면 그 지역 주민은 아이를 먼 곳의 학교에 보내야 하는 고통을 겪는다. 과연 해법은 있을까? 아이들이 점점 줄어드는 미래 학교는 어떤 모습일까?

줄어드는 아이들을 위한 우리의 고민과 노력, 선택을 무엇인가? 인구 감소는 과연 자연선택의 결과인가? 인위적인 공작인가?

〈기린은 왜 목이 짧은가〉라는 책은 전후 통일을 이룬 독일에서조차 아이들이 줄어드는 문제를 다룬 소설이다. 자연 감소에 따른 출생률 저하가 가져온 문제가 약육강식과 자연도태를 신봉하는 한 과학교사의 삶을 통해서 드러나는 독일의 현실은 우리보다 크게 낫지 않다. 어쩌면 아이가 급속하게 줄어드는 우리가 먼저 고민해야 할 교훈을 우리에게 주는지도 모른다. 그보다 더 참혹한 미래의 모습을 영화 〈칠드런 오브 맨(children of men)〉을 통해 살펴보자.

영화 〈칠드런 오브 맨〉은 출생아 감소의 문제를 더 극단으로 몰고 간다.

남자의 아이들, 인류의 아이들. 남성과 여성의 평등 관점에서 보면 'men'이라는 단어를 뭐라고 번역해야 할지 모르지만. 일단 여기서는 그냥 '인류'라고 해 두자. 어쩌면 이 영화 속에 등장하는 아기는 한 남자의 아기 이전에 인류의 마지막 아기일지도 모르니까. 다시 말하면 인류의 마지막 인간.

아이들이 사라지고 있다. 정확히 말하면 줄어들고 있다. 지난 수년 사이에 수능 시험 인구가 20만이 줄었다. '헬조선', '흙수저', '7포 세대'의 등장 속에서 사람들은 더 이상 아기 낳기를 원하지 않는다. 뿐인가, 2017년 2월 서울방송(SBS)에서 상영한 '바디 버든(body burden)'은 우리 주변에 만연한 환경 호르몬으로 여성들의 자궁에 이상이 생겨 불임과 난임, 난소암, 극심한 생리통 등 열악해지는 여성의 몸과 출산 환경의 문제를 심각하게 고발한다. 여성들이 가난과 경제적인 이유 때문이 아니라 몸의 이상으로 아기를 낳지 못한다! 그 우울한 미래가 바로 '칠드런 오브 맨', 인류 최후의 아기가 태어나는 세계다.

2008년 불어닥친 집단 폐렴으로 산모들이 사라졌다. 그 결과 서기 2027년 영국 런던을 배경으로 더 이상 아기가 태어나지 않는 미증유의 재난을 맞이한 인류는 점차 파멸을 향해 나아간다. 마지막으로 태어난 소년 '아기 디에고'가 사망하자 사람들은 희망을 잃어버린다. 한편 정부는 불법 밀입국자를 비인간적으로 대하며 수용소에 가두고, 자국민을 상대로 100퍼센트 평화롭게 죽을 수 있는 자살약을 나눠주는 정신나간 짓을 해대자 이에 맞서는 민간인 단체들도 늘어난다. 이 상황에서 전 세계 대도시들은 극심한 혼돈에 빠졌고 제대로 돌아가는 정부는 세계에서 영국 정부 단 하나 뿐이다.

주인공 테오는 갑자기 납치를 당해 어디론가 끌려가는데, 그곳에서 놀랍게도 과거 같이 활약했던 아내 줄리언을 다시 만난다. 그녀는 테오가 정부 관련 인물들과 발이 넓은 점을 이용해 거금을 주겠다고 약속하며 한 소녀를 위해 통행증을 만들어 달라고 부탁한다. 테오는 마당발 능력으로 사촌을 통해 통행증을 발급받고 줄리언과 같은 단체(피시당 Fishes) 소속의 루크, 그리고 보호해야 하는 소녀 키(KEY)와 그녀의 보호자 미리엄과 함께 검문소로 향하는데 정체불명의 무리에게 습격당해 줄리언이 총에 맞아 사망한다.

테오는 키와 미리엄을 데리고 아지트를 탈출하여 전 동료인 재스퍼의 도움을 받아 이민자 격리구역에 일부러 잡혀들어간다. 이민자 수용 버스에서 키의 양수가 터지고 진통을 겪기 시작하여 임신 사실이 들킬 뻔하자, 미리엄은 일부러 군인들에게 잡혀가서 스스로를 희생하고 테오는 키의 양수를 소변이라고 속여 군인들의 관심을 돌린다. 간신히 벡스홀 이민자 격리구역에 도착한 테오와 키는 집시 여자 마리카의 도움을 받아 머물 곳을 마련하고, 허름한 아파트에서 아기를 낳게 된다. 아기는 딸이었다.

다음 날 이민자 격리구역에 반란이 일어나고, 협력자 시드는 키가 아기를 낳았다는 걸 알자 그들을 붙잡아 이득을 취하려 하나 마리카의 도움으로 간신히 탈출한다. 시드가 쫓아왔으나 테오가 콘크리트 더미에 있는 자동차 축전지로 시드의 얼굴을 때려 사망한다. 노 젓는 배를 탈 수 있는 곳까지 간신히 도착하지만, 이민자들에 대한 무차별적인 억압 정책에 반군들이 들고 일어나 시가전이 한창이다. 테오는 죽을 뻔했으나 간신히 건물로 피신하고 총과 폭격을 가까스로 피해가며 아기 울음소리가 나는 곳으로 도착해 다시 키와 만난다.

테오가 키와 아기를 데리고 탈출하는 영화의 후반부는 매우 극적이다.

테오는 키와 아기를 데려가려고 했으나, 같은 곳에 있었던 피시당 리더 루크는 테오를 제지하려 한다. 영국군이 우리를 죽이려 한다며, 그들과 대화는 불가능하다, 맞서 싸워야 하고 그러기 위해선 아이가 필요하다, 데려가지 말라며 총을 쏘지만 테오는 아이를 데려가고 그와 동시에 루크가 있던 곳으로 탱크의 포격이 떨어진다.

계단으로 내려가던 중 영국군이 테오에게 총을 겨눈 후 아이를 확인하고 사격 중지를 외치고 영국군도 피시군도 사격을 멈춘다. 이 영화의 명장면. 아이의 울음소리가 들리자, 민간인들은 아이를 우러러본다. 경건한 배경음악이 흐르며, 반군들도 아이를 보고 전투를 멈춘다. 그 와중에 영국군의 총격으로 사람들이 계속 사망하는 와중에서도 모두가 아이를 본다. 정부군도 아이를 확인하고, 전투를 멈춘다. 한 아이의 작은 울음소리가 전쟁을 멈춘 것이다. 이 세상에서 가장 지옥같은 곳에서. 병사들은 양 갈래로 갈라지고 아이와 키, 그리고 테오는 그 사이를 지나간다. 아이가 건물에서 빠져나오자마자 다시 격렬한 전투가 벌어지고 키와 테오는 배가 있는 곳으로 향한다. 키와 테오를 배에 태워 보내고, 마리카는 배에 타지 않고 그들을 보낸다.

간신히 노를 저어 휴먼 프로젝트의 '내일호(Tomorrow)'가 정박하기로 한 부표로 향한 키와 테오. 배 위로 전투기가 지나가고, 곧이어 그늘이 방금 신까지 있었던 베스힐이 폭격에 휩싸여 안개 속에서 섬광이 비추고 폭음이 들린다. 결국 여기까지 오는데 성공한 3명. 희망을 최종 목적지까지 운반하는데 성공한 것이다. 키는 아이 이름을 딜런이라 짓겠다고 테오에게 말한다. 허나 테오는 이미 배에 심각한 총상을 입은 상황이었다. 키를 안심시키며 '무슨 일이 있어도 아이를 지켜'라는 말과 함께 우는 아이를 안아 달래는 법을 알려주면서 죽음을 맞이한다.

안개를 뚫고 도착한 내일호가 키와 아기를 발견하면서 영화는 끝을 맞는다. 그리고 엔딩크레딧이 올라가면서 아이들의 웃음소리가 들린다. 마지막으로 엔딩크레딧이 전부 올라간 뒤에 나오는 글은 Shantih Shantih Shantih(평화 평화 평화)

(나무 위키 요약 정리)

이 영화는 명작으로 손꼽히는 영화 〈그래비티〉를 만든 알폰소 쿠아론 감독 작품이다. 영화에 대한 관심을 환기하기 위해 좀 길게 소개했다. 봉준호의 〈설국열차〉가 무한 질주하는 폭력적인 속도와 계급 속에서 윤회하다 갑자기 폭발적인 멈춤을 통해서 두 아이에게 낯선 미래를 던져주었다면 이 영화의 결말은 오히려 희망적이다. 비록 주인공은 죽고 키(KEY)와 아기(이름은 여성을 나타내는 '플로리', 남성을 나타내는 '바주카'를 지나 남녀 두 성 다 사용가능한 '딜런'으로 지어진다. 딜런은 테오와 줄리언 사이에서 태어났던 아들이기도 하다.)가 남아서 미래호(혹은 내일호)라는 배의 구원을 받고 새로운 세계가 시작될 여운을 남기니 말이다.

지금 대한민국의 학교는 무한 경쟁 속에서 분열과 탈주를 시작했다. 국정교과서라는 친일 봉건 잔재로 학교를 포획하려는 어리석은 교육부의 해체를 소리 높여 외치면서 교육자치 협의회를 구성하려는 교육감들의 노력이 한창이다. 또한 충남의 나무학교, 대전의 햇살 학교, 경기의 이음 학교 등 교사 스스로 자기 성장을 추구하는 다양한 배움 모임을 만들어 살아가는 새로운 교육 혁명이 바야흐로 이루어지는 중이다. 그런데 '아이'들은? 아이들의 절대 숫자는 갈수록 속절없이 줄어든다. 그리고 많은 아이들은 길을 잃은 채 거리를 헤매는 중이다. 여기까지가 현실이다.

〈블레이드 러너〉나 〈칠드런 오브 맨〉의 세계에는 학교가 없다. 〈설국 열차〉 안에는 학교가 존재하지만 그곳이 과연 교실이고, 아이들이 절대자를 찬양하는 가르침을 교육이라고 할 수 있나 싶은 세뇌와 유혈과 폭력의 공간이다. 언제가 세상은 영화가 된다면 가까운 미래에 과연 학교는 존재할까? 그 답은 우리에게 달렸다. 신념인가, 운명인가? 어느 쪽을 선택하고 삶을 만들어가는가에 따라 다르다.

키를 만나기 전의 테오는 신념에서 좌절하고 운명에 맡겨 사는 사람이었다. 물론 세상이 험악해지기 전에 테오는 줄리안과 함께 신념을 가지고 혁명에 뛰어들었다. 그러나 사랑스런 아들 딜런의 죽음과 세상의 거친 변화를 이기지 못하고 운명에 맡겨 자살약과 술 사이를 헤매다가 다시 신념을 가지고 할 일을 만난다. 바로 인류 최후의 아기를 잉태한 키를 돌봐주고 안전하게 휴먼프로젝트 사람들에게 안내하는 역할이다.

이 영화의 중간에 가장 인상적인 대사가 있다. 줄리언을 숙인 피시 당에 쫓겨 재스퍼를 찾아온 테오와 키. 자신은 죽음을 맞이하면서 재스퍼는 테오와 키가 안전하게 탈출하도록 도와준다. 그 사건이 발생하기 전에 재스퍼와 키가 대화를 나눈다. 한쪽 벽 뒤에서는 테오가 둘의 대화를 우연히 엿듣는다.

"신념의 반대쪽에 운명이 있시요. 음과 양서림."
키가 받는다. (인도의 남신과 여신인) "시바와 차크라처럼."
다시 재스퍼. "(존) 레논과 (폴) 메카트니처럼. 줄리안과 테오처럼."
"두 사람은 시위대의 인파 속에서 우연히 만났지. 두 사람은 신념이 같았어. 이 세상을 바꾸겠다는 신념. 그래서 함께 살게 됐지. 그러다 우연히 딜런이 태어났어."(밥 딜런을 은유하나?)
(키, 딜런의 사진을 보며)"저 아이에요?"

"응, 살아있으면 네 나이쯤 됐을 거야. 참 예뻤지. 신념이 낳은 열매였어."

"그 결과는요?"

"운명. 딜런은 둘의 꿈이었지. 작은 손, 작은 발. 폐도 작았지. 2008년 독감이 세계를 휩쓸면서 딜런은 죽고 말았지. 테오의 신념이 운명에 진 거야. 모든 게 운명이면 왜 굳이 싸워?"

(딜런의 사진을 보면서) "테오 눈을 닮았어요."

"그래. 슬픈 이야기지만."

"모든 건 이유가 있어요."

"그럴까? 그 아이는 여길 좋아했지. 늘 같이 왔어."

우리는 모두 운명의 자녀들이다. 그래서 니체도 '운명을 사랑하라'고 했는지도 모른다. 하지만 인간에게는 운명과 함께 같이 가야할 가치가 있다. 바로 '신념'이다. 나는 '신념이야말로 운명의 어머니'일지도 모른다고 생각한다. 비록 나약하고 불완전한 인간의 신념이지만, 그 불완전과 나약함이 운명을 개척하고 자신을 바꾸어놓는다. 〈매트릭스〉의 네오가 그랬고, 〈칠드런 오브 맨〉의 테오가 그랬다. 죽음을 맞는 자기의 운명을 어쩌지는 못했지만, 인류라는 새로운 존재의 가능성과 희망을 열어주었으니까.

테오는 무엇을 알았을까? 그는 미래에 어떤 운명이 자기를 기다리는지, 그 너머에 어떤 세계가 있는지 모르면서 끝없이 묻고 걸었다. 어찌 보면 테오야말로 자기 자신 조차도 아무 것도 모르면서 끝없이 안내하고 조력하는 역할을 지닌 무지한 스승은 아니었을까? 가르치지 않고, 가르칠 줄도 모르지만, 신념과 희망으로 새로운 세상을 향해 나아간 가이드이자, 동반자, 퍼실리테이터 말이다. 한 세상과 다른 세상은 모두 연결되어 있다는 희망과 믿음을 가진, 아니 그 믿음조차 없을지 몰라도 말이다.

무지한 스승에 심취해서 세상을 보니 어느덧 세상은 무지한 스승 천지였다. 돼지 눈에 돼지만 보이고 부처 눈에 부처만 보인다는 말이 맞다면, 무지한 스승이 되고자 하는 사람에게 세상은 온통 무지와 스승의 관계로 가득 차 보인다.

굳이 가르치기보다 깨달음의 동기를 부여했던 인류의 성현들은 말할 것도 없고, 인간에게 충격적인 화두를 던진 알파고, 〈컨택트〉의 우주선 속 헵타포드, 〈칠드런 오브 맨〉의 테오 등 모든 존재들이 그랬다. 심지어는 4대강을 절멸하고 우리에게 인간 탐욕의 실체를 성찰하게 한 이명박이나 〈칠드런 오브 맨〉의 현실처럼 이민자를 추방하고 격리하는 트럼프 같은 인간 아닌 괴물들도 우리를 고민하고 지각케하는 낯선 언어를 사용하는 무지한 스승인지 모른다.

학교에서 우리는 날마다 새로운 아이들을 만난다. 실은 아침마다 깨어나보면 나 자신이 어제와 다른 괴물 혹은 낯선 존재, 달라진 몸의 새로운 존재인지 모른다. 관습과 고정관념으로 뭉쳐진 우리의 인식과 몸이 달라짐과 새로움을 거부해서 그럴 뿐. '무지한 스승 되-기'도 그래서 어려울지 모른다. 무지한 스승은 저기 어딘가에 존재하는 실체가 아니라 내 안에서 숨쉬는 가능성, 〈변신〉의 그레고르 잠자처럼 어느 날 달라져버린 몸과 사유, 그 안에 세상의 평등과 연결에 대한 믿음만 있다면. 그 순간 그는 두 말할 나위 없는 무지한 스승이다.

〈기린은 왜 목이 길까〉라는 소설은 학생 없는 미래의 학교를 그린다. 그게 과연 단순 공상 소설일까? 이미 학교는 죽은 지 오래고 학생들 또한 사라지기 시작했다. 학생이 사라진 자리에 교사는 어떤 의미이고 어떤 존재일까? 존재하지 않는 존재 가능성. 기존(既存)도 현존(現存)도 아닌 미존(未存)의 가능성 속에서 무지한 스승은 날마다 죽고 새로 태어난다.

11. 디 벨레와 독재 교육

학교 독재 교육의 비극

- 위험한 독재 실험 이야기, 디 벨레(파도)

일 분 안에 달아올랐다가
일 초 만에 등을 돌린다
일분일초가 아쉬운 역사

그러나 영원하지 않다
순간만이 영원하다
영원히 순간만이 있을 뿐이다

국기가 올라간다

국가가 울려 퍼진다

이마를 맞대고
눈에 쌍심지를 켜고
네 손등 위에 내 손바닥을 포개고
우리는 굳은살처럼 단단해진다
사이좋게

눈 밖에 나지 않기 위해서
눈빛은 언제나 강렬해야 한다

일 분 만에 얻은 기회가
일 초 안에 기포가 된다
일분일초가 아득한 역사

그러나 기억하지 않는다
단지 나만 기억한다
기억의 중심엔 나만 있을 뿐이다
어김없이

한쪽은 이기고
다른 한쪽은 졌다
입 냄새에는 땀 냄새로 응수한다

사이좋게

두 팔을 올리고
침을 뱉는다
국기가 내려간다
국가가 들어설 공간은 없다

출구에서는 너도나도
안녕, 안녕

구현되는 뿔뿔이 민주주의
(팀, 오은)

앞서 소개한 〈파란 나라〉의 원작 〈디 벨레〉. 영어로 파도라는 뜻이
다. 미래 학교로 나아가는 가장 큰 걸림돌은 무엇일까? 자본에 의해
모두가 기계처럼 돌아가는 사회의 비극은 명확하다. 그 기계가 원활히
돌아가노록 동세하는 하나의 시스템, 그게 독재다. 온갖 제도와 문서
와 역사를 통제하는 하나의 힘, 모두를 아우르는 하나의 체제, 세계관
에 대해서 말해야 할 때다. 그렇다 바로 민주주의를 위협하는 '독재'이
다. 영어로 아우토크라시(autocracy). 스스로 다스림이라는 자율의 외
피를 입은 일종의 파시즘, 나만이 법의 주인이라는 법치를 가장한 전
체주의에 대한 성찰이 불가피하다. 독재정치에 기반한 독재의 잔재는
대한민국의 미래 학교를 좌우할 시금석이다.

아, 서두르지는 말자. 대한민국은 민주공화국이다. 서북청년단 재건위가 나와도 자유롭게, 광화문광장에서 폭식투쟁을 하는 일베나 자유주의 청년연합이나 또 수많은 사이비 연합이 진을 치고 떠들어도 자유롭게, 모든 게 자유롭게 보장되는 자유민주주의 국가이다.

자유로운 토론 민주주의가 꽃 피는 세계에서 독재가 판을 치면 어떤 일이 벌어질까? 순식간에 대화와 존중의 소통은 사라지고 구별짓기와 차별, 억압이 형성된다. 그 끝은 어떨까? 독재실험의 위험을 경고하는 영화 〈디 벨레〉, 영어로는 웨이브(wave), 우리말로는 '파도' 혹은 '물결'에 해당하는 이 영화의 마지막은 너도 죽고 나도 망하는 상극의 쌍방 종말로 막을 내린다. 멀리 돌아갈 것도 없다. 박정희와 같이 독재의 물결에 몸을 싣고 춤추던 김재규가 주군 박정희를 쏘고 결국 자신도 사형대의 이슬로 사라져야 했던 오래되지 않은 현실이 생생하게 증명한다. 영화는 영화이면서 현실보다 더 생생한 현실을 예감하고 경고한다.

문학과 토론을 공부하면서 〈디 벨레〉를 소재로 글을 써온 서은지 선생님의 글을 소개한다.

영화 '디 벨레'를 보고 나는 무서운 생각이 들었다. 뭔가 전체주의와 개인에 대해서라기 보다는, 그들의 모습이 무섭다기 보다는, '굳은살처럼 단단해'지는 그들이 이해가 되는 내가, 이상하고 무서웠다.

수백만 명의 유대인 학살에 관여한 '아이히만'은 재판에서 자신은 유대인을 미워하지 않았고 단지 명령받은 일을 성실히 했을 뿐이라고 했다는데, 생각하는 힘을 잃고 성실하게 사는 것은 무서운 일이다. 그럼에도 처음으로 누군가에게 인정받고 자신이 필요한 사람이라는 것을 알게 된 학생들이 느낀 스스로의 존재의 이유가 마음이 아프고 이해가 됐다.

　- 서은지(경기예고), 〈디 벨레〉를 보고

무엇이 이 순진한 선생님을 무섭게 만들었을까. 영화의 줄거리로 들어가자.

김나지움의 이등교사 라이너 벵어. 규율이 없이 자유로운 체제인 '무정부주의'에 대한 교육을 하고 싶었으나 실력에서 밀린 벵어는 독재를 경험하지 못한 학생들에게 '독재주의'를 가르쳐야만' 하는 상황에 처한다. 방법은 일주일 동안의 프로젝트 학습. 주제에 입각해서 교재 없이 자유로운 방식으로 교사가 마음껏 기획하고 진행하는 수업이다.

머리 속의 지식이 아니라 생생하게, 독재 치하에서 인간들이 어떻게 변하는지 멋진 수업으로 가르쳐주고 싶었던 그는 교사에게 자율권이 주어진 프로젝트 수업의 장점을 살려 학생 참여적이고 실제적인 독새 훈련 수업을 '독재적'으로 진행한다. 이른 바 '독재에 의한, 독재를 통한 그러나 독재의 문제점을 깨우치기 위한' 수업이다. 그가 던지는 문제제기는 명확하다. 독재는 2차세계대전을 일으킨 히틀러만의 전유물이라 여기는 너희들은 과연 '진정으로 독재로부터 자유로운 존재인가' 하는 질문이다.

1950년 한국 전쟁 이후 이승만에서 박정희, 전두환을 거치면서 우리도 독재를 겪었다. 일제의 잔재로 남은 학교, 군대, 감옥, 영화관 등의 곳곳에서 국민주권을 말살하고 군부의 권력과 총칼에 의한 억압이 한창이었다. 1987년도의 독재타도와 호헌철폐는 민주화의 씨앗이 되었고 그 뒤로도 5년이 지나서야 김영삼 문민정부를 거치면서 정치군인 집단인 '하나회'를 해체하고 나서야 우리는 군사독재의 긴 터널에서 겨우, 그것도 아주 가까스로 빠져나올 수 있었다.

민주화를 외쳤으나 진정한 자유와 민주주의를 몸으로 체감하지 못한 기성 세대. 이미 어느 정도 민주화된 시대에 태어나 자유롭게 민주정부를 욕하고 비판하며 거리낌없이 의사표현을 하면서 성장한 신세대와 엑스세대. 그리고 그 뒤, 21세기의 아이들. 그들에게 민주주의는 무엇이고 독재란 어느 정도의 체감으로 삶에 다가오고 있을까?

영화 〈디 벨레〉의 상징성이 그저 은유나 풍자만으로 다가오지 않는 것은 최근 몇 년간 지속되어온 민주주의의 후퇴를 지적하는 목소리가 현실이 되어가는 모습에 대한 염려 때문이다. 아직 성숙한 민주주의, 제대로된 민주주의의 굳건한 기틀을 세우기도 전에 다시 박정희식 개발독재보다 더 무서운 21세기식 정보독재가 횡행하는 것은 아닐까 하는 우려 속에서 영화 〈디 벨레〉를 본다. 우리와는 너무 다른 독일 속에서, 비록 실험이기는 하지만 우리와 비슷해지는 독일 교육의 한 풍경을 보는 일은 스산하고 암울하다. 수업은 이렇게 흘러간다.

월요일. 무언가 새로운 수업 모델을 찾던 벵어는 학생들과 자유로운 토론으로 독재의 정체성을 찾아간다. 이미 나찌 독일에 대한 수없는 토론을 거친 학생들. 그들은 느슨하고 평화로운 민주주의에 대해 얼마간은 권태를 느끼는 단계에서, 공동체의 얼굴을 하고 나타난 독재에 대해서 흥미를 느끼기 시작한다. 여기까지만 해도 학생들의 수업은 자유로운 대화와 토론이 꽃피는 교실이다.

우선 독재의 정의를 묻는 벵어 선생의 질문에 대한 카로의 대답.

"독재란 한 사람이나 집단이 대중을 지배하는 것이지요."

카로의 대답을 들은 그는 '독재의 개념은 그리스에서 유래했으며 자기지배를 의미한다, 독재치하에서는 많은 권력을 취해서 법노 마음대로 바꿀 수 있다'고 말한다. 학생들은 정작 나찌나 독재자에 대한 이야기는 배울대로 배웠다는 듯 식상하게 여기는데, 선생인 벵어는 사뭇 진지하다.

"맞아. 독재(Autokratie)의 개념은 그리스 시대에서 유래했고, 자기지배를 의미해요. 즉 'Auto'는 자기, 'Kratia'는 지배 또는 권력을 의미하죠. 독재정부에서는 한 개인 또는 정부를 구성하는 한 집단이 많은 권력을 취해서 법을 맘대로 바꿀 수도 있게 되죠. 그런 체제의 예를 들어 볼 사람?"

'제3제정, 나찌 독일'이 여기저기서 거론되자 아이들은 식상한다는 반응을 보인다. 이미 이전 교육과정에서 지겨울 정도로 토론하고 다

아는 내용인데 굳이 여기서 반복할 필요가 있냐는 표정이다. 현재 독일에서 독재는 그림자조차 이미 사라졌다는 듯한 태도다.

불쑥 모나의 목소리가 들려온다.

"네오 나찌는?"

마치 우리나라의 일베의 문제점을 묻듯 새롭게 출현한 극우적인 행태의 집단에 대한 문제의식을 제기한다. 하지만 다른 학생들의 반론 또한 만만치 않다.

"우리가 저지른 일도 아닌데 언제까지나 죄책감 느껴야 해?"
"죄책감이 아니라 우리 역사에 대한 책임감을 가져야 한다는 거야."

'난 터키인이거든'이라며 자기는 오불관언(吾不關焉)이라는 태도를 보이는 학생이 있는가 하면 '책임감도 좋은데 난 알거 다 안다. 부시에 대해서나 토론하자'는 똑똑한 학생도 있다.

"여러분은 독일에서 더 이상 독재자는 안 나올거라 생각하죠?"

벵어는 드디어 지금 이 상황에서, '더 이상 독일에서 독재자가 안 나온다는 걸 장담할 수 있을까'라고 문제를 제기한다. 이미 충분히, 상상을 초월해서 자유롭게 살고 있는 학생들은 '당연하다'고 응수하지만 정말 자유주의 국가 속 인간들에게 독재는 과연 불가능하기만한 박물관 유물 같은 것일까?

학생들의 활기 찬 대화를 보면서 수업에 흥미를 느낀 벵어는 수업 자체를 독재적으로 시행할 것을 시험 삼아 제안하면서 여러 가지 변화를 추구한다. 다음은 독재를 몸으로 구현하기 위해 며칠 동안 벌어진 변화들이다.

★ 호칭의 변화 - 자유로운 반말을 통제하고, 교사를 친구처럼 친하게 라이너라고 이름을 부르던 것에서 벵어씨라는 '공식 호칭을 사용할 것을 강요'한다. 언어에서부터 계급을 만드는 것이 독재의 시삭이나. 자유롭게 해석하고 다양하게 명칭을 붙이던 상황에 제약을 가한다.

★ 배치의 변화 - 공간의 획일화. 고정된 틀 없이 자유롭게 모둠형으로 앉아 있던 학생들이 '교탁식의 획일화된 구조'를 갖춘다. 교사가 교실의 중심에서 학생들을 통제하고 감시하는 형태로 좌석을 재배치하는 중앙통제형태 시스템을 구축한다. 명분은 공동체 구성원 간에 상호 도움을 주기 위한 협동학습이지만 본질은 획일적인 조직 운영이다.

★ 몸의 통제 - 신체 규율 통제. 발언을 할 때는 일어서서 한다. 앉아 있을 때도 정자세로 앉고 지도자의 말을 경청한다. 학생들은 이런 행동에서부터 몸의 변화, 인식의 도전, 인신의 구속을 느낀다.

★ 복장의 통일 - 구별짓기를 통한 정체성 강화의 일환으로 흰 티셔츠를 입는다. 같은 옷을 입는 사람들끼리는 협력하고 도와주지만 흰 옷을 입지 않은 사람들은 배척하고 억압한다.

★ 이름과 로고의 제작 - 무정부주의 수업에 싫증을 느낀 아이들이 찾아오고 독재에 저항하는 학생이 떠나가면서 교실은 혼잡하다. 벵어는 공동체의 이름을 제안한다. '비전 클럽, 쓰나미, 기본, 중심, 변혁자들' 등 다양한 의견 가운데 다수결에 의해 '디 벨레'가 선정된다. 그림을 잘 그리는 학생에게 벵어는 디 벨레의 로고를 부탁한다. 문신, 엽서, 홈페이지 등 로고를 활용해 디 벨레만의 정체성을 찾으려는 시도들이 쏟아져 나온다.

내부 구성원들끼리만의 자부심과 결속력을 높이기 위한 물결 문양을 만든다. 로고는 복장과 마찬가지로 소속감을 높이고 공동체에 속하지 않는 타자를 배척하고 부정하는 기제로 작동한다.

★ 인사법 개발 - '하일 히틀러'를 외치며 경례하는 나찌를 연상케 하는 가슴 앞 파도타기 인사법을 만든다.

이 모든 것을 이루는 공통 요소가 바로 팀웍이다. 우리는 모두 한 팀이라는 소속감. 문제는 서로 다를 수 있는 가능성을 배제하는 배타적인 소속감이다. 여기에 학생들은 자신들의 단체를 지칭할 '이름'을 만드는데 그것이 바로 〈디 벨레〉 즉 '파도(wave)'라는 말이다.

자, 과연 독재의 문제는 무엇일까? 왜 독재는 토론과 민주주의의 적이 될까? 아이들과 벵어 선생의 문제는 교실이 세상과 연결되어 있고 교육이 삶과 밀접한 관계를 맺는다는 사실을 간과한 점이다. 교사인 벵어 본인조차도 수업 과정에서 독재가 체화된 라이너로 변해갈 수 있다는 걸 몰랐다.

수업 중간에도 나오지만 독재가 발생하는데는 이유가 있다. 독재는 어떤 사회에서 발생하는가? 벵어가 묻는다.

"독재가 등장하기 위해서는 어떤 사회 구조가 필요한가?"

학생들의 답은 대체로 일치했다.

"사회적 불평등, 대중들이 자기가 사는 사회를 잘 모를 경우, 높은 실업률(리자)"

"그렇지. 높은 실업률과 사회적 불평등은 필연적으로 독재의 출현을 야기한다." 또?

"높은 인플레이션"(팀), "정치적인 갑갑함(카로), 독재자, 이데올로기." 등의 답이 나오고 모나의 답에서 논쟁이 벌어진다.

"민족성 자각, 지난 월드컵에 모두들 봤잖아요. 독일 국기가 갑자기 여기저기 걸려있는 걸."

하지만 모나의 의견에 대해서는 '멋있다'와 '불편하다'로 의견이 갈린다. 한편에서는 '독일에 대한 자부심이 있어야 타국에 대한 배타심이 안 생긴다'는 의견으로 다른 한쪽에서는 '그 자체가 배타성을 띠고 있다'는 의견으로. 물론 모나의 생각은 '극우민족주의에 대한 비판'으로 정리된다.

여하튼 독재가 높은 실업률과 정치적 무관심 그리고 양극화된 사회 불평등과 정치적 갑갑함 속에서 이루어진다는 데에 대해서는 대체로 동의한다.

그 뒤로 이어지는 줄거리를 따라가보자.

카로와 모나는 학급 친구들의 집단주의 행동에 반대하고, 같은 반 학생들이 파시즘에 도취된 모습을 보다 못한 모나는 독재 정치 수업 수강을 포기한다. 하지만 카로와 모나를 제외한 독재 정치 반 학생들은 자신들의 행동이 파시즘과 관계가 있다는 것을 이해하지 못한다. 디 벨레 소속 학생들은 마을 곳곳에 붉은 스프레이로 디 벨레의 물결 모양 로고를 그리고, 디 벨레 구성원만이 참여할 수 있는 파티를 열고, 디 벨레 소속이 아닌 사람들은 배척하고 괴롭힌다. 소심했던 팀은 결국 디 벨레라는 사회 집단의 한 구성원으로서 완전히 받아들여지면서 디 벨레에 사로잡히게 된다. 디 벨레의 토론에서 거대 기업이 사회적 책임을 다하지 않는다는 것을 들은 후, 팀은 아끼던 유명 브랜드 옷들까지 불태워 버린다.

팀에게 불량배 패거리가 싸움을 걸지만, 봄버와 지난이 구해주자 팀은 둘과 가까워진다. 쫓겨난 불량배 패거리가 들이닥치자, 팀은 발터 PP 권총을 꺼내 그들이 물러나게 한다. 진짜 권총을 꺼내드는 것을 보고 충격을 받은 친구들에게 팀은 총 속에 실탄은 없다고 설명한다. 팀은 나중에 벵어 선생의 집에 가서 그의 경호원이 되겠다고 제안한다. 비록 팀의 제안을 거부하기는 하지만, 벵어는 팀을 야단치지 않고 오히려 저녁식사를 대접한다. 벵어와 같은 학교에서 근무하는 벵어의 부인은 그렇지 않아도 남편의 프로젝트 수업이 너무 심하게 진행됐다고 생각해 남편과 관계가 좋지 않았는데 이로 인해 관계가 더욱 경색된다. 벵어는 결국 팀을 집에서 쫓아내지만, 다음 날 아침 팀이 현관문 앞에서 자고 있는 것을 발견한다. 벵어의 아내는 화가 나서 벵어에게 실험을 당장 중단할 것을 요구하지만, 벵어는 아내가 질투가 심하다고 비난하고 그녀를 모욕한다. 충격을 받은 아내는 벵어가 디 벨레로 인해 더 이상한 사람이 되어 버렸다며 그를 떠난다.

한편 카로는 디 벨레에 대해 적대적인 태도를 계속 유지하고, 디 벨레 회원들은 이에 분노하여 카로의 남자친구인 마코에게 뭔가를 하도록 요구한다. 그 날 수구 경기가 열리자 벵어 선생은 디 벨레에게 수구 팀을 응원하러 나오라고 명령한다. 카로와 모나는 수구 경기에 입장하는 것을 거부당했지만, 다른 길로 몰래 숨어 들어 디 벨레에 반대하는 전단지를 뿌리고자 한다. 디 벨레 회원들은 이것을 눈치 채고 누가 전단지를 읽기 전에 모두 회수하고자 재빠르게 움직인다. 혼란 속에서 지난은 상대 팀 선수와 싸움을 시작하고 서로를 거의 익사시킬

지경까지 이르렀다. 시합이 끝난 후, 마코는 카로가 싸움의 원인을 제공했다고 비난한다. 디 벨레가 마코를 세뇌시켰다는 카로의 말에 마코는 카로의 뺨을 때리고 만다. 스스로의 행동에 놀란 마코는 벵어를 찾아가 디 벨레 프로젝트를 끝내주기를 부탁한다. 벵어는 이에 동의하고 다음 날 모든 디 벨레 회원들을 학교 강당에 소집한다.

모임 도중 벵어는 문을 모두 잠그고 학생들을 열광의 도가니로 몰아넣기 시작했다. 마코가 항의하자 벵어는 마코를 배신자로 부르며 학생들에게 마코를 처형대로 끌어내도록 명령한다. 학생들이 마코를 끌어내자, 벵어는 이것이 바로 독재 정치임을, 디 벨레가 심각한 수준에 이르렀음을 설명하고 디 벨레를 해산한다. 데니스는 디 벨레의 좋은 점은 살려야 한다고 주장하지만, 벵어는 파시즘에서 부정적 부분만을 제거할 방법은 없다고 지적한다. 이때 팀은 권총을 꺼내들고 디 벨레의 해산을 거부한다. 디 벨레 이전에는 사람들과 잘 어울리지 못했던 팀은 디 벨레를 자신의 삶과 동일시했으며, 디 벨레가 해산되면 다시 혼자가 될 것이 두렵기 때문이다. 봄버는 총 안에 실탄이 없다고 주장하다가 총알이 들어 있음을 보여주려는 팀에게 총을 맞는다. 자신이 무슨 짓을 했는지 뒤늦게 깨달은 팀은 권총으로 자살한다. 벵어는 팀의 시체를 들고 트라우마에 빠진 자신의 학생들을 힘 없이 바라본다. 영화는 경찰에 체포되는 벵어 선생, 병원에 실려가는 봄버, 다시 만나는 마코와 카로의 모습을 보여주며 끝난다. 영화의 마지막 장면에서 경찰차 뒷좌석에 앉은 벵어는 고통으로 가득 찬 채 카메라를 응시한다.

독재 수업 전에는 활발하게 자기 의견을 개진하던 학생들은 어느 덧 동일한 의식 속에 빠져 토론의 필요성을 느끼지 못한다. 뿐만 아니라 다른 사람의 의견을 경청하거나 존중하지도 않고 오히려 공공의 적이라도 나타난 양 집단 린치를 가하는 것조차 문제라고 느끼지 못한다.

영화의 초반 학생들과 독재정치의 본질을 자유롭게 토론하는 라이너의 모습은 퍽이나 인상적이다. 십대에 이미 성적인 자기 결정권을 가졌거나(마크와 로), 물가에서 자유롭게 파티를 벌이는 독일 학생들의 모습은 우리가 아무리 따라가려 해도 한두 해의 역사로 도달하기 힘든 거리가 있다.

그렇다면 우리는 어떠한가? 우리들의 학교는 디 벨레의 상황과 비교해서 얼마나 다른가?

토론 없는 세계의 결말은 얼마나 비극적인가? 라이너에서 뱅어 선생으로 변신한 주인공은 뒤늦게 독재의 실상을 보여주고 학생들을 설득하려 했으나 때는 이미 늦었다. 독재를 공동체의 환상과 일치시킨 팀은 총으로 디 벨레를 유지하고자 했으나 발견한 건 이미 총에 의지해 남을 죽일 수 있다는 어리석은 한 마리 벌레같은 인간이었다.

다시 서은지 선생님의 글로 돌아온다.

"핑. 퐁. 핑. 퐁. 세계가 다시 움직인 것은 우리의 랠리가 시작되면서였다. - 공을 받는 순간 말이 나오고, 공이 네트를 넘는 순간 말은 끝난다. 한소절 한소절 정확한 템포로, 그래서 마치 노래를 주고받는 기분이다. 긴 말을 하기 위해선 또 한 박자를 기다려야한다. 신체의 동작에 따라 내뱉는 것인데다 상대의 동의없이는 절로 말이 끊어지기 때문이다. 그래서 그것은 공평한 느낌이었다. 아, 이것이 대화로구나."

박민규 소설 핑퐁. 주인공이 태어나서 처음 경험하는 대화, 공평한 느낌!은 탁구였다. '디 벨레' 속에서 소속감을 찾는 아이들의 모습을 보며 왠지 이 장면이 떠올랐다. 자신의 존재가치를 느끼지 못했던 아이들의 모습이 겹쳐졌던 것 같다.

정말 중요한 것이 무엇인지 판단하고, 자신이 생각하지 않고 있다는 것을 알기 위해 필요한 건 무엇일지 고민이 드는 영화였다.

- 서은지(경기예고), 〈디 벨레〉를 보고

환상적인 실험

추가로 지식채널을 소개한다. 교육방송의 지식채널에 〈환상적인 실험〉이라는 제목의 2부작 영상이 있다. 1967년 미국의 캘리포니아주에 있는 한 고등학교에서 벌어진 실험 이야기다.

학생 30명을 대상으로 역사교사 론 존스가 공동체의 힘을 강화하는 실험을 감행한다. 놀라운 실험 결과의 체험을 바탕으로 〈파도〉라는 책을 쓰고, 배경을 독일로 바꾸어 그 내용을 바탕으로 만들어진 영화가 디 벨레(Die Welle, 파도)다.

"이 실험은 제가 허용하는 이상으로 전개되지 않을 겁니다. 한 사람의 지도자를 통해 어떻게 집단이 좌지우지 될 수 있는지 겪어보는 실험이니까요"

- 실험자 론 존스

한 사람의 지도자를 통해 집단이 좌지우지 되는 것을 우리는 독재라 부른다. 그리고 그 집단의 좌지우지가 일사불란한 하나의 파도같은 흐름을 만들 때 우리는 그것을 전체주의라고 부른다.

이 실험의 기원은 이랬다. 수업 시간에 홀로코스트(나찌의 유대인 대학살)를 본 아이들이 물었다.

"나치는 10%에 불과했는데 왜 90%의 독일 시민들은 홀로코스트를 막지 않았나요? 심지어 독일 시민들은 대량학살에 대해 전혀 몰랐다고 증언할 수 있나요?"

교사의 실험은 이 이유를 찾기 위해서 시작되었다. 아이들을 결속하는 모임을 만든 뒤 이름, 로고, 규율 등을 제정하니 아이들은 소속감과 함께 공동체에 소속되지 않은 아이들에게 회유, 협박, 폭행을 가하기 시작했다. 학생 수는 사흘 만에 30명에서 200명으로 급증했다.

실험을 지속하던 존스 선생은 매우 놀라 5일째 되던 날 아이들에게 이 실험의 귀결점을 보여주었다.

"잘 들어라, 애들아, 너희도 공감하겠지만 우리나라는 지금 위기야. 그래서 우린 학교 회사 병원 모든 기관으로 파도운동을 확대해서 나라를 구할거야. 오늘 전국 파도 운동 연합이 시작된다. 이제 파도운동의 창립자가 위용을 드러내실 거야."

뚜껑을 열어보니 그 주인공은 바로 히틀러였다.

"난 독일만 받들며 살 것입니다.
이것은 어릴 때부터 나의 소명이었습니다.
오직 하나, 나는 독일만 생각합니다."
- 아돌프 히틀러

그때서야 학생들은 자신들이 자발적으로 전체주의의 집단 광기에 빠져들었음을 깨달았다.

"너희 중 누구도 독일 시민이 그랬던 것처럼 조종당하고, 추종자가 되고 광기에 사로잡힌 이 집회에 제 발로 걸어 왔다는 것을 인정하고 싶지 않을 거야."

론 존스 선생은 이렇게 말하면서 아이들에게 전체주의의 기원과 심리를 깨우쳤지만 정작 문제는 체험을 통한 역사연습을 통해 론 존스 역시 실험 속에 빠져들었다는 점이다.

"실험이 진행될수록 나 자신도 실험의 일부가 되어갔다.

학생들이 보여주는 단일화 행동을 즐겼다. 독재자 역할에 본능적으로 빠져들었다."

그리고 그들의 응답은 이랬다.

"실험 후, 우린 모두 이 실험에 대해서 침묵했다."

삼년 뒤 우연히 만난 학생이 물었다.

"선생님 그 때 그일 기억하세요?"
"물론이지 그건 내가 교실에서 겪은 가장 무서운 사건이었어. 200명의 학생과 평생 공유할 슬픈 비밀의 시작이기도 했지."

이렇듯 역사는 관여(참여) 속에서 자신만의 윤리적 응답을 찾아간다.

이 영화를 각색해서 연극으로 만든 작품을 서울시 교육청이 후원하고 조희연 교육감이 직접 관람 후 학생들과 토론한 이유는 무엇일까?
욕설이 난무하지만 그 속에서 진짜 학생들의 모습을 보았기 때문은 아닐까?
교복 입은 시민을 키우고 싶어하는 조희연 교육감은 이미 독재에 길들여져온 교사와 학생, 학교의 시스템을 바꾸고 싶어한다. 그 안에서 서로 얽혀 미워하고 갈등하는 주체들의 실상을 적나라하게 드러내고 성찰하는 과정은 교육계에 몸담고 살아가는 우리 모두의 몫이다.

다시 처음으로 돌아가자. 정치, 경제, 사회, 언론 등 한국의 민주주의는 독재와 얼마나 먼 거리를 두고 있을까. 절대 권력의 독점과 지배 속에서 스스로의 주인됨을 찾아야 하는 대한민국의 국민, 특히 교사와 학생들에게 민주적인 자유의지와 힘은 언제 갖추어질까.

12. 의사결정의 정치적 자유와 보이텔스바흐 협약

미래학교가 교사의 정치적 자유와 학내 민주주의 실현을 위해서 우리가 참고할 협약이 있다. 바로 보이텔스바흐 협약이다.

대한민국은 역사교과서의 국정화로 지난 몇 년 동안 소모적인 내홍을 겪었다. 거대한 과거의 역사를 '하나의, 올바른' 시각으로 가르치라는 파쇼적이고 독재적인 정권의 압박에 의해 밀어붙여진 일이었다.

〈디 벨레〉의 무모한 실험이 역사교과서를 매개로 교육부에 의해서 벌어진 어처구니 없는 반역사적인 사건이 바로 역사교과서의 국정화다. 다행히도 시민 사회의 저항과 깨어있는 국민들의 의식으로 경북의 문명고 한 곳만을 제외하고는 채택률 제로의 성과를 이루면서 역사전쟁은 막을 내려가고 있다.

왜 문명고 재단과 교장은 국정 교과서를 고집하며 그 학교의 구성원들은 역사에 대한 기본적인 상식도 없고 몰역사적인 사관을 갖고 있을까? 아마 그건 아닐 것이다. 학교 운영의 전권을 가진 사립 재단의 이사장과 교장이 학사운영과 교과서 선택권에 전권을 갖고 압력을 넣기 때문이다.

역사교과서를 둘러싼 싸움이 한창이던 2017년 2월, 독일에서 귀한 손님이 한 분 왔다. 케르스틴 폴 교수다. 이 분은 나찌와 분단 독일, 통일 독일을 경험한 독일에서 보이텔스바흐 협약을 전공한 교수님이다. 독일의 '보이텔스바흐 합의' 전문가인 구텐베르크 마인츠대학 케르스틴 폴 교수(정치교육학)는 사단법인 징검다리 초청으로 독일의 보이텔스바흐협약에 대한 토론회에 참석하기 위해서 내한했다.

정확히 말하면 폴 교수는 2월 15일 열린 '독일 보이텔스바흐 합의와 민주시민교육' 국제심포지엄 발제를 위해 방한했다. 이 심포지엄은 서울시교육청, '징검다리'교육공동체, 독일의 비영리공익기관인 프리드리히에버트 재단이 같이 열었다.

보이텔스바흐는 미래의 학교 건설을 위해 대한민국 교육계가 넘어야 할 하나의 산이다. 나는 2년 전 보이텔스바흐 협약을 세밀하게 공부하신 영산대 장은주 교수님이 발제하는 토론회에 참석한 바 있다. 그 때 오고간 토론 내용을 교수님 허락을 받아 정리한다. 한국의 학교 민주주의에 얼마나 필요한 내용인가 같이 음미해보자.

2017년 초 〈시민교육이 희망이다〉(피어나)라는 책에서 한국의 시민민주주의 교육에 대한 깊은 성찰을 보여준 바 있다. 일독을 권하면서 여기서는 보이텔스바흐 협약에 대한 토론회 장면으로 들어가보자. 2015년 쓴 글이고 형식은 콜로키움이다.

콜로키움

- 전문가를 초청하는 토론에 대하여

독서토론을 할 때 저자를 초청해서 강연을 듣고 질의, 응답하는 사례가 많아졌다. 인문학 열풍, 다양한 저자의 탄생 등이 독서토론을 풍요롭게 하는 하나의 배경이 되고 있다. 굳이 독서토론이 아니라도 저자나, 책을 쓰지 않은 특정 분야의 전문가를 초청해 이야기를 듣고 나누는 자리는 많다. 방식도 다양할 터인데 일반적으로는 한두 시간 강의를 듣고 질의 응답을 하는 게 일반적이다. 이번 글에서 소개할 콜로키움은 원탁토론아카데미가 이십여년 동안 전통을 갖고 이어온 원탁토론아카데미식 방식이다.

콜로키움의 사전적 정의는 세미나 혹은 다른 주제로 이끌어지는 학문적 만남 정도로 되어있다. 심포지움, 패널토의 등과는 양식을 달리하는 지속적이고 다양한 주제 토의의 현장을 부르는 이름 정도로 해석하면 될 듯하다. 요즘에는 초등학교 공부모임에도 콜로키움이라는 이름을 붙이고(아이북랜드 콜로키움 학습 등등) 지젝처럼 세계적으로 유명한 학자를 초청한 학술회의에도 콜로키움이라는 이름을 붙일만큼 콜로키움의 의미와 방식, 활용 사례 등의 외연이 다양하게 확대되고 있다. (우리 나라에서는 포럼, 심포지엄, 학술토론, 세미나, 패널 토의 등이 다양하게 섞여 쓰인다)

여기서는 1990년대부터 원탁토론 운동을 활발하게 펼쳐온 원탁토론아카데미의 콜로키움 방식을 소개하고자 한다. 이미 20년에 가까운 역사를 지녔고 200회가 넘는 전통을 자랑하기 때문이다. 외국의 학술 세미나 가운데 수백 회를 꾸준히 진행하는 곳이 얼마나 많은지 모르지만 우리나라에서 이 정도의 전문성을 갖추고 끈기 있게 진행하는 전문가 초청 토론을 나는 잘 알지 못한다.

원탁토론아카데미 콜로키움의 역사를 간단히 소개하자면 강원대 사학과의 강치원 교수님께서 독일에서 독일의 역사와 교육에 대한 공부를 하시면서 받은 지식과 영감을 바탕으로 국내에 원탁 토론 운동의 뿌리를 내리고 한국적 원탁토론 모형을 개발, 발전시키면서 운영해온 토론 방식 중의 하나이다.

90년대 중반부터 제1회 콜로키움이 시작되었고, 중간중간에 활동이 잠시 중단된 적도 있었지만 2014년 11월 8일 모임은 어느덧 227회에 이르는 역사와 전통을 자랑하게 되었다. 나는 원탁토론을 처음 접한 2000년 가을부터 콜로키움에 참여하기 시작했고 2년 정도의 시간 동안 꾸준히 참석하다가 다른 활동에 매진하면서 거리를 두었다. 그 뒤 2014년 10월 조희연 서울 교육감과 김상곤 전 경기 교육감 초청 토론이 진행되는 자리(226강)에 오랜 만에 참여하였다.

비교와 경쟁보다 자기 스스로의 삶에서 아름답게 꽃피우기를 강조한 주철환 아주대 교수의 교육 특강을 시작으로 두 전현직 교육감의 교육철학과 사상, 정책적 고민을 진솔하게 들을 수 있었던 자리였는데 초청 인사가 둘이다보니 원탁토론아카데미가 꾸준히 진행해온 전통적인 콜로키움 형식보다는 좌담에 가까운 자리라서 콜로키움의 형식적 특성을 개성있게 체험하기에는 아쉬웠다. 이 글에서는 그 다음 회에 진행된 227강의 내용과 형식에 대한 소개로 콜로키움의 특성을 살펴보고자 한다. 그날 주제는 〈독일의 정치 교육과 민주주의 교육〉이었고 발표자는 영산대교수직을 휴직하고 경기도교육연구원 선임연구위원으로 활동 중인 장은주 박사였다. 민주주의 시민 교육이 제대로 자리를 잡지 못한 우리 현실에 주는 시사성이 많아 그 핵심 내용을 간추려 정리하고자 한다.

우선 우리와 독일의 정치사회적 환경의 유사성을 짚었다.

장: 외세에 의해 강제 분단된 경험이 있나. 현재는 우리와 날리 통일을 이루기는 했다. 그러니까 우리는 통일 이전의 독일 상황과 더 유사한 셈이다. 좌우 이념 대립(좌파 사민당과 우파 기민당을 중심으로)이 심각했고 국론은 분열되었다. 독일은 연방 국가지만 주마다 독립성이 강한데(이는 우리나라의 지역적 정치성과 지역 갈등을 생각해보면 또 다른 차원의 유사성을 발견할 수 있다.) 우리나라의 교육 문화부 장관에 해당하는 자리가 있지만, 지역에 따라 연방정부의 정책에 반하는 지역교육감의 정책이 시행되기도 한다. 우파는 좌파들이 빨갱이 의식화 교육을 한다고 비난하고 좌파들은 우파들이 의식 없는 무뇌아 교육을 한다고 맞받아친다. 마치 우리나라에서 교학사 교과서를 둘러싼 대립이 일거나 전교조 계기 수업에 대한 논란이 벌어지는 것과 유사하다. 히틀러 나치 정권이 무너지고 바이마르 연방 공화국이 세워졌지

만 이런 대립은 전후부터 70년대까지 계속되었다. 그러다 1976년에 '보이텔스바흐 합의'가 이루어졌는데 이 합의는 독일의 민주주의 교육과 정치사상 교육에 큰 의미를 던지는 일대 사건이 된다. 좌우를 막론한 다양한 이념과 입장을 가진 교사, 학자, 시민단체 대표 등의 주체들이 긴 회의를 통해 이루어낸 이 합의의 핵심은 세 가지다.

1) 학생들에게 특정 의식의 주입, 교화를 금지한다.(특정 이데올로기나 사상을 교사의 주관에 따라 강제하지 못한다)
2) 학문과 정치의 논쟁을 학교에 도입한다. 특정 이념 의식화나 주입식이 금지되므로 다양한 의견의 충돌이 논쟁의 형태로 진행되는 것을 보장한다.
3) 학생들이 특정한 정치적 상황과 자신의 이해관계의 상태를 분석하고 이를 기반으로 자기 삶에 영향력을 행사하는 수단과 방법을 찾는다.

(와! 전교조 계기 수업에 대해서도 입에 거품을 무는 교육부의 행태를 생각하면 우리 나라 상황에서는 꿈도 못꿀 정도로 입이 벌어지는 합의안이다. 독일의 저력은 이런 데 있는가? 인간은 정치적인 동물이라는 말이 교육에서 이렇게 실현된다는 것이 놀랍다.)

이런 합의는 동서독 통일 이후에 특히 의미를 더하는데 우민화를 추진해온 기존의 동독 교육을 성찰하고 다양성을 존중하는 새로운 정치, 문화, 교육의 틀을 제시하기 때문이다. 하지만 교사의 정치적 무관심으로 3원칙이 사문화되었다는 비판 등을 볼 때 합의가 제대로 실현 되는가에 대해서는 많은 의문이 제기되는 현실이다. 그 문제는 마지막 에 다루기로 하자.

우리는 어떠한가? 학생인권조례를 가지고 학생들의 시위권을 보장 하는 것이라면서 진보교육감을 때리고, 무상교육이 문제라면서 근거 없는 이념비판에 나서거나, 헌법상 보장된 정치적 중립성이 이상한 방 향으로 적용되어 정치적인 내용 자체를 다루지 못하게 하지 않는가? 독일은 교사가 중립을 지키고 사회자 역할을 하면서 충분히 정치 교 육이 가능하다.

독일은 연방정치교육원에서 일반시민의 정치교육을 담당하고 주정 치교육원에서 학생교육을 담당한다. 그들이 내세우는 정치교육의 목 표는 매우 다양한데 민주정부와 국가제도의 안정성 확보, 시민의 자율 성과 권리와 의무에 대한 인식 제고, 민주적 의사결정방식 습득, 타지 역과 다문화 사람들에 대한 이해, 민주사회에 필요한 기본적인 지식과 가치 및 행동양식 습득 등을 들 수 있다.

독일의 학교에서 사용되는 정치교육 교과서는 '현실정치', '인간과 정치', '사회의 이해와 행동', '시대 문제', '함께 행동' 등으로 주마다 이 름이 다르다. 요는 학생들이 정치 상황을 잘 이해하고 그들에게 필요 한 시민적 역량을 계발하는 데 초점이 맞추어져 있으며 정치체제에 대한 지식 습득, 민주적 행위의 연습, 정치참여를 위한 능력과 자세를 배양하고 특히 우리 헌법에 해당하는 그들의 기본법 제1조 인간의 존 엄성과 개인적 자유, 제20조 자유민주주의 질서의 기본원칙을 강조한 다.

독일의 중학교(우리나라 초5에서 중학교) 학생 수준의 교과서 목차 에는 학교생활(조직, 규칙, 갈등 조정 등), 가족과 청소년 이해, 지역사 회, 선거권과 참여, 법과 재판, 정보와 여론 및 경제 생활, 직업 선택, 심지어 독일사회의 정치제도 및 유럽의 평화와 평화로운 삶도 다룬다. 대표적인 사례로 든 '미디어의 자유와 책임'에 대한 소단원에서 그들의 수업을 자세히 엿볼 수 있었다.

사라예보에서 14세의 소년이 목에 총상을 입고 죽어가는 모습을 8초간 방영한 사건을 제시하고 다음과 같은 질문에 답하도록 유도한 다.

1) 사라예보에서 무슨 일이 일어났는지 설명하고 저널리스트들은 이 사건을 어떻게 가공하는지 설명하기
2) 귄터 야우흐는 뉴스 자료의 취재와 방송을 어떻게 정당화했는가
3) 보도 자료를 판단할 때 어떤 기본 원칙을 적용할 수 있는가
4) 전쟁에 관한 현재의 시사적인 보도를 모아서 정리하고 2, 3에서 이끌어낼 수 있는 기준을 도입해서 분석해보자.

이러한 주제는 밀로셰비치를 축출하기 위해 유고가 세르비아를 폭

격하는데 나토가 개입하는 것을 정당화하기 위한 언론 행태에 대한 학생들의 반응과 평가를 이끌어내는 과정이며 동시에 미디어 문해력을 높이는 활동이다.

문제는 이런 주제들을 교사가 설명하지 않고 역할극과 방문수업, 프로젝트, 모의연극 등 다양한 형태의 참여식 수업 방식을 적용한다는 점이다.

우리나라의 경우 교사들은 거대 언론의 기사들을 절대시하거나 겁을 내고 신경이 쓰여 아예 다루지조차 않으려는 경향이 많다. 이런 매체의 내용과 성격을 당당히 가르치는데서 민주주의 교육이 이루어지지 않을까?

사민당, 자유당, 기민당, 기사당, 녹색당 등 정당들이 재단을 만들어 당으로부터 독립된 정치 교육을 지원하는 활동들에 대한 소개도 참신했다. 그러고 보면 독일의 정치교육은 학교안팎에서 매우 활발하게 이루어지는 셈이다.

마지막으로 독일 정치교육의 한계나 문제점을 다루어보자.

독일의 젊은이들이 신나치주의에 경도되거나 여전히 지식중심의 교육이 이루어지는 문제, 일상적인 삶의 양식보다 체제나 제도로 접근하는 등의 문제는 여전히 과제로 남아있다. 하지만 그들은 우리보다 훨씬 앞선 민주주의 체제와 교육 인프라를 가지고 있음에도 불구하고 여전히 부족하다는 성찰과 개선 노력으로 민주주의 정치교육을 강화하고 있다. 나아가 삶으로서의 교육을 이루기 위해 계속 노력중이다.

여기까지가 50분 정도에 걸쳐 진행된 강의의 핵심 내용이다. 제대로된 민주주의 교육이 절실한 우리 입장에서 귀담아 들을 내용이 많아 좀 길게 정리를 했다.

이후 질의 응답이 이루어지는데, 원탁토론아카데미의 콜로키움에서는 일문일답을 지양하고 여러 사람의 질문을 받은 후에 전문가가 일괄답변을 한다. 보통 시간이 넉넉하고 참석자가 많지 않으면 참가자 전원이 돌아가면서 간단한 소감과 의견 질문들을 모두 이야기하고 다시 전문가에게 20분 안팎의 시간을 주어 중요한 질문에 대한 답변을 중심으로 2차 강의를 이어가게 한다.

이런 방식의 장점은 일단 모든 사람이 소외되지 않게 참여하는 기회를 보장한다. 발언이 부담스러운 사람도 있겠지만 그런 경우 정중하게 양보를 해도 되므로 굳이 강제나 억압의 부담을 지닐 필요가 없다. 원탁이 지닌 강점, 즉 각자가 나이, 직업, 경험, 의식에 따라 다 다르게 강의 내용을 받아들일 수 있으므로 개성 있게, 자기만의 발언을 할 수 있는 기회를 보장하는 것이다.

또 하나의 장점은 모두가 이야기를 하는 과정에서 질문이나 발언의 수준이 자연스럽게 정리되고 걸러진다는 점이다. 특별히 발언 내용의 우열을 가리려는 건 아니지만 대답 시간이 한정되어 있기 때문에 전문가는 그 중에서 어떤 질문과 의견이 더 중요하고 덜 중요한지 자기만의 기준에 따라 분류를 해야한다. 참가자들도 다양한 목소리와 그 가운데 어느 것이 더 중요한 쟁점일지를 스스로 정리해보는 기회를 갖는다.

한 가지 더 장점을 이야기하자면 역시 발언 독점의 폐해를 막을 수 있다는 점이다. 시간은 한정되어 있고 발언 대기자가 계속 기다리고 있기 때문에 한 사람이 발언권을 독점에서 3, 4분 이상 이야기하는 폐해를 막을 수 있다. 보통의 토론회에 가면 권위나 나이를 내세운 어른들이 등장해서 길게 설교를 하거나 자기 주장을 하려는 모습을 종종 볼 수 있는데, 원탁형 콜로키움에서는 그런 현상이 발생하지 않는 게 장점이다.

그날은 인원도 많고 시간이 넉넉지 못해 전체가 발언하지 못하고 소수질문자의 의견을 중심으로 1차 질의가 진행되었다. 먼저 사회를 맡은 강치원 원장님이 두어 가지 말씀을 하시고 이어서 의견과 질문이 이어졌다.

강: 독일은 우리에게 몇 가지 시사점을 준다. 첫째, 정당명부비례대표제. 우리나라는 국민의 지지율과 정당국회의원수가 일치하지 않지만 독일은 이런 제도로 그게 가능하다. (절반은 지역구 절반은 비례대표로) 둘째, 기업경영과 노사합의제다. 셋째, 분단과 통일을 경험했다. 넷째는 교육의 공공성이다. 국가가 학비를 부담하고 교육방법론이 민주적이다.

한: 독일 정치교육은 이수단위와 시간이 얼마인가?

신나치주의의 부흥은 실제로 심각한 수준인가?

임: 인성교육 진흥을 고민한다. 우리는 가치중심교육인데 독일의 경우 인권이나 공동체 중심 교육이 매우 체계적이라는 인상을 받았다. 우리나라 교사들은 헌법이나 인권교육에 대한 기초를 잘 모른다. 유엔아동권리협약을 아는 사람이 거의 없다.

장: 독일 교육을 보고 돌아보게 된다. 지식 전달이 아닌 역량과 행위 중심이라는 것이 인상적인데, 초5에서 중학교 학생들이 어떻게 민주주의를 지식 아닌 삶으로 받아들이고 참여하게 하는지 궁금하다.

조: 우리나라의 경우 민주주의를 사회, 도덕 교과에서 가르치거나 재량활동, 자치, 동아리, 봉사, 진로 등의 교육에서 다룬다.

정: 독일 교육이 잘 되는 건 알지만 활용은 어떤지. 우리나라 교사들은 다문화 교육을 하면서 본인들이 정작 다문화에 대한 이해와 실천을 정확히 하는지 모르고 있다.(자기도 모르는 사이에 차별적 발언을 한다) 주입식이 아닌 다양한 적용 사례가 궁금하다.

김: 히틀러 수권법의 취지는 전체가 하나(독재자)를 위하는 것이었다. 교육민주화가 이루어져야 하고 주입식 교육을 철폐해야 한다.

박: 독일에선 '우리' 독일이라는 식의 '우리'를 강조하는 배타적 언어들이 금기시되는데 그런 것이 성문화된 것이 있는지?

강: 민주시민교육은 논쟁과 참여가 핵심인데 들을 준비가 되어야 하고 또 교사가 실행 능력이 있어야 가능하다. 또 하나는 민주시민

교육이 대학진학과 진로에 연계되고 도움이 된다는 사실이다.

우리는?

보이텔스협약이 인상적인데 독일의 연방정치교육원은 언제 만들어져서 활동을 한 것인가?

이상의 질문들에 대해서 일괄답변이 진행되었다. 다 대답하기에는 시간이 부족하고 또 전문성이 부족하다고 겸손하게 말씀하시고 몇 가지 답을 주셨다.

장; - 네오나치는 독일 청년뿐만 아니라 유럽 전체에 걸쳐 경제가 어려워지면서 나타나는 현상이다. 독일에는 배운법을 힙법히히면서 동유럽에서 온 사람들이 많다. 그러다 보니 이민자를 배척하고, 왜 이방인들이 와서 복지혜택을 갈라먹느냐는 불만인데, 이는 청년실업과도 연관이 있다. 나치부활은 충격적인데 경제도 원인이 있고 교육도 문제라고 인식한다.

- 연방정치교육원의 목적은 전후부터 생긴 갈등을 국가차원에서 다루는 것이고 1976년 이후 체계화되었다.

- 인성교육진흥법은 대단한 악법이다! 교육계가 나서서 막아야 한다. 일제가 만든 수신(修身)법과 유사하다. 청소년의 인성피폐화를 비민주적 교육, 권위주의, 학력서열주의를 깨는 데서 찾아야하는데 일제시대의 도덕교육과 유사한 기제를 들여와 청소년들을 체제순응적으로 길러내려는 나쁜 교육이고 법이다. 민주시민교육과 반대된다. 제2의 국민교육헌장 같은 것을 만

드는 게 아닌가 우려된다.

- 독일 학생들의 민주주의 교육에 참여할 기회가 있었다. 우리나라 학급회의 같은 것인데 교사가 의제를 던져주거나 대표로 진행하지 않고 학생들이 모두 둘러앉아 돌아가면서 의제를 제시하고 일상의 문제들에 대해서 자유롭게 토론한다. 교사도 n분의 1 역할만 한다. 이 바탕에는 서구 300년의 전통이 있고 지식 아닌 삶을 공부하는 체험적 교육의 의미가 살아있다.
- 한국 학생들은 스스로의 삶과 연관을 시키지 못하고 내가 참여하고 결정하는 일을 잘 못한다. 형식만의 민주주의 교육이다.
- 독일도 스웨덴, 핀란드를 보면서 더 배우고자 노력한다.

다음 주 독일 교육을 주제로 발표하실 박성희님 보충 발언 : 독일에서는 교사 양성과정에서 헌법이 필수교과이다. 아동의 존엄성을 거기서 배운다. 역량과 행위의 문제는 일시적이지만은 않고 학교에서 폭력이 발생할 경우 적극 개입하는 행위력을 보여준다. 독일에서 두 아이를 키우면서 공부를 했는데 어느 날 잔디밭에 냉이가 있는 걸 보고 두 뿌리 정도 캐려하자 아들의 유치원 친구인 꼬마 아이가 와서 당신 왜 환경을 파괴하느냐고 문제를 제기해서 정중히 사과하고 그만 둔 적이 있다. 내가 자기 친구 어머니인 걸 알면서도 그렇게 개입한다. 독일 학생들은 훨씬 실천적이고 적극적으로 참여하는 모습을 보인다.

시간 관계상 2차 소수 희망자 질의 응답은 이루어지지 못했다. 1차 질의응답이 전원 참여를 원칙으로 한다면 2차 질의응답은 일괄 답변을 듣고 나서 더 심화된 고민과 질문이 있는 사람이 발언을 하고 전문가가 그에 대한 대답을 하면서 전체 과정을 마무리한다. 이날은 2차까지 진행하지 못했고 여기서 전체 공부과정이 끝났다.

이 토론 과정에 참여하면서 개인적으로 독일에서 뛰어난 지도자로 평가받는 메르켈 총리의 교육적 훈련 과정이 궁금했다. 미국의 토론문화적 토양이 오바마를 냈다면 독일식 민주주의 정치교육은 메르켈을 낸 것인가? (지식채널 〈승리의 비결〉에서 다룬 메르켈 이야기를 꼭 보시길. 원탁 토론이 담고 있는 진정성, 입장 변화를 배우는 좋은 계기다.)

강의를 들으면서 내내 떠오는 다른 하나는 〈디 벨레 - 냉이로는 디 웨이브, 파도〉라는 영화다. 독재주의를 실험한 한 교사가 아이들이 독재, 신나치에 가까워지는 것을 경험하면서 비극적 사건이 벌어지는 교육의 한 사례를 담은 영화다.

끔찍한 유신의 부활을 서서히 목도해야 하는 현실, 내면에서 다시 강화되는 독재교육에 저항하는 민주주의 시민교육의 필요성과 모델을 독일을 통해서 배울 수 있었던 귀한 자리였다.

독재의 실험과 한계, 그 폐해를 다룬 영화 〈디 벨레〉는 앞서 글에서 자세하게 소개한 바 있다.

역사를 장악해서 과거로 퇴행하려는 교육부와 국민적인 저항. 그 해법은 학교의 민주화와 우리도 좌우 이념의 대립을 극복하고 하루

속히 독일의 보이텔스바흐 협약과 같은 사회적 협약을 이끌어내려는 노력이 시급하다. 학교 외곽에서 미래 교육을 앞당기려는 징검다리의 노력은 민주시민교육을 향한 치열한 노력의 산물이다.

민주주의 정치교육이 필요하다

13. 적후류광(積厚流光)의 서울 교육

앞서 〈억셉티드〉에서 소개한 복잡계의 원리를 쇠귀 신영복 선생님은 '더불어숲'이란 하나의 개념으로 명쾌하게 정리한 바 있다. 더불어숲의 정신을 현실 교육 속에 실현하고자 노력하는 조희연 서울 교육감의 의지가 그러하다.

나는 〈질문이 있는 교실(한결하늘)〉에서 조희연 교육감의 신년 편지를 소개한 바 있다.

2017년을 맞아 새로 날아온 편지는 미래교육과 복잡계의 화두를 안은 현실을 그대로 반영한다. 조희연 교육감도 그 영화를 보셨을까? 그 내용을 따라 학교를 만든다면 바로 〈억셉티드〉 영화 속에서 바틀비가 실현했던 바로 그 학교다. 그 동안 보아왔던 '쉿' 학교와 조희연 교육감이 신영복 선생님의 '더불어숲' 개념을 빌려 말하는 학교가 얼마나 비슷한지 살펴보기로 하자.

　사랑하고 존경하는 서울교육가족 여러분! 그리고 서울시민 여러분! 다사다난했다는 말로 이루 다 표현하기 부족했던 2016년 병신년(丙申年)이 가고 2017년 정유년(丁酉年)이 밝았습니다.

　지난해 우리 사회는 격변의 시간을 보냈습니다. 우선 국정농단과 교육농단이 우리를 부끄럽게 만들었습니다. 그러나 이 비정상적인 농단을 바로잡은 촛불 시민혁명의 역량이 있었기에 우리 사회는 부끄럽지 않고 자랑스러웠습니다. 촛불을 든 시민은 사회 모든 영역에서 미래를 향한 혁신을 요구하고 있습니다. 이러한 새로운 사회에 대한 열망은 교육혁신에 대한 요구로 이어지고 있습니다.

　서울교육은 '더불어숲의 교육'을 지향합니다.

　저는 미래지향적인 새로운 교육의 열망을 담은 서울교육을 '더불어숲의 교육'이라고 부르고자 합니다. '더불어숲'이란 잘 아시는 바대로 신영복 선생의 말씀입니다.

　"나무가 나무에게 말했습니다. 우리 더불어 숲이 되어 지키자."

　'더불어숲의 교육'은 나무 한 그루 한 그루도 소중히 여기면서, 함께 숲을 이루는 공동체의 가치도 놓치지 않는 교육입니다. 교육 불평등과 일등주의를 넘어 나무 한 그루 한 그루가 마음껏 개성을 길러가도록 하면서도, 협동과 협력을 통해 비정상적인 입시 경쟁을 뛰어넘어 인공지능 시대에 필요한 집단지성의 역량을 기르는 미래교육을 의미합니다.

저는 '더불어숲의 교육'을 통해 다음과 같은 지향과 노력을 기울이고
자 합니다.

첫째, 혁신교육에서 혁신미래교육으로 지평을 넓히고자 합니다.

숲은 나무의 미래입니다. '더불어숲의 교육'은 혁신미래교육을 상징
합니다. 지금 우리는 사회 발전의 원동력이 되어왔던 근대교육이 학
벌과 사회적 지위를 선점하기 위한 수단이 되어버린 무한 경쟁교육의
절망을 목도하고 있습니다. 이제 우리 교육은 자라나는 아이들이 마
주할 새로운 세상, 새로운 미래의 도전에 대응할 수 있는 충분한 역량
을 길러주는 희망의 교육을 준비해야 합니다.

저는 2016년도에 제4차 산입혁명과 인공지능 시대를 대비하는, '미
래역량을 함양하는 교육'으로 패러다임의 전환을 제시한 바 있습니다.
이제 우리는 서울교육가족들과 함께하는 '학교와 마을에서 서울미래
교육 상상 프로젝트'를 진행하고자 합니다. 이 프로젝트는 제4차 산업
혁명시대에 능동적으로 대응할 서울학생의 미래역량을 키우기 위하
여 교육청 뿐 아니라 모든 학교가 함께 상상하고 토론하고 연구하며
만들어가는 활동입니다. 뜻있는 교사, 학부모, 학생, 마을과 지역의
다양한 전문가들, 교육계 밖의 다양한 분야의 시민들과 함께, 교육의
변화를 위한 대화와 토론을 시작하고자 합니다.

이 프로젝트를 통해 우리 학교의 미래 모습을 그려보고, 이에 대한
대비를 해 나갈 것입니다. 서울미래교육 상상 프로젝트가 미래학교를
만들기 위한 새로운 모색과 과감한 실천의 출발점이 되도록 하겠습니
다.

둘째, 2017년을 학교자율운영체제의 원년으로 삼아 분권과 자율이 넘치는 학교를 만들고자 합니다.

숲은, 풀과 덤불과 나무가 공존하며 숲의 모습을 만들어갑니다. '더불어숲의 교육'은 자율과 분권의 학교자율운영체제를 상징합니다. 궁극적으로 교육이 일어나는 현장은 학교입니다. 혁신미래교육정책의 큰 방향성은 '위로부터의 좋은 정책'이 아니라, 학교 그 자체가 새로운 교육을 향한 역동적인 현장이 되도록 하는 것입니다.

교육청 주도의 획일적 정책 추진으로는 4차 산업혁명 시대에 학교 혁신을 이끌어내기 어렵습니다. 학교가 스스로 토론하고 학습하며 실현하는 혁신, 이것이 바로 미래교육의 시작일 것입니다.

이에 2017년 우리 교육청은 학생, 교직원, 학부모, 지역사회 및 시민 등 교육공동체가 교육의 주체가 되어 함께 만들어가는 서울미래교육의 비전을 구체화할 수 있도록 '학교자율운영체제'를 본격적으로 구축하고자 합니다.

'학교자율운영체제'란 학교가 희망하고 교육공동체가 기대하는 교육수요와 학교현안을 학교 스스로 결정하고 책임지는 학교 운영체제입니다. 이 체제의 구축을 지원하기 위하여 교육청의 권한을 점진적으로 학교에 위임함으로써 학교의 자율성을 확대할 수 있도록 하겠습니다.

구체적으로 우리 교육청은 교육공동체 각 주체의 자율성을 확대하기 위해 토론이 있는 교직원회의, 교복 입은 시민 프로젝트, 학부모회 법제화 등 제도적 기반을 마련해왔습니다.

이러한 기존의 사업과 더불어 '학생참여예산제' 운영을 확대하고, 교원학습공동체에 대한 지원을 강화하며, 학부모회에 학교참여 공모사업 및 운영비 지원을 추진해 서울교육가족 모두가 교육혁신의 주체로 설 수 있도록 하겠습니다.

또한 '학교 자치 시대'를 열기 위해 교육청과 교육지원청은 학교의 자발성과 역동성, 적극성이 살아나도록 뒷받침하는 시스템을 마련할 수 있도록 주력할 것입니다. '학교업무정상화'와 '행정혁신 시범교육청' 운영은 그 출발점입니다.

지역 단위에서 마을과 함께하는 교육, 민·관·학 거버넌스를 통해 풍부한 마을 자원을 바탕으로 학교는 정규수업에 충실하고 마을은 즐거운 방과 후 배움터가 되도록 하겠습니다.

셋째, 불공정하고 불평등한 '교육 적폐'를 해소하고, 정의롭고 따뜻한 서울교육을 만들어가겠습니다.

숲은 자율적으로 운동하며 자기 정화작용을 합니다. '더불어숲 교육'은 교육 불평등을 바로잡는 정의롭고 따뜻한 교육을 상징합니다. 산업화 초기만 해도 '개천에서 용난다.'는 말이 통용되던 사회였지만, 우리는 이제 더 이상 그런 희망을 말하지 않습니다.

많은 분들은 부모의 사회경제적 지위 또는 계급 계층에 따라 우월한 지위를 물려받는 교육 불평등이 심화되고 있는 사실을 우려하고 계십니다.

'태어난 집은 달라도 교육의 출발점은 같아야 한다.'는 저의 신념은 우리 아이들이 처음 만나는 학교인 유치원에서부터 시작되어야 한다고 봅니다. 누리과정 학비가 지원되는 만큼 우리 교육청에서는 유치원 교육에 대해 좀 더 책임감을 갖고 접근하려 합니다. 공립유치원을 확대하고, 사립유치원 재정 지원 확대와 그에 따른 지도를 통해 유아교육의 공공성을 확대해 나가겠습니다.

또한 현재의 수직 서열화된 교육을 수평적 다양성을 실현하는 교육으로 전환시키기 위해 최선을 다하겠습니다. 이를 위해서는 초·중등교육을 무한 입시경쟁으로 치닫게 하는 고교체제 및 대학체제, 그리고 입시제도에 대한 근원적 대책을 마련해야 합니다.

저는 추후 이러한 사회경제적 배경과 출신고교에 따른 대입격차, 출신대학에 따른 사회적 차별을 해소하기 위한 대책을 발표할 예정입니다. 적극적인 소통과 의견 개진을 통해서 초·중등 교육을 왜곡시키고 있는 각종 법제도의 개선에 힘을 보태어가고자 합니다.

저는 정유년을 맞아 '적후류광(積厚流光)'이란 말을 새해의 화두로 삼으려 합니다. '적후류광'이란 "작은 실천이 쌓여 광대한 물줄기를 이룬다."는 뜻입니다. 나무와 나무, 풀과 덤불들이 어울려 자라나, 어느 날 그늘 짙은 푸른 숲을 이루듯이 말입니다.

변화와 개혁은 어느 날 갑자기 단절적으로 오는 게 아니라, 우리의 작고 큰 노력이 쌓이고 쌓여 가능해진다고 믿습니다. 새해에는 지금까지 추진해온 교육 개혁의 과제들을 흔들림 없이 추진하여 깊이 뿌리내리도록 하는 게 중요하다고 생각합니다.

사랑하고 존경하는 서울교육가족 여러분

2017년에는 지금까지 추진해 온 혁신미래교육을 현장에 안착시키고, 앞으로 지속가능한 미래교육을 현실성 있게 담보하기 위해 치열하게 노력할 것입니다. 2017년은 새로운 미래교육의 희망을 여는 한 해가 될 수 있도록 우리 서울교육가족이 앞장서 주시길 부탁드립니다.

부디 모두가 행복한 2017년을 맞이하시길 진심으로 기원합니다.

2017년 1월 1일
서울특별시교육감 조희연

서울시 교육청은 2017년 12개의 학교 혁신 과제를 내놓고 교육 현실 변화를 위해 맹렬히 전진 중이다. 이 아름다운 말들이 현실로 서늘 날지는 아직 아무도 모른다. 하지만 피할 수 없는 숙명의 미래가 기다리고 우리는 그 길을 가지 않으면 안 되는 숙명 앞에 놓여 있다. 선택은 자유의지다. 피할 것인가? 즐길 것인가? 답은 하나, 피할 수 없다면? 즐겨라! 춤추자!

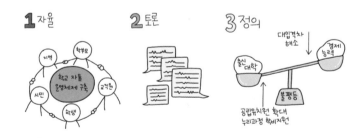

징검다리 글 - 쿠퍼실리테이션과 함께 한 시대의 스승 찾기
- 복잡계를 통한 퍼실리테이션 교육으로 건강한 조직을 만드는 방법

교육현장의 변화가 소리 없이 뜨겁다.

수능을 중심으로 한 입시제도 개편안을 내놓았다가 여론의 포화를 맞고 가라앉은 교육부, 고교학점제로 새로운 교육 패러다임을 제시하며 새길 찾기에 골몰하지만 전교조나 교총의 반대, 좋은교사운동본부와 서울교사노조의 찬성 양론이 비등한 가운데 앞으로 그 방향이 시선을 끈다.

교육 변화의 몸부림이 어디 교육부뿐이랴!

교육청을 비롯한 각종 사회교육단체들도 새로운 정부의 출범을 맞아 갖가지 의제를 놓고 각개약진을 거듭하는 중이다. 특목고와 자사고 폐지, 전교조의 법외 노조 철회, 교사의 정치적 자유 획득 등 큰 틀에서의 정책 논의와 갈등이 한창이고 교육계 내부에서는 교육과정과 승진제도 개선 등에 대한 논의도 뜨겁다. 특히 경기도는 도교육청 차원에서 기존의 교장 승진제도를 획기적으로 바꾸기 위한 고민이 한창이다.

승진에 목을 매고 평생을 살아온 예비 교장·교감 후보들에게는 마른하늘의 날벼락이지만, 수직적이고 권위적인 교장 아래서 좋은 교육을 못해온 교사들에게는 가뭄에 마시는 청량음료와 같은 희소식이다. 물론 이제 논의의 싹을 틔우는 단계라 그 폭과 깊이와 무게가 얼마나 현실 변혁을 이끌지는 미지수다. 당분간 주목해서 바라볼 주요 사안 중의 하나님에 틀림없다.

미래의 교육 리더를 키우는 프로그램 발굴을 위한 연수 과정에 지인의 초대를 받아 참여했다. 60시간의 전 과정을 참여할만한 시신이나 능력, 자리는 아니어서 '건강한 조직을 만드는 방법'이라는 주제의 퍼실리테이션 연수에만 하루, 6시간 프로그램에 함께 했다. '쿠 퍼실리테이션'의 명성은 익히 들은 터라 퍼실리테이션의 철학과 방법 등을 배우기 위해서다.

전날, 눈발이 날린 자취가 가득한 경기율곡연수원 혁신교육관 운동장을 가로질러 부랴부랴 도착했다. 아침에 일이 있어 정말 눈썹 휘날리며 급히 도착했는데, 그래도 마음은 안도현 시인의 시처럼 새살을 찾아가는 느낌으로.

우리가 눈발이라면
허공에서 쭈빗쭈빗 흩날리는

진눈깨비는 되지말자

세상이 바람불고 춥고 어둡다 해도 사람이 사는

따뜻한 함박눈이 되어 내리자

잠 못 든 이의 창문가에서는

편지가 되고

그이의 깊고 붉은 상처 위에 돋은

새살이 되자

- 안도현, 우리가 눈발이라면

미래의 리더라면, 적어도 자기 혼자 깃발 들고 앞서가기보다는 아픈 학교 현장에서 누군가의 마음을 전하는 편지가 되고 여기저기 상처 난 마음을 보듬는 새살 같은 사람이려니.

십 분의 시간이 지나자 강사 한 분과 보조 강사 한 분 소개를 하고 여는 인사말과 강의가 시작되었다. 주 강사는 'KOOFA 수석 컨설턴트'인 남서진이라는 분이었다.

첫 프로그램은 '그림톡'을 활용한 자기소개. 난 사실 초대받지 않은 손님 처지라 같은 모둠 분들과 인사 나누기도 어색했는데, 역시 모든 만남은 자연스러운 자기소개부터.

'그림톡'이라고 쿠퍼(쿠 퍼실리테이션, KOOPA. 이하 쿠퍼)에서 자체 제작한 그림카드다. 주제는 지금 이 자리에서의 나, 자기가 속한 조직(학교)에서의 나, 진정한 나. 세 장의 카드를 골라 자기를 소개하는 과정이다.

'그림톡'은 단순하다. 상황을 나타내는 의성어나 의태어와 그림을 결합한 카드다. 물론 인간의 다양한 상황이 그 안에 녹아 있을 터이니 누구든지 자기 이야기를 편하게 할 수 있다.

우리 모둠의 첫 번째 분은 두근두근, 둥둥둥, 모락모락을 골랐다. 두 번째 분은 꺄악, 재잘재잘, 부시시. 다음 분은 꼬옥, 끙끙, 엉금엉금을 골랐고 바로 앞의 분은 뚝딱뚝딱, 쓰담쓰담, 주룩주룩. 나는 부릉부릉, 타닥타닥, 갸우뚱을 골랐다.

부릉부릉   타닥타닥   갸우뚱

그날 아침부터 부릉부릉 시동을 걸고 바삐 움직였다. 늘 삶은 막 시동을 건 자동차처럼 바쁘고 이동 중이다. 타고난 노마드적 기질 때문이리라. 학교에서는 수업을 제외하고 늘 타닥타닥 글을 쓴다. 지금도 굳이 이글을 쓰는 것처럼.

진짜 나를 '갸우뚱'으로 정한 것은 나의 정체성에 대한 혼돈 때문이다. 요즘 내 정체성은 평화적 아나키스트다. 단정을 경계하고 여백을 중시하며, 입장이 없는 입장, 중도의 길을 지향한다. 물론 회피나 무책임, 불법, 이단, 경계인의 꼬리표가 함께 한다. 내가 감수할 몫이다. 어쨌든 난 갸우뚱에 끌렸다.

서로 돌아가면 소개를 마친 다음에는 '우리를 불편하게 하는 것'이라는 주제로 자기 학교 이야기를 했다. 방식은 짝토론. 소위 하브루타 방식을 활용해 옆 사람과 자기 조직 내에서의 불편한 경험 이야기를 나누었다. 학교라는 곳이 그리 넓거나 다양하지 않아 비슷한 공감대를 형성했다.

관리자인 교장 교감 선생님의 역할(사립은 경우는 이사장의 역할), 동료교사들과 어울리기의 어려움, 목소리가 크고 너무 주도적이거나 실천적인 사람들이 보이는 헌신과 독선의 이중성 등등.

짝토론이 끝난 뒤에 잠시 쉬고, '조직문화 리치 픽쳐'(RICH PICTURE) 활동을 했다. 전지에 그림을 그리고 돌아가면서 이야기를 나누는 활동이다. 도구나 매개가 있으면 입이 열린다. 도구의 힘이다. 이미 교육 각 영역에서 십 수년 간 다양한 활동 경력이 있는 분들이라 무슨 과제인들 못하랴!

참고로 강사도 중간에 양해를 구했지만, 강사의 지나친 외래어 혹은 외국어 사용이 눈살을 찌푸리게 만든다. 본인도 그렇게 배워서라고는 하지만, 외국 원전을 통해서 공부했어도 최대한 한글화하는 작업이 필요하다. 이 정도로 언급하는 까닭은 외래어 사용이 많아도 너무 많기 때문이다. 지나가는 길에 짚어두니 뒤에 외래어나 외국어가 많이 나오더라도 참고하길 바란다.

다음은 우리 모둠의 결과물이다.

재미나고 크게 그린 그림은 빅 마우스 두 사람이 학교에서 설치는 풍경이다. 다른 분들은 다 공립이고 나만 사립이라 나는 사립학교에서 느끼는 조직의 특성을 말했다(내용은 대외비다. 참고로 모든 연수가 그렇지만 그날 나눈 사적인 이야기는 밖으로 나가지 않는 규칙이 있다~).

모든 이야기를 나눈 뒤 정리된 문구는 슬프게도 '아프니까 조직이다'로 귀결이다. '너희가 조직을 알아'는 덤이다.

한 장의 종이에 마음껏 그림을 그리고 자기 이야기를 풀어가는 리치 픽쳐는 비주얼씽킹에서 자주 활용하는 방식이다. 마음과 입은 열고, 상상의 나래를 펴기에는 좋은 방식이다.

강사의 조직 문화에 대한 이론 강의가 잠시 이어졌다. 조직의 성과와 학습 조직의 두 가지 형태를 비교 설명했다.

수직적이고 통제가 일상화된 경직된 조직문화와 수평적이고 정보를 공유하며 협력적으로 서로에게 힘을 주는 조직문화의 차이 비교에 대한 간명한 설명 뒤에 토론에서 익숙한 신호등 토론을 진행했는데, 쿠퍼에서 자체 제작한 토론 도구가 좀 특이했다. 사진을 보자.

보통의 신호등 토론은 찬성, 반대, 잘 모르거나 중립이다. 여기서는 동의와 다른 의견이 있다. 잘 모르겠다로 나누었다. 미세한 차이지만, 반대보다 대안을 말하도록 한 점이 돋보인다.

주제는 "모든 의견은 동등하게 소중하다"

너무 당연한 말인 듯하지만, 조금 달리 생각하면 역시 갸우뚱 할 수밖에 없는 주제다. 다른 모둠도 대개 그렇고, 만장일치로 그렇다가 많았다. 내 머리 속에서 세 가지 입장이 스쳐갔다.

"누구나 다 소중하지. 아니야, 일베나 트럼프의 의견도 소중할 수 없어! 그러니까... 잘 모르겠다고!"

부분집합과 전체집합의 논리라면 빨간색을 들었어야 하는데, 결국 어정쩡한 노란색을 들었다. 전원이 녹색인데 나만 노란색이라 먼저 입을 열었다.

"일베처럼 남의 의견을 무시하거나 혐오와 차별을 지지하는 입장을 존중할 수 있을까요?"

트럼프 이야기는 굳이 꺼내지 않았다. 맥락을 이해하는 분들이라 금방 알아듣고 반론성 자기 입장을 말한다. '일베라고 해서 그들의 의견을 무시한다면 자기주장만 내세우는 독선과 뭐가 다른가'라는 말씀이셨다. 나 또한 맥락을 이해하는 까닭에 '그렇다면 일베 말에 대한 견해는?'이라고 묻지 않았지만 논의는 필요하다. 똘레랑스와 앵똘레랑스, 관용과 불관용의 원칙과 문제가 있으니. 다른 분들도 거기에 대해 어려움을 토로하면서 일단 의견 존중의 자세를 말씀하셨다. 나는 일베를 양산한 이명박, 박근혜 정부를 생각했고, 그들이 만든 적폐를 견디지 못한 국민들이 촛불을 들어 직접민주주의의 가능성을 실현했으므로 그들 또한 우리 사회에 필요한 일원이었고, 결국 '세상에 좋고 나쁜 건 없다'는 〈쿵푸 팬더〉의 대사를 떠올렸다.

쉽게 풀리지 않는 인류사의 수수께끼다. 대화는 그 정도 선에서 마무리 지어졌다. 이 주제가 나온 맥락은 쿠퍼실의 주제어 중의 하나인, '다름을 도움으로'라는 화두 때문이다. 다름을 차별과 죄로 몰고 가는 풍토에서 다름을 '윈-윈'의 한 갈래로 이어가려는 기획의도 때문이다. 난 그게 좋았다.

상사는 이어서, '언제, 어느 조건에서라면 모두 의견은 동등하게 소중한가'라는 질문을 던졌다.

난 '혐오와 차별이 없다면, 강자와 약자의 힘 분배가 고르다면'이라고 적는데, 앞의 분이 '계급장을 뗀다면'이라고 명쾌하게 말씀하신다. 시간, 단계에 대한 이야기가 나왔고 '악의적으로 제시한 의견이 아니라면'이라는 말도 나왔다. 모든 의견은 동등하게 소중함을 존중받아야 하고 그 의견은 다소 부족하더라도 악의와 혐오, 차별이 없어야 한다. 그런 의식이 갖추어진 조직이라야 건강하고 바람직하다 말 할 수 있으리라.

여기까지가 오전 수업 내용이다. 양도 많고 맛도 좋은 도시락을 먹고 휴식을 취했다. 준비한 손길의 섬세함과 따뜻함이 느껴진다. 오후에는 설명과 문서가 많아 보인다. 졸지 않고 잘 따라갈 수 있을까?

오후 활동은 피터 센게의 〈학습하는 조직〉을 읽고 자유롭게 대화나누기로 시작했다. 사전 공지를 통해 모둠별로 한두 명씩 읽었다는 책이다. 바쁜 와중이라 다 읽고 오지는 않은 듯 했다. 우리 모둠은 아무도 안 읽었다고 했지만, 나름 내용을 소화하신 분들이 계셨다.

이 책의 선정 이유가 궁금했는데, 쿠퍼실의 철학적 바탕이 '복잡계'라는 사실과 연관이 있다. 안 그래도 궁금하던 책이었는데, 복잡계 복습의 좋은 기회다. 복잡계를 연구하는 모임에 얼굴만 비추고 거의 나가지 못해 미안했는데, 여기서 복잡계를 공부하다니, 망외의 소득이다.

대화 방식은 책속에 나온 핵심 소제목을 중심으로 그 의미를 나누는 활동이다. 다른 모둠의 책 한 권을 빌려 겨우 목차와 주요 내용을 살펴볼 수 있었다.

책의 표지에는 '오래도록 살아남는 기업에는 어떤 특징이 있는가'라는 글귀와 〈학습하는 조직〉이라는 제목이 있다. 조직의 뿌리부터 바꿔라, 불멸의 고전 등의 말들이 적혀있고, 책의 두께나 무게감으로 보아 허언은 아닌 듯 했다.

목차 속 핵심은 2, 3부였다.

2부는 '학습조직의 초석, 시스템적 사고'이고, 3부는 학습조직 구축의 핵심 규율인데 하위 주제가 개인적 숙련, 정신 모델, 공유 비전, 팀학습이었다. 시스템적 사고는 그 자체로 하나의 거대한 이론이라 할만큼 어렵고 복잡하다.

강사는 '죽어라 일해서 그저 그런 성과를 올리는 시스템'에서 벗어나기 위해 이 책이 말하는 바를 같이 나누어보라고 했다.

책을 안 읽었다고는 하지만, 개념만으로도 술술 풀어내는 팀원들. 학교 운영의 사례와 연관된 이야기들이 공유되었다. 이 글에서는 책 내용을 토대로 핵심 내용만 정리해보기로 한다.

내가 싫어하는 경영부분 책인데다 번역서라 읽기가 쉽지 않았지만 앞서 언급한 핵심 개념은 시사하는 바가 작지 않다는 점에서 새겨둘 만하다.

교육일까, 관리일까?

대충 메모한 내용을 다음과 같았다.

	팀에 필요한 학습 능력 5가지	
열망 부분 1. 개인적 숙련 2. 공유비전: 일차적으로 자기 개인의 역량을 키우되 혼자만의 꿈이 아닌 조직의 비전과 일치.		5. 복잡성 이해 (시스템 사고) : 우리나라는 물론 외국을 포함한 지구촌적 사고
	성찰적 대화 부분 3. 멘탈 모델 4. 팀 학습(대화) :불일치, 다름을 드러냄. 가정을 보류하고 동료애를 갖고, 대화를 유지 촉진한다.	

강의를 듣는 내내 대학입시에 실패한 몇몇이 모여 우발적으로 학교를 만들어나가는 영화 〈억셉티드〉가 떠올랐다. 영화는 코믹 버전이긴 해도 위에서 언급한 내용들이 고루 녹아 있다. 그리고 보면 만화와 드

라마 〈미생(未生)〉이야말로 스스로 학습하는 조직의 롤 모델이 아닐까? 위의 전체 내용이 잘 녹아있다고 말하기는 어렵지만, 그 안에는 개인적 숙련과 공유비전, 팀 학습 등의 과정이 여러 시련을 겪으면서 잘 나타난다.

나는 특별히 내 공부영역인 대화와 토론 부분에 눈길이 갔다. 5개 영역 가운데 팀학습에 해당하는 부분인데 피터 센게는 경영적 관점에서 토론의 특징과 활용, 장단점을 예리하게 짚고 있다. 팀의 중요성은 따로 말하지 않겠다.

팀학습의 규율 가운데 첫 편인 '다이얼로그와 토론'은 불확정성의 원리의 창시자인 베르너 하이젠베르그 이야기로 시작한다. 하이젠베르그와 아인슈타인, 닐스 보아, 볼프강 파울리, 나아가 데이비드 봄까지 신과학운동에서 만난 과학자들이 두루 등장한다. 양자물리학과 상대성원리는 시스템사고의 기초다. 이들이 발견한 몇 가지 진리 가운데 하나는 우주에 개별자란 존재하지 않는다는 점이다. 모두가 전일적으로 연결된 시스템적 원리를 지닌다는 점.

흥미로운 점은 토론과 대화의 어원에 대한 부분이다. 토론을 나타내는 디베이트(debate)는 일반적으로 분열(devide)과 싸움(battle)을 뜻한다.

데이비드 봄은 디베이트까지 가지 않고 우리말로는 토의(討議)라 번역되는 디스커션(discussion)조차 충돌과 충격이 어원임을 밝힌다. 승리를 목표에 두는 탁구게임을 연상케한다. 봄은 대화 즉 다이얼로그를 중시한다.

'토론과 대조적으로 대화, 즉 다이얼로그에서 Dia는 그리스어로 통과하여, 사이로 등의 의미다. Logos는 언어, 말, 의미에 해당한다. 본래 의미는 강둑 사이를 흐르는 물줄기와 같이 의미가 사이를 통과하여 움직이는 것, 즉 사람과 사람 사이를 흐르는 자유로운 의미의 흐름이다.

더 자세한 내용은 책의 일독을 권한다. 그렇다고 그가 대립적인 의견 다툼인 토론을 부정하지는 않는다. 그는 토론과 대화 사이에서 균형 유지를 권장한다. 때로는 분석과 대립이, 때로는 합의와 의사결정이 필요하니까. 둘은 사실 조화롭게 얽혀 새로운 결말과 열린 내일을 향하는 게 바람직하다. 요즘 개인적으로 공부하는 화백의 취지가 또한 그렇다. 대토론회를 통해 집단의 지성을 모아가려는 최근의 회의 문화 경향도 비슷하지 않을까?

피터 센게의 학습하는 조직은 이 정도로 다루자.

쿠 퍼실 회사의 특징

이어진 조직 이론 강의는 유용하나 내게는 소귀에 경 읽기다. 다시 반복하지만 첫째 영어 문장이 많이 나와서고 둘째 조직 운영에 큰 관심이 없는 까닭이다. 그렇다고 배울 점이 없느냐? 천만의 말씀이다. 새로운 조직모델이라는 반영조직(이 내용도 책 한 권이다)과 조직

구조의 설계 내용은 원론적인 의미의 조직발전론이다.

귀를 잡아당긴 내용은 강사가 근무하는 쿠퍼실 회사 이야기였다.

흥미롭고 인상적이었다. '직원들이 오히려 규율을 원할 정도'라니! 약간의 유머가 섞인 말이지만 허세는 아니었다. 차라리 이렇게 말하고 싶은 듯 했다. '관료제가 왜 이렇게 좋은지 알 것 같고 관료제를 원한 다'고도 했다. 그렇다. 새로운 조직 문화를 말하는 사람들의 조직은 당연히 그래야 했다.

자율 출퇴근제 실시.
1인 1법인 카드 사용
모든 정보의 공유

만장일치제로 내부 인테리어 디자인 합의에만 한달 반이 걸렸다 한다. 그러나 관료제보다 그 의미가 작지 않다. 특히 새로운 직원을 뽑을 때는 시험 없이 모든 사람의 의사 반영.(나중에 직원이 너무 많아져서 소수 사람으로 줄기는 했지만)

여름 한 주는 '생각 주간'을 갖는데. 전에는 해외 워크숍을 가다가 그것도 시들해져 요즘에는 호텔에서 바캉스를 겸하는 '호캉스' 문화도 있다고 한다.

대부분의 업무는 위임으로 처리하고, 리더는 '취약해지려는 의지'를 가지고 동료 직원들을 격려해 팀워크 향상에 기여한다. 이러니 성과가 높아질 수밖에.

조직문화에 필요한 5가지 해석도 눈에 띄었다.

1. 이야기와 신화

2. 조직구조

3. 통제 시스템

4. 상징

5. 권력관계

쿠퍼실의 경우 이야기와 신화는 그 조직의 탄생과 운영 과정에서 전해져 내려오는 전설적인 이야기, 조직구조는 수평과 유연, 통제 시스템은 중앙 통제 없이 자율과 클라우드 공유, 상징은 '따로 또 같이' 테이블 배치나 벽의 활용, 권력관계는 직급이나 이름 대신 별명을 부르는 시스템 등이 인상적이다. 대표는 한 빌 니 나삐끼 서로 빈만을 하자고 했으나 직원들이 불편해 해서 무산되었다고 한다. 이 정도면 회사 분위기나 조직의 특성을 좀 헤아릴만하다.

남서진 강사는 조직문화의 특성에 대해서, 조직문화의 프레임워크(구조와 지향성 두 가지 관점에서), 조직과 공동체의 차이에 대해서 자세한 설명을 해나갔다.

공동체 발달의 4단계는 유사공동체-혼란-비워내기-진정한 공동체로 이어져간다고 한다. 아마 우리나라 대부분의 조직들은 유사공동체에서 혼란을 겪는 단계가 아닐까? 내가 속한 교육운동단체만 해도 비워내기에 진입하지 못하고 혼란 속에서 갈등과 고민만 가득하다. 멋진 신화와 전설을 가지고 있지만, 유연성과 자율성 없는 수직적인 구조는 시급히 풀어야 할 과제다. 혁신학교는 물론이고 아마 대부분의 학교도 더 자율적이고 소통적인 공동체를 위해서 풀어야 할 과제가 적지 않다.

이날 연수의 마무리는 '조직의 역동'을 실습하는 과정이었다.

역동 실습은 서로 다른 위치에 있는 사람들끼리의 고충과 바람, 의사소통 방법을 논하는 공부였다.

이날 자리에는 참석한 사람들은 교직에 몸담은 사람이라 교장과 교감, 부장, 평교사 이렇게 세 부류다. 일단 표를 보자.

위, 중간, 아래가 서로에게 바라는 내용을 적고 대화하는 과정이다.

이날 현장에 참여한 사람들이 적은 내용은 이랬다.

방법은 아래 조직에 속한 사람들이 자신의 고충을 적고, 위 분야에 적힌 사람들에게 바람을 적는 방식이다.

만약 위에 교사가 적혀 있다면 양쪽 아래에 교장과 교감과 부장이 좌우를 차지해 자신들의 고충을 적고 위에다 교사에게 요구사항을 적는 방식이다.

학교의 실상과 서로에게 바라는 점이 적나라하게 드러난다. 별도로 정리하지 않겠다. 사진을 자세히 보거나. 학교에 있는 사람들이라면 말 안 해도 더 잘 알테니.

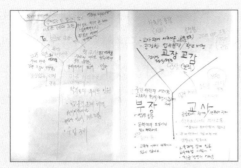

강의는 여기서 마쳤다. 그 밖에 교재의 후반부에 있는 몇 가지를 더 언급하고 글을 마친다.

실행의 핵심과 참여

내가 눈여겨 본 것은 실행의 핵심 참여였다.

8단계로 이루어진 소통과 회의와 의사결정 과정은 최근 공부한 '화백회의'의 과정과 유사해서 놀라웠다.

1. 조작 : 구성원이 참여한 것처럼 꾸며냄
2. 치유 : 구성원의 잘못된 생각을 고쳐줌
3. 정보제공 : 구성원이 설명을 들음
4. 의견조사 : 구성원의 의견을 제시
5. 달래기 : 구성원에게 일부 혜택 제공
6. 공동협력 : 위원회에 구성원 대표 지분 참여
7. 권한위임 : 일부 사안 구성원 대표 지분 참여
8. 시민결정/통제 : 전적으로 구성원 의사에 따라 결정

이렇게 8단계인데 물론 서구적인 틀을 입고 있고, 조직의 효율적 운영에 초점을 맞추는 방식이라 차이도 여럿 눈에 띈다.

공수 및 배례 인사, 하세 후 자기 주장, 주장과 의견에 대한 지지 표시로 정보제공과 의견조사, 서로 조율하는 공동협력, 선양을 통한 권한 위임으로 진행되는 화백회의와 유사성이 있었다, 화백의 의미와 순서, 과정을 여기서 다 소개하기는 어렵지만, 심층 차원에서 문제를 끄집어내고 풀어가고 엮어가는 과정이 유사하다 싶다.

강사 원고의 마지막은 추가학습을 위한 3권의 책 소개다.
〈반영조직〉, 〈민주적결정방법론〉, 〈질문의 기술〉 기회가 되면 읽어보고 싶은 책들이다. 마지막으로 최고의 리더론,
〈최고의 리더〉

그럼, 최고의 리더십은 무엇일까?

교재에는 어느 강의나 내로라하는 강사들이 제시하는 〈노자 도덕경〉 17장 말씀이 나온다.

太上 不知有之, 其次 親之譽之, 其次畏之, 其次 侮之,
(태상부지유지,기차친지유지,기차외지,기차모지)
최고의 리더는 사람들이 그가 있다는 것만 안다.
그 다음 리더는 사람들이 그를 칭찬하고 존경한다.
그 다음 리더는 사람들이 그를 두려워 하고,
그 다음 리더는 사람들이 그를 업신여긴다.

百姓皆謂我 自然(백성개위아자연)

최고의 리더가 일을 했을 때 "우리가 해냈어"라고 말한다.

- 노자 도덕경 17장.

리더십 버전이라고는 하지만 의역이 좀 심하다. 첫 문장은 오독이 아닌가 싶을 정도다. 문맥상 의미는 이해하지만, 첫 문장은 '사람들이 그가 있는지도 모를 때, 최고의 리더다'가 일반적인 번역이다.

송영우시인의 쉽게 풀어쓴 노자이야기(17회) 제 17장 간섭하지 않는 통치자를 보자.

제 17장 간섭하지 않는 통치자

太上 不知有之 其次 親而譽之 其次畏之 其次侮之

태상 부지유지 기차 친이예지 기차외지 기차모지

信不足焉 有不信焉 悠兮其貴言 攻成事遂 百姓皆謂我 自然

신부족언 유불신언 유혜기귀언 공성사수 백성개위아 자연

나라를 다스리는데

최상은 다스림이 있는 것을 모르는 것이며

그 다음은 친절하게 하여 명예를 가지는 것이다.

그 다음은 두렵게 하고

그 다음은 얕잡아 보게 하는 것이다.

신의가 부족하니 여기에서 불신이 생긴다.

느긋하게 말을 아끼니 공과 일이 완수 되어도
백성들은 모두 저절로 그렇게 되었다고 한다.

다양한 해석이 존재하므로 알아서 판단하면 좋겠다.
참고로 나는 김지하가 자기 스승인 장일순 선생님을 기리며 쓴 시를 리더의 최고 표현으로 꼽는다.

하는 일 없이 안하는 일 없으시고
달통하여 늘 한가하시며 엎드려 머리 숙여
밑으로 밑으로만 기시어 드디어는
한 포기 산속 난초가 되신 선생님
출옥한 뒤 내게 이렇게 말씀하셨다.

비록 사람 자취 끊어진 헐벗은 산등성이
사철 그늘진 골짝에 엎드려 기며 살더라도
바위틈 사란 한 포기 품은 은은한 향기는
장바닥 뒷골목 시궁창 그려 하냥 설레노니
바람이 와 살랑거리거든 인색치 말고
먼 곳에라도 바람 따라 마저 그 향기 흩으라.
〈말씀, 김지하〉

교장, 교감의 자리가 어떤 자리인지 나는 모른다. 사립의 평교사로 평생을 살아서인지 고민은커녕 생각조차 없다. 불가피하게 조직은 필요하고 리더도 있어야 한다면 그도 사람일진대 어찌 고민이 없고 힘들지 않으랴! 더더욱 현대처럼 다양성과 조화가 중요한 시대라면.

사람보다는 조직을 고민하는 하루였지만 퍼실 강사의 결론도 결국 인간, 인간관이다.

마침 활동하는 어느 단톡방에 〈한비자의 리더십 요결 7가지〉가 올라온다.

1. 리더는 용의 등에 올라탄다.
   이 말은 권력의 심장부를 장악하거나
   권력의 핵심을 설득하지 못하고는
   근본적인 개혁을 만들어 낼 수 없다는 뜻이다.

2. 리더는 상황을 탓하지 않는다.
   설명이 필요치 않다. 좋은 리더는
   수많은 변명 뒤에 숨지 않는다.

3. 리더는 부하의 충성에 의존하지 않는다.
   훌륭한 리더는 충성을 요구하는 대신
   문제를 풀어 낼 재능을 가진 사람을 등용한다.
   재능을 가진 자가 그 재능을 십분 활용할 수 있도록
   지원하고 격려하는 리더가 좋은 리더이다.

4. 리더는 자신과 싸워 이긴다.

리더는 감정에 좌우되지 않는다.

원수와도 웃으며 악수를 나눌 수 있어야 한다.

자기 통제에 능해야 한다.

5. 리더는 세상의 모든 지혜를 빌린다.

리더는 자신의 머리와 지혜만 믿어서는 안된다.

자신의 좁은 한계를 벗어나 열린 마음으로

자신을 확장할 수 있어야 한다.

6. 리더는 암흑 속에서도 길을 잃지 않는다.

리더는 앞이 보이지 않는 불확실한 상황 속에서

길을 제시하는 능력을 가지고 있어야 한다.

길을 개척하는 사람, 그 사람이 바로 리더다.

7. 리더는 마지막까지 책임을 진다.

리더가 되는 길은 점점 더 고독해 지는 길이다.

오랜 과정에서 동지도 얻고,

믿을 수 있는 부하와 추종자도 얻지만,

리더의 책임은 본질적으로 고독한 것이다.

"3류 리더는 자기의 능력을 이용하고,

2류 리더는 타인의 능력을 이용하고,

1류 리더는 타인의 지혜를 이용한다."

　교장은 교장대로, 교감이나 부장은 그들대로, 담임은 담임대로 이러한 리더십을 갖춘다면, 아마 이 세상은 유토피아가 건설 되었겠지. 작년에 담임을 하면서 나는 어떤 리더였나 돌아보니 부끄러워진다. 난 여전히 탈주와 해체를 꿈꾸는 아나키스트다.

　교장, 교감을 꿈꾸는 이 땅의 선생님들이 김지하가 쓴 〈말씀〉의 장일순 선생님처럼 장바닥 뒷골목 시궁창을 그려 설레며 바람 따라 흐르기를 기원한다. 사람이 바뀔 때 조직이 바뀐다. 아니 사람 하나가 하나의 조직이다. 우주는 작은 우주이면서 서로 연결된 하나의 우주이니까.

2부

'무지한 스승 – 되기'

– <쿵푸 팬더3>을 통해서 바라본 스승론

1. 선생, 교사, 스승 그리고 '무지한 스승'

2007년, 나는 1년 동안 학교를 휴직하고 전교조 신문인 '교육희망' 기자로 활동했다. 다양한 교육 현장을 누비면서 취재하고 글을 썼다. 그 가운데 잊지 못할 추억 중의 하나는 성공회대에서 신영복 선생님의 교사론 강의 취재였다. 취재의 계기는 잘 생각나지 않지만, 교사에 대한 선생님의 강의 내용만큼은 지금도 생생하다.

선생님의 말씀은 강의로, 책으로, 글씨로 변화해서 많은 사람들을 움직였고 지금도 그러하다. 선생님이 말씀하신 교사의 삶은 일반적인 교사를 넘어서는 존재다. 깊은 인격을 바탕으로 삶의 모범이 되는 그야말로 맑은 거울과 같은 존재다. 그의 교사론과 '무지한 스승'은 어떻게 같고 다를까. 교사에 대한 인식의 기초 확립을 위해, 2007년에 취재한 내용을 바탕으로 신영복 선생님의 교사론을 살펴보고자 한다.

현재 세상에는 무수히 많은 선생이 있다. 아니 선생님이 계시다. 한

때 스승님이셨던 존재들이 선생님을 거쳐 선생으로 내려앉았다. 선생은 어느새 상대를 지칭하는 보통명사가 되었고 그 언저리 어디에 교사(教師)라는 직업이 존재한다.

스승님과 선생(님)과 교사는 어떻게 다른가?

교사는 가르치는 삶을 업으로 사는 사람이라는 해석부터 지식을 전수하고 가르치는 사람, 스승은 지식이 아니라 지혜를 가져다주며 머리가 아닌 삶으로 깨달음을 주는 사람이라는 보편적인 해석도 있다. 최근에는 랑시에르의 〈무지한 스승〉을 통해서 스승에 대한 인식도 새로워지는 중이다. 교사, 선생, 스승 모두 학생이나 배움의 주체와 관계를 맺는다는 점에서 같다. 어떤 제도와 현실 속에서 어떤 모습을 보이며 어떤 역할을 하느냐에 따라서 그 셋을 가르기도 한다.

우선 신영복 선생님의 존칭에 나는 '선생님'이라는 호칭을 썼다. 그분을 우리 시대의 높은 '스승'으로 모시는 제자들도 많다. 그렇다고 그분을 '교사'라고 부르지는 않는다. 이 세 언어는 상황에 따라서 달리 불려지기도 한다. 그 의미도 분명히 조금은 다르다.

학교냐, 인생이냐 등등에 따라 구별되어 쓰이는 용어들이기는 하지만 여기서는 가르치는 존재로서의 교사, 선생, 스승을 구별하지 않고 사용하기로 하자. 단, 앞서 말한 랑시에르의 무지한 스승은 '스승'보다는 '무지' 쪽에 방점이 찍혀 있으므로 달리 해석을 덧붙이고자 한다. 이 글은 그 '무지한 스승'을 지향하는 기나긴 여정이기도 하기 때문이다.

신영복 선생님이 펼친 스승론의 첫 머리는 '스승은 당대의 사람, 당대의 스승이 아니라 후대에 만들어진다'는 점이다. 선생님의 말씀을 통해 살펴보자.

　스승이란 흔히 선생(先生)이란 뜻으로 이해하여 먼저 태어나 경험이 많은 사람을 뜻하기도 합니다 그러나 한유(韓愈)는 그의 『사설(師說)』에서 나이나 신분의 귀천을 묻지 않고 도(道)가 있는 곳에 사(師)가 있다고 했습니다. 그러기에 성인(聖人)에게는 "정해진 스승이 없으며(無常師)" 스승을 특정한 사람으로 규정하기보다는 전도(傳道), 수업(受業), 해혹(解惑) 즉 도(道)를 가르치고, 실천적 모범을 보여주고, 의혹을 풀어주는 사람은 누구나 스승이라고 하고 있습니다. 여기서 우리는 당연히 '도(道)가 무엇인가'라는 질문을 합니다. 도(道)가 있는 곳이 스승이 있는 곳이며, 도를 가르치는 것이 스승의 역할이기 때문입니다. "스승은 없다"는 선언은 바로 도가 사라졌다는 의미로 읽을 수 있습니다.

　도(道)란 무엇인가? 도란 글자 그대로 '길'입니다. 길을 가리키는 것이 사(師)이고 스승입니다. 가르치는 것이 아니라 '가리키는' 것이 스승의 도리입니다. 그러나 스승이 길을 가리키는 사람이란 뜻으로 이해할 경우 어느 누구도 '길'을 묻는 사람이 없습니다. 모든 사람들이 다투어 그 곳으로 달려가려는 목표가 이미 있기 때문입니다. 묻는 것은 다만 그 곳으로 가는 방법에 관한 것일 뿐입니다. 그런 점에서 스승은 없습니다. 화폐가치가 유일한 패권적 권력으로 군림하고 있는 사회에서 〈더 이상의 길〉은 없습니다. 이것이 오늘의 현실입니다.

　그러나 연암(燕巖)은 〈있는 것〉과 〈있어야 할 것〉의 거리를 들어 보이며 그곳에 이르는 길을 보여주는 인격적 모범이 바로 스승이라고 하였습니다. 모든 사람이 달려가고 있는 길이 아니라 우리가 〈가야할 길〉, 그것이 진정한 도가 아닐까라는 반성입니다. 그런 점에서 스승은 반드시 있어야 할 존재이며 그럴수록 더욱 절실하게 요청되는 존재가 아닐 수 없을 것입니다.

그럼에도 불구하고 연암의 지적처럼 스승이 인격적 모범이라는 사실 때문에 스승의 실존은 더욱 어려울 수밖에 없습니다. 왜냐하면 어느 시대에도 당대 사회에서 스승은 없었기 때문입니다. 다산(茶山)과 연암이 그 시대를 읽는 오늘날의 우리들에게는 한 줄기 자부심으로 다가오는 스승들임에 틀림없지만 당대에 그들은 스승이 아니었습니다. 마르크스도 당대에는 없었던 사람이라 해야 합니다. 당대 최고의 석학이었던 J.S.밀(John Stuart Mill) 역시 마르크스를 몰랐을 정도였습니다. 이것은 가까운 것의 가치를 저평가하는 사람들의 무심함이기도 하고, 죽은 호랑이의 가죽을 칭찬하는 세태의 야박함이기도 하지만 그것의 근본적인 이유는, 스승은 〈오늘로부터의 독립〉이라는 스승 본연의 속성과도 무관하지 않다고 생각합니다. 〈길〉 그 자체에 대한 반성이나 고민이 원천적으로 소멸되고 오로지 화폐권력을 향한 사활적인 경쟁만이 유일한 선택이 되어 있는 오늘의 현실에서 길을 가리키는 스승이 있을 수 없음은 다시 말할 필요가 없을 것입니다.

당신의 삶이 그러하셨듯이 스승은 스스로 길을 내고 길이 되는 존재다. 단순히 지식을 전수하는 존재가 아니다. 말로써 설명하기보다 삶으로 보여주는 존재, 전인격적 존재로서의 삶을 실현하는 이가 스승이다.

여기서 주목하고자 하는 말은 '당대 사회에 존재하지 않는다'는 말이다. 신영복 선생님 당신은 정작 당대의 사람들에게 많은 울림을 주고 가셨지만, 진정한 스승은 당대보다 후대(미래)에 더 높이 추앙받는다는 말인지도 모르겠다. 과연, 스승의 삶이 당대에 얼마나 많은 울림으로 세상에 널리 알려지겠는가. (인터넷이 없던 시대에는 스승의 존재가 현실화하기까지 수십, 수백 년이 걸렸을지 모르나 지금은 다른 점도 있다. 미-래가 급격히 현재로 다가오는, 비동시성의 동시성이 실현되는 이 시대에 당대라는 말 자체가 이미 무의미한 개념으로 변해가고 있으니까.)

그 뒤로 이어지는 선생님의 말씀은 여러 저서를 통해서 자세히 알려진 바 있다.

'상품과 경쟁에 포획된 자본주의에 갇힌 오늘의 세계로부터 독립하라, 성찰(省察)은 최고의 인식으로 어린아이의 눈(省=少+目)으로 세상을 보라, 자기 주체보다는 타자와의 관계가 삶의 요체다, 인생의 가장 먼 여행은 머리에서 가슴을 거쳐 발에 이르는 여정이다.' 등등 이미 십여 년 전에 가슴을 찌르는 말들로 후학들을 부끄럽게 하셨다. 평소 강조하신 '냉철한 이성과 따뜻한 가슴 그리고 지금 여기, 변방으로부터의 실천'. 이 말씀들만으로도 선생님의 삶은 많은 사람들로부터 추앙받는다.

오늘 날, 학교나 학교 밖에서 가르치는 업, 이른 바 교직(敎職)에 종사하는 사람들 가운데 신영복 선생님의 이 말에 당당하게 '나는 그러한 사람이다'라고 나설 사람이 얼마나 될까. 세상 곳곳에는 소리 없이 아이들을 사랑하며 이성과 가슴과 실천의 삶을 사는 분들이 없지는 않겠지만, 대한민국 대다수의 교사들은 자신 있게 나서기 어렵다. 아니 힘들다. 상품과 경쟁에 포획된 자본의 논리와 체계가 워낙 공고하고 강력한 까닭에 진정한 스승의 길을 몸으로 보여주는 삶을 살아가기가 거의 불가능에 가까운 현실이다. 그런 마당에 '무지한 스승'이라니. 랑시에르는 왜, 무지한 스승을 통해 기존의 교사와 선생과 스승과 다른 새로운 교사상을 제시했을까. 이제는 제법 알려진, 그러나 아직은 쉽지 않는 〈무지한 스승〉의 세계로 밟을 옮겨 보자.

2. <무지한 스승>과 <그을린 예술>

결론부터 말하자. 무지한 스승의 결론에 따르면 스승은 없다. 아니, 존재하지 않는 것이 아니라 필요하지 않다. 왜? '모두가 모두의 스승인 세계'가 무지한 스승의 세계이므로 굳이 누구를 일컬어 스승이라 부를 이유가 없기 때문이다.

'무지한 스승'을 공부하게 하는 몇 가지 텍스트가 있다.

랑시에르의 <무지한 스승(궁리)>, 이 <무지한 스승>이 어려워 독자들에게 무지한 스승의 이해를 도와주려 주형일 교수가 쓴 <랑시에르의 무지한 스승 읽기(세창미디어)>, 그리고 시인 나희덕의 고민 속에 나온 '대화적 스승과 무지한 스승'이다. 이 글은 <교사 인문학(세종서적)>에 실려있다. 같이 읽어보기를 권한다.

여기서는 랑시에르의 책과 주형일 교수의 해설을 중심으로 정리를 하고 이 개념들이 어떻게 우리 현실에서 존재 가능한가를 탐구해보기로 한다.

랑시에르는 프랑스 식민지였던 알제리의 수도 알제에서 태어나 1945년 파리에 정착했다. 마르크스와 사르트르의 사상적 영향을 받았고 마르크스에 대한 해석 글에서 큰 반향을 불러일으켰다.

고등사범 시험에 합격한 랑시에르는 1년 동안 고등학교에서 철학 교사로 일한 경험을 통해서 앎과 실천과 보편적 해방에 대한 인식들이 싹텄다. 68혁명을 거치면서 노동자들의 실천적 삶에 매료되고 연구 활동을 본격화하며 인간경이 그리했도, 마르크스와는 다른 노동자관과 정치관을 형성했다.

인간은 하늘이다. 동학 사상에서 제시한 이 사상과 유사하게 '모든 사람은 평등하다'는 말이 랑시에르가 제시한 〈무지한 스승〉의 제1 전제다. 그가 보기에 모든 인간은 지적으로 평등하다. 중생이 개유불성, 즉 모든 생명체는 부처님이 될 불성을 지녔다는 말처럼 들린다.

우리는 이 말을 맞다고 인정하면서도 현실적으로 거부한다. 관념적이고 이상적으로 만인의 평등을 이해하고 부르짖지만, 실상 각자의 마음 속에서는 타인에 대한 차별상이 있다. 저 사람은 사장, 여긴 노동자. 권력의 정점에 있는 대통령이나 농촌의 농부가 다 인간적으로 평등하고 차별받지 말아야 한다고 여기면서도 실제적으로는 그 차이와 차별을 인정한다.

학교에서도 성적이 우수한 아이와 성적이 낮은 아이 모두 다 공부를 열심히 하면 누구나 공부를 잘 할 수 있다고 하면서도 막상 마음 속으로는 둘은 같지 않다고 단정하는 마음과 같다. 과연 그럴까? 성적을 산출하는 지표를 바꾸어버리면 같은 결과가 나올까? 아마 달라지겠지. 뇌과학과 인지과학 등 다양한 과학 성과를 들이대도 마찬가지다. 인간의 삶, 인간의 지능이란 누가 어떤 관찰 체계를 갖느냐에 따른 분별상일 뿐이다.

한글조차 모르는 분들을 가르치는 시인의 경험이나 노동자들의 삶과 글을 끝없이 읽고 고민했던 랑시에르가 말하는 바는 하나다. 모든 인간은 지적으로 평등하다. 그런 인식을 갖기는 쉽지 않다. 지금 내 앞에 분명히 지적으로 차이가 나 보이는 두 사람이 지적으로 평등하다고. 한 학생은 전교 1등이고 다른 친구는 꼴찌인데도?

앞서 시푸가 말한 (존재) '가능성'과 마사 누스바움의 '역량'을 다시 상기하자. 모든 인간은 지금 눈앞의 스펙의 역량이 아닌 가능성의 역량, 역능을 모두 지니고 있다. 나는 지난 해 말 처가에 갔다가 노인대학을 다니는 장모님의 글을 읽고 그 말을 더욱 실감했고, 지적 해방과 평등의 세계에 대해 고개를 숙였다.

노인대학 소식지에 실린 장모님의 글은 너무 평범하다. 하지만 삶은 누구보다 진실하고 뜨겁다. 모든 인간은 지적으로 평등하다는 간명한 진리를 위해 긴 글을 주저리주저리 늘어놓는 나보다는 적어도 몇 배는 따뜻하고 깊다.

그 소식지에서 인터넷에 떠도는 한 이야기를 접했다. 어머니의 무식함에 대한 자식의 편견이 무너지는 이야기다. 결국 인간의 지식이란 삶 앞에서 무능하다. 이 한 편의 글에서 인간의 보편적 무지와 무지의 평등 나아가 지적 평등의 가능성을 깨닫는다.

한쪽 눈이 없는 어머니를 부끄러워하는 한 아들이 있었다. 어머니는 시장에서 장사를 하면서 생계를 꾸렸는데 아들은 그런 어머니를 싫어했다. 어느 날 운동회 때 학교에 오신 어머니를 보고 친구들이 '한쪽 눈이 없는 병신'이라 놀리자 아들은 차라리 어머니가 세상에서 없어지기를 바랬다.

엄마한테 눈이 없는 이유를 물었으나 대답 없는 어머니. 그런 어머니가 싫어서 아들은 악착같이 공부를 해 서울내에 합격하고 결혼해서 자식을 낳고 남부럽지 않게 살았다. 물론 어머니를 찾을 생각은 하지 않은 채.

어느 날 엄마가 집으로 찾아오자 부인과 딸에게 모르는 사람이라고 거짓말을 한다. 그는 나중에 고향에 일이 있어 내려갔다가 어머니를 만나러 가서 편지를 받는다.

"사랑하는 내 아들 보아라. 엄마는 이제 살만큼 산 것 같구나. 그리고 이제는 다시 서울에 가지 않을게. 그러니 네가 가끔씩 찾아와주면 안 되겠니?

엄마는 네가 너무 보고 싶구나.

엄마는 동창회 때문에 니가 올지도 모른다는 소리를 듣고 너무 기뻤단다. 하지만 학교에는 찾아가지 않기로 했어. 너를 생각해서. 그리고 한쪽 눈이 없어서 정말로 너에겐 미안한 마음 뿐이다. 어렸을 때 네가 교통사고가 나서 한 쪽 눈을 잃었단다. 나는 널 그냥 볼 수가 없었어. 그래서 내 눈을 주었단다.

그 눈으로 엄마대신 세상을 하나 더 … 봐주는 거가 너무 기특했단다. 난 너를 한 번도 미워한 적이 없단다. '니가 가끔씩 짜증냈던 건 날 사랑해서 그런기라'라고 엄마는 생각했단다. 아들아, 내 아들아, 어미가 먼저 갔다고 울면 안 된다. 사랑하는 내 아들아."

이 편지를 본 아들의 마음이 어떨지는 다 짐작하리라 생각한다.

우리가 가진 지식과 눈은 누구로부터 물려받았나? 그 눈으로 세상을 보면서 정작 그 눈을 물려준 타인에 대해서는 무지하고 불평하고 원망하는 삶을 살지 않았나. 여기서 어머니는 과연 아들보다 무지한가? 아들은 서울대를 나왔으니 지적으로 우월하고 어머니는 시장에서 채소 장사를 하니 무식하다고 말할 수 있는가? 이 둘은 평등한가, 불평등한가?

랑시에르는 이 둘 사이엔 어떤 불평등의 위계도 없다는 평등을 주장한 것은 아닐까

〈쿵푸 팬더3〉는 공부를 열심히 해서 자기 나름의 성취를 훌륭하게 이루었지만, 남에게 자기가 공부한 내용을 가르쳐야 하는 아포리아(답 없는 질문)에 빠진 팬더의 이야기를 다룬다. 1편에서는 자기 자신의 열망을 담아 공부를 열심히 해서 뜻하는 바를 이루었지만, 이제는 나의 공부가 아닌 남의 공부를 책임져야 하는 상황에 직면한다.

이 글에서는 팬더의 모습을 임용고시에 합격해서 교직에 첫 발을 디딘 교사의 삶으로 치환한다. 나름 학교에서 열심히 공부하는 우수한

학생으로 성장해왔고 임용고사 성적도 좋아 교단에 섰지만 정작 학교에서는 다시 인생의 새내기로 살아야하는 교사들의 삶이 마치 가르치는 일을 하기 시작한 팬더의 처지와 비슷하기 때문이다. 실은 이 고민은 비단 초임 교사들에게만 해당하는 것은 아니다. 1정 연수를 받아야하는 교직 5년차, 교단에 대한 회의로 떠날지 여부를 한 번은 고민하게 된다는 교직 십년차 혹은 정년을 앞둔 교직 삼십년차 교사에 이르기까지 해마다 새롭게 만나는 학생을 어떻게 가르쳐야 하는가에 대한 고민은 변하지 않기 때문이다.

그렇다. 세상은 변한다. 나도 아이들도 변한다. 세상은 이미 알파고 이후 4차 산업혁명에 대한 담론이 춤추기 시작하고 학교도 그 변화의 소용돌이 속에서 방향을 잃고 표류한다. 그 와중에 교육 정책의 변화는 혼란스럽기 그지없고 학부모들과 학생들도 어제의 그들이 아니다. 그렇다면 나는 어떻게 변화해야 하는가? 과연 지적 평등을 믿고 실천하는 존재가 될까?

지적 평등은 가능한가? 이는 가능의 문제가 아니라 당위의 문제다. 만인은 이미 평등하다.

현재가 불평등해 보이는 이유는 '불평등의 잣대로 세상을 보기 때문이다. 그럼 불평등은 존재하지 않는가?

불평등을 조장하는 이들이 불평등을 재생산하려는 기획과 음모로 현실을 불평등하게 만들고 있다. 그 허구를 파헤치고 모든 존재의 평등성을 깨달아 보편적 가르침을 실현하는 일이 바로 해방이다.

어느 해인가 '토론의 전사' 연수에서 '문학과 토론'을 공부할 때, 심보선 시인을 초청한 적이 있다. 비슷한 맥락의 이야기를 들었다. 그가 쓴 〈그을린 예술〉(심보선 저)에 한충자 할머니 이야기가 있다. 한충자 할머니는 농부였고, 문맹이었다. 일흔이 넘어 복지관에서 한글을 배우려고 했는데 문맹반이 폐지되어, 한글을 배우기 위해 시 창작 수업반에 들어갔다. 할머니는 시 쓰는 즐거움에 빠지게 되었고, 어느 날 남편에게 시를 보여주며 시집을 내고 싶다고 말했다. 남편은 처음에는 "당신이 쓴 거 아니지?"하는 반응이었다. 그러나 할머니의 시를 다 보시고는 시집으로 출간하자고 했다.

무식한 시인

한충자

시는 아무나 짓는 게 아니야
배운 사람이 시를 써 읊는 거지
가이 걔 뒷다리도 모르는 게
백지장 하나
연필 하나 들고
나서는 게 가소롭다
꽃밭에서도 벌과 나비가
모두 다 꿀을 따지 못하는 것과 같구나.
벌들은 꿀을 한 보따리 따도
나비는 꿀도 따지 못하고
꽃에 입만 맞추고 허하게 날아갈 뿐
청룡도 바다에서 하늘을 오르지
메마른 모래밭에선 오를 수 없듯
배우지 못한 게 죄구나
아무리 따라가려 해도

아무리 열심히 써도
나중엔
배운 사람만 못한
시, 시를 쓴단다.

*'뒷다리' : 한글 받침

  한충자 할머니의 '무식한 시인'은 충격적이었다. 모순형용이었다.
시의 내용은 '배운 사람이 잘 쓴다. 아무나 짓는 게 아니다.' '나는 무식
하다. 시를 못 쓴다.' 라고 말하고 있지만, 할머니의 그 말 자체가 시였
다. 누구나 시인이 될 수 있다. 시를 쓰는 데는 자격이 필요 없다. 할
머니는 밤새 시를 쓰셨다. 시를 쓰면, 변화가 일어난다. 첫째, 자유로
워진다. 둘째, 일상생활에 지장이 온다. 할머니는 농사일을 안 하게 되
고, 노을만 바라보고 딴 생각을 하게 되었다. 생활에 전도가 일어났다.
농사가 딴 생각이 되고, 시가 본 생각이 된 것이다.
  '예술하기가 어떤 삶을 만들어내는가?' '예술이 노예로 사는 삶에 어
떻게 영향을 끼치는가?'에 대해 사회학자로서 연구한다. 예술은 주인
이 되는 삶을 만든다. 〈그을린 예술〉은 문단 외의 다른 분야의 예술가
들에게 많이 읽히고 있다. 예술을 삶 속에 가져오는 이야기이다. 문학
의 향유자들은 주로 여성들이다. 여성들은 함께 향유한다. 남자들은
홀로 향유하거나, 또는 잘 나타나지 않는다. 남자가 회사에서 시를 읽
는다면 바람났냐고 누군가는 물을 것이다. 예술은 삶에 대해서 집단
적인 불륜, 바람피기이다.
  엄기호 선생님은 수용소와 학교는 비슷하다고 했다. 학교 뿐만 아

니라 온 세상이 다 수용소고 삶들은 다 수용소화된 삶이다. 그런 삶 속에서 조금 더 함께, 잘, 자유롭게, 가까스로 인간적인, 겨우겨우 그러한 삶을 만들어 내는 공간이 나에게는 시이다. 그러한 공동체, 장소, 활동을 만들어 내고, 각박한 삶 속에서 인간적인 영역을 만들어내는 것이, 그것이 '그을린 예술'이다.

'그을린 예술'은 심보선 시인의 예술론이다. 심보선 시인이야말로 무지한 스승이며 그의 글 속에 나오는 한충자 할머니 또한 다르지 않다. 그런 의미에서 모든 사람은 시인이고 예술가다. 예술 앞에서 인간은 누구나 지적인 평등과 해방의 자유를 누릴 권리가 있다.

참고로 랑시에르가 무지한 스승에서 소개한 자코토는 '보편적 가르침'이라 명명한 급진적 교육법의 창시자였고 그 '보편적 가르침'의 원리는 세 가지이다.

"모든 사람은 동등한 지적 능력을 갖고 있다", "누구나 자신이 알지 못하는 것을 가르칠 수 있다", "모든 것은 모든 것 안에 있다".

모든 사람은 누구나 지적으로 평등하다는 말은 앞서 자세히 말한 바 있다. 그렇다면 자신이 모르는 걸 어떻게 가르치며 모두는 모두 안에 있다는 말은 어떻게 이해해야 하는가? 그 이야기를 영화 〈쿵푸 팬더〉 3편을 통해 풀어보고자 한다. 그 세계로 가보자.

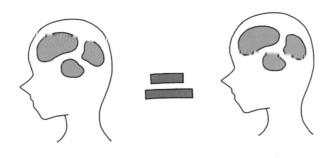

만인은 지적으로 평등하다

3. <무지한 스승>과 <쿵푸 팬더3>

무지한 스승에게 가르침은 모험이었다. 마치 <무지한 스승>에 나오는 텔레마코스의 모험처럼 '자기도 모르는 것을 가르쳐야 하는 혼돈'에서 출발한다.

제나라 환공이 대청마루에 앉아 경서를 읽고 있다. 그 아래 마당에서 수레바퀴 만드는 윤편이 바퀴를 만들고 있다. 편이 환공에게 말했다.

"지금 읽고 계신 책이 무슨 책입니까?"

공이 말했다.

"전문가요 권위자의 말씀이다."

편이 물었다.

"그분들은 살아계시나요?"

공이 답했다.

"세상을 뜬지 오래 되었지."

편이 말했다.

"그렇다면 주인님은 현인들이 남긴 먼지를 읽고 계시는 군요."

그러자 공이 말했다.

"한낱 수레공에 불과한 네가 감히 무엇을 안다고 나서느냐? 만일 적절히 설명 못하면 목숨을 부지 못하리라."

수레공이 말했다.

"저의 관점에서 그 문제를 볼라치면, 제가 바퀴를 만들 때 너무 헐겁게 만들면 떨어져 나가고 너무 단단하면 아귀가 맞지 않습니다. 헐겁지도 단단하지도 않아야 제대로 되는 것입니다. 그것이 제가 원하는 것이지요. 그런데 이것을 말로 표현할 수 없어요. 그냥 알 뿐입니다. 아들에게도 만드는 법을 가르쳐 줄 수 없어요. 그래서 일흔이 넘도록 아직 바퀴를 만들고 있습니다."

성인들의 책이 한낱 먼지에 불과하다는 편. 이유는 무엇인가? 이미 죽은 자의 사상이란 무가치하다는 말인가? 독서무용론을 주장하려는 말인가? 그 사람이 몸으로 깨우친 시간의 힘을 고작(!) 몇 시간의 독서로 체화하기란 무리라는 말이다.

"말로 표현할 수 없어요. 그냥 알 뿐입니다. 아들에게도 만드는 법을 가르쳐 줄 수 없어요."

'장인의 경지란 말로 설명할 수 없다'는 말이다. 그걸 가르친다는 일이 가능할까? 그 체험을 어찌 똑같이 재생할 수 있겠는가. 하브루타에서는 '말로 설명할 수 없다면 진정으로 알지 못한다'고 하는데, 사실 '말로 할 수 없어야 진정으로 아는 것'이다. 노자가 말한, '말해지는 진리는 진정한 진리가 아니다(도가도비상도)'나, '아는 자는 말하지 않고 말하는 자는 알지 못한다(지자불언 언자부지)'와 유사한 경지다. 의미는 좀 다르지만 비트겐슈타인의 유명한 명제 '말할 수 없는 것에 대해서는 침묵해야 한다'는 말 역시 비슷한 의미를 던져준다.

영화 〈컨택트〉에서 헵타포드어를 배우면서 '미래를 기억하는 능력'이 생긴 주인공 루이스가 이안 박사에게 말한다. 의식 속에서 미래의 딸이 보이고, 대화까지도 생생히 기억하는 충격적인 경험, 그 '강렬한 체험을 말로 설명할 수 없다'고. 믿어지지도 않는 그 사실을 어떻게 말로 표현하겠는가. 그래서일까. 부처나 예수도 무언가 말할 때는 자주 비유를 사용하거나 심지어 불립문자(不立文字), 언어도단(言語道斷)의 몸짓으로 '말 없는 설법'을 시도했다. 〈컨택트〉에 나오는 외계생명체인, 다리 일곱 달린 헵타포드는 실은 무지한 스승이고 부처님과 다름없다. 그는 현재, 과거, 미래의 삼세(三世)를 다 관통하는 언어와 깨달음을 체화했으며 그런 인식을 가능케하는 헵타포드어를 통해 인간에게 깨달음을 준다.

학생들과 원작 〈네 인생의 이야기〉를 읽고 소크라틱 세미나 방식의 질답 토론을 하는 과정에서 한 학생이 물었다.

"여기서 헵타포드어는 언어인가 깨달음인가?"

순간, 가슴이 찡하는 충격과 감동이 밀려왔다. 소설 속에서 주인공 루이스는 '어의문자'라는 새로운 언어로 헵타포드어를 배워갔지만, 그건 언어라기보다는 일종의 도, 깨달음에 가까웠기 때문이다. 그 언어는 소리가 없다. 아니, 헵타포드는 소리를 못 내는 게 아니라 굳이 소리의 존재가 필요치 않다. 그 소리는 인간의 청각기관으로 해독 불가능한 언어다. 마치 노스님이 '할!' 하고 주장자를 내리치며 외치는 화두처럼 소리에는 의미가 없다. 괴이하고 비언어적이다. 그래서 그들은 소리 없이도 형상을 통해서 소통이 가능하다. 그럼에도 서로 다른 두 언어를 사용하는 헵타포드와 루이스 사이의 공부는 지속되고 마침내 루이스는 헵타포드어를 깨우친다. 헵타포드는 인류의 언어를 모르고, 인류는 헵타포드어를 모르는데. 마치 텔레마코스가 네덜란드어를 모르는 상태에서 불어를 모르는 네덜란드 학생에게 불어를 가르치듯 말이다. 이런 면에서 보면 헵타포드야말로 금세기 최고의 '무지한 스승'이다. 말로 표현할 수 없지만, 격렬한 배움의 깨달음. 그게 '무지한 스승의 가르치지 않는 가르침이고 학생 스스로의 의지로 공부하는 진정한 배움'이다.

영화 〈컨택트〉는 나중에 달리 이야기를 하고 여기서는 영화 〈쿵푸 팬더3〉을 통해서 교육학과, 가르치는 기술에서는 무지했던 쿵푸 고수 팬더가 진정한 스승으로 거듭나는 과정을 통해서 무지한 스승이 어떻게 만들어지는가 살펴보자. 이제 영화 속으로 고고씽!

4. 헤매야 가르친다

영화가 시작되면, 달 위에 느긋하게 앉은 팬더, "경치 좋네."

영화의 초반은 과거, 현재, 미래를 관통하는 혜안을 가진 한 사부 (혹시 헵타포드?)의 수련으로 시작한다.

"평정심. 평정심."

얼굴에 내려앉은 가벼운 꽃잎과 다투기라도 하듯 가볍게 후하고 바람을 내어 꽃잎을 밀어내는 우그웨이 대사부는 줄곧 '평정심'을 되뇐다.

어디선가 날아오는 날카로운 도끼 한 쌍. 그의 평정심을 용납할 수 없다는 듯 저승에서 500년을 기다려온 어둠의 사자 '카이'의 공격이 시작된다. 이 영화에서 카이는 타인의 기를 빼앗아 상대로 하여금 스스로의 존재성을 말살하게 만들고 상대에게서 빼앗은 기운으로 자기 기(氣)를 살려 더 큰 괴물이 되는 존재다. 우리 시대의 아이콘으로 말하자면 물질적 쾌락의 무한 증식에 사로잡힌 자본주의적 욕망이다.

'우리 결투는 이미 500년 전에 끝났는데'라고 대사부는 말하지만, 인간 문명의 탄생부터, 산업혁명을 기점으로 폭발적으로 성장한 근대 산업 자본주의나 현대의 초자본주의에 이르기까지 인간은 자본의 욕망으로부터 자유로워진 적이 없다.

대사부 자신은 이미 자본주의의 욕망적 상징인 카이를 지옥의 감옥에 가두어두었지만 인간의 내면 깊숙한 곳에 자리잡은 자본의 욕망과 자본주의의 체제화는 인간을 자유롭게 내버려둔 적이 없다. 대사부는 말한다.

"언제나 깨달을꼬. 많이 가질수록 적게 남는 것을."

자본주의의 한계에 봉착해 공유경제의 가치를 깨달은 사람이라면 이 말의 의미를 잘 안다. 개인적인 소유와 독점이 가져오는 그 역설적 한계. 하지만 그것이 가능할까? 보통 사람들에게? 소유하고자 하는 욕망이 클수록 마음속 공허함도 크고 결국 자신과 타인을 물질과 자본의 노예로 만든다는 것은 누구나 머리로는 알지만 삶으로 그 욕망을 뛰어넘기는 어렵다. 그것은 보이게, 보이지 않게, 느리게, 빠르게, 온갖 형용할 수 없는 유연한 괴물의 모습을 하고 우리의 심장과 뇌수에 도끼처럼 박힌다.

카이는 욕망의 블랙홀로 무엇이든지 포획하는 자본주의의 힘을 상징한다. 뭐든지 강하게 빨아들여 한 몸이 되는. 마치 〈매트릭스〉에 나오는 검은 안경의 스미스 요원처럼 카이는 상대를 잡아 모두를 자기의 손아귀에 넣고 그 기를 활용해 더 큰 상대를 포획한다. 카이한테 잡힌 존재들은 모두 좀비가 되어 자본주의의 자동화 기계처럼 명령에 따라 기계적으로 움직인다.

이 자본주의가 두려워하는 평상심의 마음. 그마저 장악하면 더 이상 두려움 없이 전 지구적 존재가 있는 이승, 이 지구의 모든 삶을 지배할 수 있다.

대사부는 자기 운명을 알고 순응한다. 카이에게 적수가 되지 못하는 자기 스스로의 운명에 순응하다 서서히 옥틀린 죽은 사꾼이 된다.

"널 막는 게 내 운명이 아니라, 널 막을 자를 찾는 게 내 운명이었지."라는 말 한 마디를 남기고.

자기의 죽음을 당연시하면서 진정한 제자를 길러내는 게 삶의 의미였다는 우그웨이. 생사와 시공을 초월한 저 우주 세계에서 한치 앞을 알 수 없는 거대한 전쟁이 벌어지는 동안, 쿵푸의 주인공 팬더가 사는 동네의 주민들은 전혀 그 변화의 기운을 감지하지 못한 채 평온한 나날이 지속된다. 마치 우리 눈앞에 펼쳐지는 저 거대한 변환이 눈에 보이지 않지만 우리의 일상은 무심한 듯 흐르듯이 말이다. 영화 속에서 놀랄 만한 변화가 있다면 바로 양아버지와 이십 년을 살아온 팬더에게 아들을 찾아온 친아버지가 나타나고 둘은 극적인 해후를 한다는 점.

하지만 그에 앞서 팬더에게 중요한 과제가 하나 생겼으니 바로 작은 사부 시푸가 팬더에게 '남을 가르치는 교사' 역할을 해야 한다는 과제를 부여했다는 점이다. 이 과제를 부여받기 전까지만 해도 팬더의 사기는 충천했다.

"정의에 굶주린 우리가 간다. 정의국수, 두부 만두, 매운 맛 양념 국수 주세요."

마치 오랜 시간의 임용 공부를 마치고 막 현장에 온 교사만큼 신나고 들뜬 모습이다.

첫 교단에 서는 교사처럼 흥분한 모습으로, '극적인 등장이 효과적인 거 모르냐!' 하면서 문을 박차고 들어가려는 순간, 작은 사부가 등장한다.

"힘으로 누르기 전에 상대의 '마음'을 다스리는 것, 이것이 극적인 등상이다"

라고 외치면서 시푸가 등장한다. 이어지는 궁수들의 멋진 불꽃 화살. 오늘은 '용의 전사(신규 임용)가 다른 존재들에게 공부를 가르치는' 날이다.

'설마 제게 무슨 능력이 있겠어요'라며 당황하는 팬더에게 작은 사부는 '제 아무리 공력이 높은 고수라도 배울 게 있는 법'이라며 한 마디를 건네고는, 마지막으로 한 수 가르쳐주고 떠나겠다고 슬쩍 운을 떼우더니 '삼십육계(三十六計)'를 가르치며 극적으로 퇴장한다.

그 동안 가르치기는 꿈도 못 꾸고 배움의 길만 걸어오던 팬더에게 뜻하지 않은 '제자'가 생긴 셈이다. 스승의 명령이라 거부하기 힘든 팬더. 자기에게 배움을 청하는 타이그리스를 포함한 5인방에게 '말뚝기술, 토네이도 공중제비'를 시키고 다양한 기술시도를 요구하지만 모두들 진도와 수준에 맞지 않는 공부에 좌충우돌 나가떨어진다. 선무당이 사람 잡는다고 초보 교사의 어지러운 시도에 학생들은 상처만 더한 채 골병든 모습으로 다가온다.

이미 교직 삼십년에 가까운 교사로 살아온 나를 비롯하여 현실적응과 처세에 닳고 닳은 경력 교사들에게는 이 공포가 얼마나 커다란지 크게 공감이 되지 않을지 모른다. 내가 가입한 이러저러한 카톡방 중에는 1318명의 국어교사들이 모여 서로 고민을 나누는 국어교사수업나눔방도 있고, 별도로 신규교사들의 애환을 나누며 고민을 상담하면 중견교사들이 멘토 역할을 해주는 신규교사 방도 있다. 그 안에 올라오는 사연들은 상상을 초월한다. 수업 중에 잘 모르는 내용은 물론이고 학교운영에 따른 각종 행사, 교육과정, 학생과의 충돌 등 학교에서 벌어지는 온갖 사건들을 어떻게 처리할지 몰라서 도움을 청하는 목소리가 끊이지 않는다. 물론 이는 비단 신규교사들만의 고민은 아니다. 퇴직을 앞두고 젊은 교사들과의 무한 경쟁 속에서 나날이 밀리면서 교직에 회의를 느끼는 중견교사들도 마찬가지다. 점점 커지는 세대차이로 인해 갈수록 어려워지는 학생들과의 교감(交感)은 물론이고 수업의 기술과 방법도 뒤처진다는 위기감에서 자유롭지 못하다. 컴퓨터 기술의 미흡함으로 업무에서까지 위기의식을 느껴야하는 교사들은 담임도, 업무도 쉽지 않은데다가 수업 부담 때문에 학교에서 버텨야할 날들이 얼마 남지 않았다는 자괴감에 빠진다. 세간에 떠도는 유행어를 빌리자면 '내가 이렇게 살려고 교사했나 하는 자괴감'이 갈수록 커진다. 두려움에 떨기로는 신규교사들보다도 더하면 더했지 못하지는 않다.

팬더는 그래도 교사라고, 교원평가를 받는 기분으로 혹시나 자기가 가르친 내용이 도움이 되었을까 싶어 제자들에게 묻는다.

"배운 거 하나라도 있어?"

돌아오는 답은 뻔하다. 알지.

"넌 못 가르친다는 것!"

교사라면 이보다 더 괴로울 수 없다. 영화 속에서 이 사실을 전해들은 아이들이 '완전 찌질이야, 사부님 실수지'라고 말한다. 현실 속 아이들이라면 '그 선생 완전 찌질이야, 그래 교육부 탓이지' 하면서 교사의 능력과 임용을 허락한 교육부를 탓한다.

팬더는 우그웨이 대사부 동상 앞에서 작은 사부 시푸를 만난다.

"첫 수업 소감은?"

"망신살이 뻗쳤죠. 모두에게 소문 났잖아요. 이제 그만 둘 거에요."

"가르치기, 망신당하기?"

"둘 다요. 어딜 봐서 제게 그런 능력이 있겠어요."

"난 그럴 줄 알았어."

(눈을 동그랗게 뜨며) "그런데도 시키셨어요?"

"니가 잘 하는 것만 하면 어찌 니 자신을 뛰어넘을 수 있겠느냐!"

"뛰어넘을 생각 없어요. 전 만족하거든요."

"넌 니가 누군지 아직 모른다."

"제가요? 그걸 왜 몰라요? 저는 용의 전사잖아요."

"그게 무슨 의미인지 아느냐, 용의 전사가?"

"그게 돌아다니면서 주먹쓰고 발차고 계곡 지키고."

"주먹 쓰고 발로 차고. 너는 그게 진정 우그웨이 대사부님의 뜻이라고 생각하느냐? 500년의 예언이 이제야 이루어졌는데. 니가 해야 할 임무가 주먹쓰고 발 차고 뛰어다니면서 하이파이브 하는 거라고?"

"예"

"아니! 대사부님은 '잠재력'을 보셨다. 내 판단과 달랐지만 네가 모르는 위대함이 네게는 있어. 가공할만한 힘이 너를 기다린다. 니 힘은 니가 상상하는 것 그 이상이야."

이 잠재력이야말로 경쟁사회에서 길러진 스펙이 아닌 진정한 의미의 가능성이다. 우리말로는 깜냥이라고 한다. 객관화된 수치로 말하기 힘들지만, 어떤 일을 해내는 능력, 스피노자가 말하는 역능, 마사 누스바움이 말하는 역량(capability)이 바로 팬더가 지닌 잠재력이고 에너지다.

대사부 우그웨이와 같은 스승들은 눈앞의 힘과 성과에 집착하지 않았다. 그는 헵타포드처럼 미래를 기억하고 바라보는 혜안이 있기에, 눈 앞에 존재하는 무엇보다조 존재하지 않는 가능성, 아니 존재와 부재의 벽을 뛰어넘은 가능성으로서의 존재를 보는 힘을 가졌다.

20세기 물리학자들에 의하면 양자역학 세계에서는 인간이나 사물이 존재하지 않는다. 굳이 존재라는 말을 쓴다면 '가능성으로 존재'한다고 말한다. 세상의 모든 존재들은 고정된 실체라기보다는 변화와 운동 가능한 존재라는 뜻이다.

(그러면서 기를 모아 시든 꽃에 생기를 넣어주는 시푸)

"어떻게 하신 거에요."

"이건 기(氣)란다"

"기가 뭐에요?"

"생명이 있는 것들은 모두 에너지를 갖고 있단다."

"만약에 사부님이 가르쳐주시면 저도 저런 걸 할 수 있어요?"

"아니 니가 오히려 가르쳐주어야 내가 저런 걸 할 수 있지. 기를 다스리는 건 바로 자기를 다스리는 거야."

"대사부님은 동굴에서 30년을 수련하시면서 한 가지만 생각하셨다.

나는 누군가, 나는 누구인가."

"그럼 삼십년 동안 동굴에서 살아야하나요?"

"그 전에 먼저 통달할 것이 있다. 바로 가르치기."

"가르치기?"

"제가 어떻게 사부님처럼 돼요?"

"나는 너를 나로 만들려는 것이 아니야. 나는 너를 너로 만들려는 거야."

"나를 나로 만들어? 그게 무슨 말이에요. 있잖아요 사부님, 좀 더 헤매시면 대사부님처럼 되겠어요."

자신을 알면 기를 깨우친다. 가르치기를 배워야 한다. 너를 나처럼 만들려는 것이 아니라 너 자신으로 다시 태어나게 돕고자 한다. 말은 쉽지만 깨닫기는 어려운 말이다. 인류의 성인들, 당대의 철학자들이나 예술가들이 하나 같이 하는 말이다. 남으로 살지 말고 자기 자신으로 살아라!

이는 신규교사가 교사로서의 바른 정체성(자신 알기)을 확립하고, 다양한 교수법과 소통능력을 키우며(가르치기), 학생을 자신이 생각하는 대로 이끌지 않고 학생 본연의 삶을 깨닫게 하는 과정(너를 너로 만들기)을 거칠 때, 진정한 스승이 됨을 의미한다.

교사가 자신의 욕망과 지식이 마치 진리인 양 학생에게 주입하는 교육. 사회 생활에 꼭 필요하고 성공과 출세를 위해서는 알아야 하고 배워야 한다는 당위와 강압 속에서 지식을 강요하는 순간 그는 이미 스승도 교사도 아니다. 자기 자신이 누구인지, 왜 가르쳐야 하는지 모르는 그저 '교육-기계'에 불과하기 때문이다. 영화 〈쿵푸 팬더3〉 속에서 나타난 악당 카이, 혹은 〈매트릭스〉의 복제되고 세뇌된 스미스 요원들처럼.

그들은 하나같이 '동일성'의 교육을 강요한다. 상대의 가슴에 손을 찌르고 몸과 영혼을 탈취하여 자기와 '동일한 인간'으로 만든다. 자본주의가 필요로 하는 노동-기계, 혹은 무자각적, 비자발적 노예를 만들어낸다.

팬더의 작은 사부 시푸는 팬더에게 동일성을 가르치지 않았다. 오히려 남들과 다른 '너 자신', 바로 '차이'를 가르치려 했다. 차이야말로 '고유성'이고 '다양성'이며 '잉여성'이고 '독립성'이다.

작은 사부의 말에 이죽거리는 팬더. '기(氣)이며 가르치기는 뭐고 너답게' 등의 말들이 귀신 씨나락 까먹는 소리 같아서 작은 사부도 조만간 대사부 되겠다고 놀린다,

"사부님, 좀 더 헤매시면 대사부님처럼 되겠어요."

헤매는 자신의 모습을 못 보고 감히 사부가 '헤맨다'고 놀린다. 그렇다. 진정한 공부, 자기의 고유성을 찾아가는 공부는 바로 '헤맴'에 있다. 헤매야 흐른다. 고이지 않고, 썩지 않고, 홈 패인 공간을 탈주하여 새로운 자기를 만들고 만난다. 김지하의 〈애린〉 시집을 읽으면 온통 찾아헤매는 이의 목소리로 가득하다. 70년대 '타는 목마름으로' 민주주

를 갈망하고, 온갖 비리의 주범 '오적(五賊)'을 판소리로 질타하던 김지하가 왜 80년대 초반 '밥을 하늘'이라 외치며 '애린'이란 시를 썼는가? 스승 장일순과 함께 원주에 생명을 살리는 협동조합 한살림을 뿌리내리고 전국적인 생협으로 성장하는 정신적 토대를 건설했는가?

님만 님이 아니라, 기룬 것은 다 님이다. 중생이 석가의 님이라면, 철학은 칸트의 님이다. 장미화의 님이 봄비라면 마시니의 님은 이태리다. 님은 내가 사랑할 뿐 아니라 나를 사랑하나니라.

연애가 자유라면 님도 자유일 것이다. 그러나 너희는 이름 좋은 자유에 알뜰한 구속을 받지 않더냐. 너에게도 님이 있더냐. 있다면 님이 아니라 너의 그님시니라.

나는 해 저문 벌판에서 돌아가는 길을 잃고 헤매는 어린 양(羊)이 기루어서 이 시를 쓴다.
〈한용운, 님의 침묵 군말〉

한용운이 말하는 '길을 잃고 헤매는 어린 양'에 대한 연민. 성경에도 같은 내용이 나오지만, 바로 찾아헤맴 때문이다. 기존의 없던 사상과 현실과 실천에 대한 찾아헤맴. 그 헤맴이 새로운 역사와 인생을 만든다.

만해 한용운이 〈님의 침묵〉의 서문인 '군말'에서 '님만 님이 아니라 기룬(길러내고 그리워하는) 것은 다 님이다.'라고 하며 세상에 님 아닌 것이 없으니 모두가 다 깨달을 수 있음을 말했듯이 김지하는 님과 같은 의미의 〈애린〉을 통해서 어리고 여리고 모자라는 한 생명이 끝없는 헤맴의 과정을 통해 성숙한 사랑에 이르는 과정을 서정적으로 노래한다. 처음 실천문학사에서 두 권으로 나온 〈애린〉의 서사적 구조 자체가 불교의 십우도(十牛圖) 혹은 심우도(尋牛圖)를 따른다. 절에 가면 대웅전을 둘러싼 열 개의 그림, 소(마음, 자아)를 잃어버린 한 소년이 소를 찾아 나서서 긴 헤맴 끝에 깨달음을 얻고 다시 자기 삶의 자리로 돌아오는 이야기다.

초기의 어린 팬더는 그 헤맴의 의미를 몰랐다. 진정한 교사, 무지한 스승이 되기 위해서는, 자기 스스로 깨달음을 얻기 위해서는 찾아헤매야 한다는 사실을.

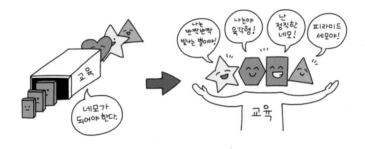

5. 우주(宇宙)의 기운을 느껴라

어차피 망신살에 포기한 선생 역할. 선생 따위는 안중에도 없는 철부지 팬더는 '인형놀이'나 '사천고추가루' 놀이로 시간을 보낸다. '용의 전사가 된 이유를 모르니 일단 선생부터 하래요.'라고 아버지한테 투덜거리며.

자본주의가 학교를 포획하여 새로운 생명들을 자본의 노예로 복속시키듯이, 카이가 우그웨이 제자를 찾아 없애기 위해 부하들을 보내는 그 순간, 스승의 말을 이해 못하는 팬더는 멘붕에 빠져 수심만 그득하다. 가르치는 능력은 부족한데 가르치지 않을 수 없고, 학생들은 자기를 비웃고 스승은 알아듣지도 못할 이상한 이야기만 하고. 진정한 스승이 되는 비법을 담은 매뉴얼이라도 있었으면 좋으련만 답답하기 그지없다.

그런 팬더를 알아보는 건 역시 (양)아버지다. 수심에 가득찬 채, 다 큰 용의 전사가 목욕을 하면서 인형놀이나 하고 목욕비누 대신 사천 고춧가루를 뿌리는 모습을 보면서 근심이 한 가득이라는 걸 알아본다.

"사부님이 제가 용의 전사가 된 이유를 제가 모른대요. 일단 선생부터 되라니. 아, 이제야 좀 알겠다 싶었는데, 용의 전사가 아니면, 난 누구죠?"

그렇다. 대부분의 교사는 일단 선생부터 되고 본 사람들이다. 치열한 경쟁 속에서 살아남기 위해 시험-기계, 초중고 시절부터 대학을 거쳐 사회에서도 시험 노예로 살아오면서 법적인 선생이 되려고 했지, 진짜 선생에 대해서 큰 고민을 하거나 그 길을 걸어오지 못했다. 교사가 되기 위해 갖은 노력을 기울여온 훌륭한 선생님을 폄훼하려는 건 아니다. 대표적으로 내가 그랬다. 대학에 가기 전까지 오로지 성적과 입시에만 매달려온 삶. 고3 시절, 사범대의 개념이나 존재조차 몰라서 대학의 국문과만 가면 국어 교사가 되는 줄 알고 일반 대학에 들어갔다가, 다행히도 교직 과목을 이수하여 교직 자격증을 땄다. 대학에서 국어국문과를 나왔으면서 국어에 국자도 모르고 문학의 문자도 못 느끼는 사람이 나였다. 국문과 강의보다는 당시 고민이 많았던 신학과 강의를 더 자주 들었고 대학에서 교육학 이론은 조금 접했지만, 교육의 철학이나 교육과정, 교수법 등에 대해서는 제대로 배우지 못했다. 물론 교수님들께서는 열심히 강의를 하셨지만 왜 배워야 하는지, 무슨 말인지 잘 이해도 못하던 학생이었다. 마치 팬더가 시푸의 말을 듣고 그게 무슨 말인지 모르면서 선생이 되어야 했듯이 나도 그랬다.

그저 기억에 남는 교육학 수업이란 민중교육을 강조하며 김지하, 정희성, 김남주 등의 시를 우렁찬 목소리로 낭송하던 '성래운 교수님'의 교육 원론 시간뿐이다. 1984년, 전두환 군사 정권의 서슬 퍼런 칼날 아래 많은 이들이 스스로 목숨을 바쳐가면 민주화 운동에 투신하던 시대였으니까. (그 무렵 김지하의 〈밥〉과 〈애린〉을 만나면서 나도 진정한 자신을 찾아헤매기 시작했고 오늘에 이르렀다.)

자각하는 동안 용의 전사를 꿈꾸면서 살아왔고 겨우 용의 전사가 되었는데 자기가 누구인지 모르는 처지에 놓인 팬더. 천신만고 끝에 '사범대 학생을 거쳐 교사가 되었는데 교사가 아니다'라고 한다면 얼마나 당황스럽겠는가.

남의 속도 모르는 양아버지. 팬더의 말을 듣고 얼마나 기뻐하는지.

"선생? 쿵푸(공부)를 가르치는? 오호호, 이거 초고속 승진인데~. 무조건 한다고 해."

예나 지금이나 부모들은 자식이 남을 가르치는 선생이라면 사죽을 못 쓴다. 어이 아니 그렇겠는가. 요즘은 교사에 대한 인식이 예전 같지 않지만, 오랜 전 선생이란 무조건 존경의 대상이었다. 깊은 학식과 덕망으로 후학들을 가르치는 능력만으로도 사람들은 고개를 숙이지 않았던가. 물론 지금은 그 선생들이 제도에 길들여지고, 학부모에 시달리고, 학생들에게 멸시당하며 존재감이 바닥으로 곤두박질쳐졌다.

하루 하루를 견디기 위해 사는 선생, 밥은 먹고 살아야 하는 치열한 자본 논리 속에서 가르침이란 그저 견디고 해야만 하는 부담스런 업무로 전락한지 오래다. 그러니 다들 마음은 학교를 떠나고 일상은 학교 밖을 향해 자유를 꿈꾼다. 그러나 그게 어딘 쉬운 일인가. 밥이 하늘이고 먹어야 사는 평범한 존재들인데.

이때, 너무나 잘 먹어서 만두 많이 먹기 신기록을 가진 팬더를 능가하는 먹기의 대가가 나타났다. 바로 팬더의 친아버지 리샹이다. 둘의 운명적이 만남. 아들을 찾아 무수히 오랜 시간과 길을 '찾아 헤맨' 아버지가 팬더를 만났다.

기뻐 춤을 추지만 서운한 듯 놀라는 양아버지. 세상에 팬더는 하나 밖에 없는 줄 알았다가 다른 팬더가 나타나자, 미심쩍음을 감추지 못한다.
실은 세상에 팬더는 하나가 아니었다. 팬더가 많다는 말에 '어디에 또 다른 팬더가 있'냐고 묻는 포. 아빠는 '비밀의 팬더 마을에 살고 있지.'라며

"나한테 전갈이 왔어. 그래서 여기에 온 거야."
"아니 어떻게 전갈이 갑니까? 비밀의 마을이라고 했잖아요. 앞뒤가 너무 안 맞아."
"실은요. 우주한테서 전갈을 받았어요."

우주라는 말에, 와~ 다들 놀라서 감탄하는데 양아버지만 '웃겨'라고 코웃음을 친다.

"네가 용의 전사인가 뭔가가 됐다며?"

"용의 전사가 된 건 어떻게 아셨어요? 우주가 그것도 알려주었어요?"

"아니 벽보(인터넷?)에서 보았다. 기념품도 있더라. 컵 한 개 샀지."

"(그제야 생각났다는 듯) 오 맞다. 깜빡했네. 솔직히 보여드릴 게 많아요. 제가 자랑스러우실 걸요."

말하며 친아버지를 어디론가 내려가고 양아비지만 붙어서 '난 이미 네가 짱 자랑스러운데'라고 탄식한다. 그리고 이어지는 포월의 과정. 기고 또 기어서 수련장에 올라간다.

텔레비전에 나와서 우주의 기운을 말한 이상한 괴물 때문에 '우주'가 모욕을 당하는 시대다. 하지만 〈인터스텔라〉나 〈컨택트〉 등 좋은 영화들은 우주 속에서 벌어지는 깨달음의 향연을 다룬다. 세상에 우주만큼 넓고 신비로우며 낯설고 아름다운 곳이 어디 있던가. 소우주인 우리 몸이나. 지구 밖 대우주나 모든 우주는 신비스럽고 경이롭다. 팬더 아버지 리샹이 우주로부터 전갈을 받았다는 말은 이미 모두가 서로 연결되어 하나인 공유사회, 사물인터넷과 빅데이터가 구축된 초에너지로 통하는 21세기의 미래 사회라는 뜻이다.

사실 양아버지가 한 말. '앞뒤가 너무 안 맞아'는 그 신비의 표현이다.

진리가 어찌 앞뒤가 맞겠는가! 진리는 모순과 파격, 변화와 생성이다! 노자의 '도가도비상도 명가명비상명'처럼 명명(命名)하는 순간 진리성이 휘발되고 사라진다. 끝없는 만남과 헤맴, 치열한 변신과 새로움 속에서 진리는 탄생한다. 앞을 부정하고 뒤를 열어가는 과정 그 자체가 진리다. 어찌 앞뒤가 맞겠는가!

'웃겨'라는 말도 그렇다. 진리의 깨달음 속에서 웃음이 없다면 그 또한 진리가 아니다. 초인을 노래한 니체, 유머야말로 진리를 깨우친 초인의 자유로운 미소가 아닐까. 공자도 말했듯이 배우고 때로 익히면 즐겁지 아니한가! 즐거운데 웃음이 없을 리 만무, 진리는 웃음 속에서 싹튼다.

그런 맥락에서 보면 양아버지야말로 친아버지의 존재를 부정하지 않고 오히려 역설적으로 긍정하는 대사부일지도 모른다. 심리적으로 아픔을 감추기 어렵지만 기꺼이 새아버지에게 자기 자리를 양보하며 팬더에게 선생이 되는 길의 가르침을 안내하려는 구도자의 모습. 마치 십자가에 피흘려 스스로 하나님이기를 포기한 예수의 모습이 또한 그러하지 않았을까.

진짜 아버지를 만나 교사의 공부길에 접어든 팬더가 처음 맞닥뜨린 공부의 장애는 무엇일까? 바로 고전(古典)이다. 고전의 향연으로 들어가보자.

6. 고전(古典)과 맞짱뜨다

끙끙거리며 힘들게 계단을 오른다. 기어서 초월한다는 의미의 '포월'은 이미 앞선 책 〈공부를 사랑하라〉에서 자세히 소개했다. 팬더가 아버지를 모시고 헉헉거리며 올라간 곳은 바로 '영웅의 전당'이다.

그곳은 '중국에서 내로라하는 쿵푸의 유물이 보관된 곳'이자 박물관과 도서관의 기능을 겸한 곳으로 갖가지 공부의 비급들이 깃든 곳이다. 팬더와 아버지는 '영웅의 전당, 완전 짱'이라며 내부를 둘러본다.

"조심하세요. 오래 된 물건이라 잘 깨져요."
"전사들의 유골단지, 이거 누가 깨뜨렸어요. 전에."
"누가?"
"어떤 멍청이가요(바로 자신)."

"이게 바로 나는 코뿔소의 갑옷이에요."

"나한테 맞으면 입어보고 싶구나."

"혹시 독심술 하세요 아빠, 저도 그 생각했는데"

'이건 양의 석궁이에요. 문을 박살내는데는 최고죠. 이건 전투 헬멧인데 코딱지 크기죠. 이건 돌고래 방수 갑옷인데, 완전 사랑해요. 매황제의 전설적인 전투차' 등등 온갖 기이하고 신비로운 물건으로 가득하다. 다 전설적인 영웅이 입거나 지니고 싸웠던 무기들이다.

코뿔소 갑옷을 입어 본 아빠. 줄을 당기니 그 전투의 역량이 수백배는 증강한다.

돌고래, 코뿔소, 매익 선차, 전투 헬멧. 둘은 모두를 만져보고 입고, 타고, 휘두르며 놀이에 빠져든다. 당대의 고전을 모아 놓은 공간에서 과거의 정신을 익히며 싸운다. 책의 모양을 하지는 않았지만 온갖 무기들은 적과 맞서 싸우고 이기기 위한 신체적, 정신적, 영적 도구들이다.

한창 지지고 볶고 깨뜨리며 노는데, 하도 요란을 떨었는지 어디선가 소리를 듣고 나타난 시푸와 5인방 친구들. 쑥스러운 팬더는 얼음처럼 굳고 철모르는 아버지는 놀이에 여념이 없다.

뒤늦게 정신을 차리고 인사를 나눈다. 친구를 소개하고 사부님을 전설의 사부라고 안내한다.

"만나서 영광입니다. 포 아버님. 아버님도 오셨는데, 네가 훈련시키는 거 보여드려라. 아드님이 여기 선생입니다."

엉터리 선생인 줄 아는 까닭에 친구들은 눈이 휘둥그래진다. 가르침의 성과가 있을 리 없다. 당황해서 쭈뼛대는 팬더. 다행인지 불행인지 종소리가 들리면서 카이의 공격이 시작된다. 천지사방 사범들과 고수들의 기를 빼앗아 자신의 소유물로 장전하고 찾아온 카이. 카이에게 역사 속 전후의 고수들은 일개 소유물로 전락한다. 그들을 부하 삼아 팬더와 친구들에게 공격을 명령하는데, 맞서 싸우는 팬더는 난감하기 그지없다. 그들은 옥으로 만든 제이크 좀비였다. 줄여서 제비. 겉은 옥처럼 빛나나 죽은 존재다. 휘황찬란한 자본의 외피를 둘렀지만 속은 죽은 영혼들. 오소리, 고슴도치 사부들. 이미 백년 전에 죽은 존재다. 책으로 말하자면 죽은 지식들이다. 더 이상 오늘 여기의 살아있는 숨결로 존재하지 못하는 과거의 낡은 이론, 이념, 이데올로기를 상징한다. 누가 이 지식 좀비들을 부활시켰나. 바로 카이다.

팬더가 친구들과 힘을 합쳐 전설 속 고수들을 제압하자, 그 속에서 카이의 목소리가 들려온다.

"하하하하, 드디어 만났군."

수만 리 떨어진 곳에서 녹소리가 들리고 서로 소통이 된다.(스마트폰이라도 생겼나? 사물인터넷 플랫폼이 만들어진 사회에서나 가능한 현상이다.)

"너의 기(氣)도 내가 접수해주마."

맞서 농담하는 팬더와 친구들. 카이는 자기 이름만 남긴 채 좀비들을 불러들인다. 숙제만 남기고 사라진다.

그제서야 도서관에 가서 옛 문헌을 다 뒤지며 카이의 존재를 찾으려는 시푸와 제자들. 대사부가 직접 남긴 문헌의 기록을 따르면 이랬다.

카이는 탐(貪), 진(嗔), 치(痴)로 대변되는 욕망의 카르마, 업(業)이다.

선한 마음의 상징인 우그웨이와 오래전부터 의리로 맺은 형제였다. 마치 선과 악이 이분법적으로 갈라지기 전에 둘이 아닌 것처럼. 야심차고, 젊은 전사로 대군을 이끌며 카이와 함께 악당은 무리치던 우그웨이는 기습 공격으로 부상을 입고 도주하다 팬더들이 사는 비밀의 마을에 당도했다. 거기서 팬더들이 기를 모아 우그웨이의 상처를 치유한다. 기의 힘으로 상처 입은 우그웨이를 치유하는 모습을 본 카이는 기를 불어넣는 법을 독점하려는 욕심에 사로잡힌다. 그를 막으려는 우그웨이와의 결투 끝에 저승으로 떨어진 카이는 500년의 시간을 기다려 그 힘을 욕망의 극한까지 키워왔다. 이제 다시 카이의 영혼을 저승으로 돌려보낼 수 있는 자는 진정한 기공의 달인 밖에는 없다.

다들 카이의 존재가 얼마나 무서운지 알고 어떻게 대응할지 갑론을박 하는데 팬더의 아버지가 나선다.

"내가 가르쳐주마."

"당연하지 난 팬더야."

"그래서 우주가 아빠를 제게 보냈군요."

"좋아요 이제 뭘 하면 되지요?"

"이제 아빠랑 집에 가자."

노마디즘에 따르면 공부는 탈주, 가출, 집을 나감으로 출발한다. 익숙한 욕망으로부터 벗어나 이질적이고 새로운 만남을 통해 충격과 갈등 속에서 배우고 성장한다. 그런데, 이제 교사가 되는 그 길에서의 공부를 시작하려는데 집으로 돌아가자니. 원시반본(原始反本)인가? 마치 소를 찾아나서서 진리를 발견한 사람의 마지막이 집으로, 마을로 돌아가는 십우도의 그림처럼 집 나와 공부를 한 팬더에게 아버지는 역설적으로 집으로 돌아가자고 한다. 공부는 길에서 하지만 결국 자기 고향과 마을이야말로 진짜 자기가 걸어갈 길이다.

"비밀의 팬더 마을로요?"

"그래 진정한 팬더가 뭔지 처음부터 배워야 돼. 팬더처럼 사는 걸 배우는 거지."

교사가 되려면 진정한 교사가 뭔지, 처음부터 다시 배워야 한다. 교사가 되는 길은 사실 교사가 아니고서는 배우지 못한다. 그 길이 곧 배움이다. 사범대에서 아무리 이론을 외우고 책을 들이 파도 교사의 길을 몸으로 체화하지 못한다. 많은 사범대생들이 교생 실습을 나가서 비로소 교직의 실체를 깨닫듯이 교사처럼 사는 배움의 길은 교사가 되면서 비로소 제대로 시작한다. 그래서 초임 교사의 길은 그렇게 험난하고 두렵다.

"그래 진정한 팬더가 무엇인지를 처음부터 배워야 하는 거지. 팬더처럼 자고 팬더처럼 먹고 말이야"

양아버지는 말리고 싶다. 정들고 사랑스런 포와 헤어지기가 어렵다. 작은 사부에게 보내지 말라고 하지만 시푸는 말한다.

"가는 게 맞습니다."

그래도 안타깝게 친구들에게 매달려보려는 양아버지를 팬더가 직접 나서서 설득한다.

"그 자를 막을 건 기공(수업)의 달인 뿐이에요. 제가 진짜 누군지 알아야 기공의 달인이 될 수 있어요. 저는 팬더잖아요."

이렇게 해서 팬더에서 용의 전사로 거듭났고 다시, 용의 전사에서 다시 팬더로 돌아가기 위한 길을 떠난다.

고전이란 무엇인가?
이 영화에서 백년도 넘는 시대의 고수들은 오랜 세월 저장되어온 인류의 지성을 담은 고전(古典)을 상징하는 것처럼 보인다. 하지만 막강한 자본 권력 앞에서 고전은 이미 힘을 잃었다. 오늘날 타락한 인문학이 이를 증명한다. 불온하게 시대와 불화하면서 불의에 맞서 싸우는 인문학이 아니라 권력과 자본을 치장하기 위한 넓고 얕은 지식들. 강력한 자본의 욕망에 휘말려 그저 허울 좋은 인문학의 이름으로 전락한 지식-좀비에 불과하다.

팬더는 그들에 맞서 싸운다. 현재의 깨달음을 바탕으로 고전-좀비들을 물리친 팬더. 그러나 카이가 다가오면 그를 물리친다는 보장은 없다. 팬더의 아버지는 팬더에게 기공을 가르쳐주기 위해 마을로 떠날 것을 권유하고 다시 세계를 구해야하는 위기에 처한 팬더는 기꺼이 새로운 결별을 결심한다.

'산은 산 물은 물'에서 출발해서 '산은 산이 아니고 물은 물이 아니고'의 아포리아(고난의 궁지)를 거쳐, '산과 물이 하나 되는 깨달음의 경지'에 도달했다가, 다시 '산은 산 물은 물'의 경지로 돌아가기 위한 출발점에 선 순간이다.

불교의 십우도를 빌려 말하자면 깨달음을 찾아 나서서(소를 찾아 나서다) 발자국을 발견하고 소를 길들여 하나가 된 경지(내공이 절정에 오른 상태)를 거쳐 다시 원래의 마을로 돌아가는 경지와 유사하다.

과연 팬더의 '스승-되기'는 성공할까. 그 난관을 극복하기 위해 어떤 고난의 여정을 거쳐야 할까.

제자가 시푸에게 묻는다.

"포는 과연 기공의 달인이 되어서 돌아올까요?"

"내 생각은 중요하지 않아. 중요한 건 우주의 뜻이지."

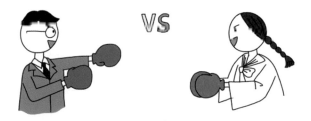

7. '마을'의 탄생과 다양한 학교들 (이음학교, 나무학교, 햇살학교, 구름학교)

전국 학교 곳곳에서 마을과 연계가 한창이다. 한 명의 아이를 키우려면 하나의 마을이 필요하다는 구호가 우리 곁으로 다가온 지 오래다. 그렇다. 학교는 학교만이 학교가 아니다. 온 마을이 다 학교고 모든 주민들이 스승이다.

팬더가 아버지와 떠나간 사이 작은 사부 시푸는 크레인(학)과 맨티스(사마귀)에게 카이를 탐색하고 오라고 명령을 내린다. 단 조건은, '싸우지 말아라'였다.

"제이드 괴물들의 뒤를 쫓아가봐 대신 엮이면 안 된다. 결투를 하면 할수록 카이는 더욱 강력해져."

그 사이 팬더와 아버지, 그리고 음식통에 몰래 숨어든 양아버지까지 함께 팬더 마을을 찾아간다. 절벽 앞에서 대화를 나눈다.

"우리 팬더들은 계단으로 안 다녀요."

교직으로 말하면 전문직을 찾아서 한 칸씩 계단 오르기를 하지 않고 새로운 인문정신으로 초월적 정신 세계를 갖춘다는 말이다. 줄을 타고 오르니 멋진 풍경이 펼쳐진다. '이제 감탄해'라는 말에 팬더는 '와우' 감탄을 멈추지 못한다.

비밀의 팬더 마을 풍경은 어떠할까? 우선 '어린아이 목소리'가 살아 있다. 아이들은 연날리기(드론?)를 하면서 즐겁게 뛰어다니고, 푸른 잔디밭 사이를 거니는 어른들도 아이처럼 행복하다.

유일한 팬더인 줄 알았는데, 자기와 같은 팬더이면서 다른 팬더들이 이렇게 많다니. 환영의 마음으로 인사를 한다. 누군가 나와서 껴안는다.

"네가 그애구나."
"네 제가 그애에요."
"난 네가 누군지 몰라.^^"

아기 팬더도 있다.

"저랑 똑 같은 팬더인데 아기네."

"저랑 똑 같은데 어르신이고 저랑 똑같은데 더 뚱뚱하고. (자기를 안아준 낯선 존재를 보며) 저랑 똑같은데 모자를 쓰셨네요"

그야말로 '차이'와 '반복' 아닌가. 서로가 다 같으면서도 다르게 살아가는 존재라는 인식과 깨달음. 실상 공부는 여기서 시작한다. 학교라는 공간, 선생이라는 삶이 힘든 이유이기도 하다. 아무리 수업을 잘 하고 훌륭한 교사라도 날마다 새롭게 공부하지 않으면 안 되는 이유, 학생들은 모두 학생이지만 다 다르다. 누구는 아기 같고, 누구는 노인 같고, 혹은 낯설고, 아프며, 제멋대로인 각각의 개성들이 어울리고 충돌하는 공간이기 때문에 교사의 자기동일성은 부정되는 것이 필연이다. 더군다나 한 해 잘 보냈어도 다음 해에 또 다른 고유성을 지닌 학생들을 만나려면 교사 자신이 자기 고유성의 기공을 수련하지 않고서는 한 걸음도 나아가지 못하는 현실이 학교의 모습이다.

팬더가 '와~ 다들 저랑 같아요.'라며 감탄하는데 갑자기 다른 팬더들이 언덕을 신나게 구르기 시작한다. 영문을 모르는 팬더. 다들 우르르 굴러가자 마지막에 남은 아버지가 말한다.

"팬더는 걷지 않아! 이렇게 구르지!"

걷지 않고 구른다. 구른다는 말의 의미에는 굴러가다라는 뜻도 있고, 발을 구르다는 의미도 있다. 영화에서는 '굴러간다'는 말이다. 하지만 현실에서는 몸을 굴리기보다 발을 구르는 세계도 있다. 경남 김해의 '구름학교'다. 쿵푸 팬더와 어울리는 구름학교로 가보자.

그 전에 '나무 학교'와 '이음 학교'부터 살펴보고.

충남 아산에 가면 '나무 학교'가 있고, 경기 평택에 가면 '이음'학교가 있다. 교사가 교장이고 학생들은 그 지역에서 학생들을 가르치는 선생님들이다. 선생님이 선생님을 가르쳐? 말이 가르침이지 실은 같이 공부하는 학교다. 단, 외양은 단순한 교사공부모임을 넘어 학교의 형태를 띠고 있으며(교장과 담임이 존재하고 행정실장도 있다.) 선생님들은 격주 토요일로 1년 과정을 거치는 빡센 과정이다. 평일 5일 동안 학생들 가르치기도 버찬데 한 달에 두 번, 토요일을 반납하고 하루 6시간 공부를 한다? 그것도 1년 동안이나. 그렇다! 왜? 그래야 나머지 5일, 아니 다음 2주를 신나고 알차게 보낼 수 있으니까. 교사는 가르치기만 하는 존재가 아니라 자기 스스로 공부하는, 해야만 하는 존재이니까. 그걸 혼자 하기는 어렵다. 그래서 아예 교사 학교라는 공동체를 만들어서 학교와 유사한 형태의 조직을 만들었다. 물론 그 운영 방식은 근대의 학교와 매우 다르다. 영화 〈억셉티드〉를 통해 자세하게 소개한 복잡성을 기반으로 하고 있으며 서로가 서로를 가르치는 집단 지성의 마당이다.

왜 '이음'인가? 2017년 개교한 이음학교의 안내문을 소개한다. 보기만 해도 입이 벌어지면서 교사 스스로 성장하는 치열한 공부의 기운을 느낄 수 있다.

이음학교의 '이음'이란 '들을 耳'와 '믿음'을 합친 말로 '귀 기울여 잘 듣고 믿음을 키워나가다'를 의미합니다. 교실에서 학생들과 함께 성장을 꿈꾸는 선생님들이 '함께' 만나 '마음'을 연결하고, 연결된 마음과 마음을 통해 세상과 미래로 나아가는 교사들에 의한 '자발적 성장학교'입니다. '이음학교'에서는 서로의 소리에 귀 기울이고 믿음을 키우며, 공감과 소통을 통해 마음을 연결하고, 교실과 교실을 연결하는, 현재와 미래를 이어나가는 선생님들의 교실을 함께 만들어 갑니다.

소통과 공감과 성장의 취지를 담았다. 이음 학교와 유사한 정신으로 만들어진 교사성장 학교들이 전국적으로 운영 중이다. 충남의 나무 학교, 대구의 바람의 학교, 대전의 햇살 학교 등등.

구성은 정원 28명이 4인 모둠 7개, 4명의 초기 운영교사들과 전국 강사진으로 구성된 선생님들이 수업을 담당한다. 이음학교는 평택을 기점으로 경기남부 지역 선생님들을 대상으로 한다. 10여분의 교육과 수업 전문가들이 자문 역할을 하고 기본교육과정도 빡세기 그지없다. 평일을 학교에서 보내는 선생님들이 한 달에 두 번 주말 등교와 6시간 수업이니 훈련소에서 신병들이 좌우로 굴리기 하는 과정이랑 무엇이 다르랴! 총 17회차 102시간의 장기 프로젝트. 과연 교사 스스로 만들어가는 교사 학교는 미래에 어떤 희망을 줄까. 아니 현재를 살아가는 교사들에게 어떤 용기와 살아가는 힘을 줄까. 개인적으로 내가 가장 눈여겨보는 교육운동이다.

이음학교에서 벌어지는 주요 교실활동과 핵심키워드는 다음과 같다.

내면성찰(수업상처) & 관점세우기(수업철학세우기), 긍정적 '학급' 운영 :긍정훈육법(PDC), 감정 연결하기(표현하기), 감정 '표현'과 '전달', 교육과정과 수업, 나의 평가 성찰과 대안적 평가 방법, '발달'과 '성장'의 확인, 수업 '놀이'가 되다, '놀이'와 '게임', '이미지'를 통한 지식의 재구조화, 'Visual'과 'mapping', 말하기'를 통한 사고의 전달(토론수업), '말하기'와 '토론', 다양한 '프로젝트학습(PBL)'의 연구, '과정'과 '과업', '배움'중심 수업의 실체, '대안적 교육과정' 등이다. 이를 위해 추천하고 권장하는 도서들도 눈여겨볼만하다.

'이음학교' 도서관 필독도서(선정도서는 도서부 선발 이후 변경 가능)는 '배움' 중심 '통합' 관점 형성에 도움이 된 책으로 한다. 4, 5, 7, 8, 9, 11월에 독서토론을 진행한다. 그 취지는 독서토론 모임을 운영하여 독서활동과 토론을 통해 교육과 배움의 관점 형성의 기반을 마련하고 교육과정 상의 프로그램과 연관성이 있는 서적을 선정하여 함께 읽고, 토론을 진행하는데 있다. 나아가 '도서부' 구성을 통해 독서 활동의 장려와 세부적 보충을 진행한다. 목록은 대략 이렇다

무지한 스승(랑시에르) → **수업 철학 세우기**

미움 받을 용기(기시미 이치로) → **교사 내면 성찰**

질문이 살아있는 수업(김현섭) → **수업 세우기**

생각의 근육 하브루타(김금선) → **수업 세우기**

교육과정-수업-평가 혁신(이형빈) → **수업 - 평가 - 기록 일체화**

내일 수업 어떻게 하지?(아이함께) → **수업 성찰**

교육과정에 돌직구를 던져라(정성식) → **교육과정 세우기**

지식의 대통합, 통섭(에드워드 윌슨) → **수업 철학 세우기**

당신의 수업을 뒤집어라(존버그만, 아론샘즈) → **수업 세우기**

알프레드 아들러, 교육을 말하다(알프레드 아들러) → **수업 철학 세우기**

무엇이 수업에 몰입하게 하는가(데이브버제스) → **몰입의 기술**

들뢰즈와 교육, 차이생성의 배움을 위한 교육(들뢰즈) → **수업 철학 세우기**

교실 속 자존감, 교사의 시선이 학생을 살린다(조세핀 김) → **수업 상처**

협동이 살아있는 교실, 관계를 세우는 협동기술 사회적기술(김현섭) → **수업**

소통: 협력적인 의사소통의 방법 - 사회구성주의적 접근(존스튜어트) → **수업**

　책뿐만이 아니다. 이음학교의 입학생 선발과정도 흥미롭기 그지없다.

　① 전공, 성별, 나이, 초 · 중등 구분 없이 다양한 생각과 경험을 지닌 선생님들을 선발한다.

② 특정 전공 교과의 교수 · 학습 방법만을 습득하기 위한 선생님은 선발하지 않는다.

③ 교과의 경계가 없는, 소통과 공감 그리고 실천을 통한 성장을 원하는 선생님만 선발한다.

④ 교육과 교실의 외적 요인을 탓하는 교사는 선발하지 않는다.

⑤ 학교, 학급 그리고 교육과정 상에서 발생하는 다양한 문제와 갈등 상황을 대화와 토론으로 해결해 나가려는 의지를 갖춘 선생님만 선발한다.

⑥ 학기 중 결석 없이 성실하게 교육과정을 이수할 의지를 갖고 있는 선생님만 선발한다.

⑦ 스스로의 도전과 실천을 통한 성장을 꿈꾸는 선생님만 선발한다.

이 정도면 가히 '미래형 교사 학교'라고 말해도 좋지 않을까?

이런 학교들의 모델이자 출발점으로 경남 김해에 구름학교가 있다. 구름학교의 탄생은 기원이 어디일까. 각 지역에서 활동하는 '나무, 바람, 햇살, 이음' 등 이름의 의미도 좋지만 그 가운데 '구름'은 그 의미가 각별하다. 팬더에서 아버지는 말한다.

"팬더는 걷지 않아. 이렇게 구르지."

여기서 비롯되었을까? 구름학교 이름의 기원이 어디인지 모르지만 중의적인 의미를 지닌 듯하다. 발을 힘차게 굴러 새 길을 열어나간다는 의미도 담고, 평범하게 직립으로 걷지 않고 구르고 굴러서 새 날을 열어간다. 아니면 저 하늘에 떠가는 구름처럼 제도나 체제에 얽매이지 않고 자유로운 교사의 삶을 살아간다 등등. 아마 이 모두라 해도 좋을 것처럼 구름의 의미는 남다른 심오함이 있다.

아버지와 다른 팬더들이 구르는 모습을 보고 따라 구르는 팬더. 처음이라 어색한지 잘 굴러지지 않는다. 이리저리 비틀다가 겨우 구르기 시작하자 그 다음에는 방향을 모르고 그마나 바위와 충돌한다. 아프기는 하겠지만 그 정도쯤이야. 굴러서 도착한 식탁. 팬더는 '걷는 것보다 낫네요.'라며 '구름'에 동참한다.

〈쿵푸 팬더〉에서 초월이 아닌 포월. 저 세상으로 가볍게 훌쩍 뛰어넘는 이분법적인 초월이 아니라, 힘겹게 기어서 이 자리를 초탈하는 포월이라는 철학적 개념을 말한 바 있다. 이 구름 역시 기어가기 못지않은 심오함이 엿보인다. 기어서 넘어가기와 굴러서 딴 세상가기. 팬더의 기공은 마을을 통해 실현되고, 차이와 반복의 깨달음과 굴러가기를 통해서 그 첫걸음을 열어간다.

그러니까 팬더는 올라갈 때는 치열하게 포복하듯이 기어서 올라가이 현실을 넘어서고(포월), 내려올 때는 구르고 굴러서 바닥을 느끼고 경험하면서 새로운 감각을 체험한다. 그게 팬더의 공부다. 기어오름과 굴러내려감. 이는 교사 자신이 어느 위치에 서 있느냐에 따라서 달라질 공부지만, 실은 모든 교사들은 자기 배움을 위해 수시로 더 높은 곳을 향하여 악착같이 기어올라야 하고, 날마다 더 낮은 곳을 향해 기어내려가야 한다. 부당한 권력에 대한 쉼 없는 저항과 탈주, 아프고 낮은 세상에 대한 지속적인 하방(下方)과 연대(連帶). 그게 교사의 본분이 아닐까.

그러려면 일단 상대에 대한 차이를 인식해야 한다. 그 속에서 반복되는 일상, 그 일상의 반복을 넘어서는 차이의 반복이 새로운 교실과 수업을 만든다.

기어오름과 구름, 남이 시켜서 억지로 기고, 구르지 않고 자발적으로 기어가고 굴러가면서 만들어내는 새로운 몸의 감각, 거기에서 남다른 교사의 탄생이 이루어진다. 구름학교를 비롯한 특이한 교사성장 학교들이 무지한 교사 공동체의 시작이라고 여기는 지점이다. 일찍이 시인 김수영은 '구름의 파수병'이라는 시에서 시인으로서의 시신에 대한 깊은 성찰의 성취를 보여주었다. 구르지 못하는 교사들이 돌아봐야 할 우리 시대의 자화상이다.

> 시를 배반하고 사는 마음이여
> 자기의 나체를 더듬어보고 살펴볼 수 없는 시인처럼 비참한 사람이
> 또 어디 있을까
> 거리에 나와서 집을 보고
> 집에 앉아서 거리를 그리던 어리석음도 이제는 모두 사라졌나보다.
> 날아간 제비와 같이
>
> 날아간 제비와 같이 자죽도 꿈도 없이
> 어디로인지 알 수 없으나

어디로이든 가야 할 반역의 정신

나는 지금 산정에 있다.

시를 반역한 죄로

이 메마른 산정에서 오랫동안

꿈도 없이 바라보아야 할 구름

그 구름의 파수병인 나.

〈김수영, 구름의 파수병 중〉

　저 하늘의 구름을 바라만 볼 것인가? 삶을 반역한 죄가 가볍지 않다면, 이제 허공의 구름에서 내려와 아래를 향해 굴러볼 일이다. 그렇다, 오를 때는 기어가라! 가르침의 자리에 올라 갔다면, 이제는 내려가야 한다.

　굴러라! '구름' 속에 길이 있다!

8. 니체와 춤을

식탁에 앉아 만두를 먹는다. 양아버지가 준 젓가락으로 만두를 먹으려는 포를 보고 다른 팬더들이 놀라 묻는다.

"젓가락이야?" (도구, 나를 길들이는 하나의 방법) "만두 집어 먹는 거."

"만두를 한 번에 한 개씩 먹어요?"

"(눈을 동그랗게 뜨며) 다른 방법이 있단 걸 생각 못했어요!"

'배울 게 너무 많네!'라며 감탄하는데 이때 등장한 요염한 눈빛의 팬더. 붉은 복색의 팬더는 한 손에 부채 한 손에 정열의 붉은 리본을 들었다. 팬더를 바라보는 눈길이 심상치 않은데 홀릴 듯한 미소로 춤을 추자고 말한다.

자칭 세상에서 최고의 춤을 시작하는 붉은 옷 팬더. 리본을 휘두르며 '딴 데 봐, 딴 데 봐.' 노래를 한다. 으잉 딴 데를 보라고? 선생님들은 대부분 '여러분, 조용히 하세요, 여기 봐, 집중' 이렇게 노래하는데, 역시 팬더마을의 고수들은 다르다. 리본을 휘둘러 포를 휘감은 붉은 옷 팬더.

당황한 포는 춤 출 줄 몰라라며 빼지만 '팬더는 모두 춤꾼'이라며 리본을 휘두르는 춤의 고수. 리본을 갖고 자기가 자기 몸을 얽어매지만 스승과 조화로 아름다운 모습을 연출한다. 기공을 배우는 길은 이리 멀고 험한가? 춤을 못 추면 배우기 힘들 정도로 말이다. 니체라면 아마 그렇게 말할지도 모른다.

"삶은 춤이야!"

포의 응답은 "배울 게 너무 많네요!"였다. 그렇다. 사실 교직에 서긴 했지만, 초임 교사들은 다 아기들이다. 공부에 관한 한 그렇다는 뜻이다. 초임만 그럴까? 정년을 앞둔 경력 30년 이상의 교사들도 마찬가지다. 각자 자기 전공분야에서 피눈물 나는 공부 끝에 임용시험을 통과하고 교단에 섰지만, 그건 머리와 이성의 시험에 이르는 길이었지, 참된 몸의 공부라 하기에는 너무 빈약하다.

공부할 내용은 밤 하늘 별처럼 많은데 겨우 전공서적 수백 권과 불과 4, 5년의 시간을 견뎌낸 힘만으로 다른 사람을 가르친다는 건 어불성설이다. 오히려 교단에 서는 순간부터가 진짜 배움의 시작이고 세상의 모든 교사들은 실상 배우면서 가르친다. 자기의 배움을 가르친다.

배움을 수행하는 자신을 가르친다. 그게 공부고 가르침이고 배움이다.

리본춤에 휘말려 자기도 모르게 허공을 가로지르며 춤추는 팬더. 아직은 초보지만 리듬에 몸을 맡겨 춤의 재미를 만끽한다. 용의 전사에 이르렀지만 무예 익히기(자기 전공) 말고도 눈길을 돌려 다른 데를 보니 무수히 많은 공부가 있음을 깨달은 팬더는 '세상에 배울 게 너무 많다'며 공부의 의욕을 키운다. 주변의 친구들이 다 진심으로 축하해주는 가운데 비로소 진정한 공부의 몸, 배움의 전사로 거듭나는 순간이다.

춤에 대한 영화는 많다. 춤은 인생의 은유 아니 인생 자체고, 춤을 통한 성장은 복잡하면서도 힘겹다. 전에 〈토론의 전사〉라는 책에서 〈여인의 향기〉와 그 안에 등장하는 알 파치노가 춘 탱고 이야기를 간단히 언급한 적이 있다. 예술적으로 범인(凡人)들이 다가가기 힘든, 한 경지를 보여준 피나 바우쉬의 〈피나〉를 비롯해 〈빌리 엘리어트〉나 〈더티 댄싱〉, 〈플래시 댄스〉, 〈댄서〉 등 수많은 춤 소재 영화가 있지만 한 인간의 변화와 성장에 관한 최고의 영화는 〈블랙 스완〉이 아닐까?

2017년에 〈블랙 스완〉을 감독한 대런 아로노프스키의 〈마더〉라는 영화가 개봉되었다.

창작이 안돼 고민하는 그러나 일상은 지극히 평화로운 한 부부의 집에 초대받지 않은 손님들이 찾아온다. 낯선 이들의 방문이 불편하기만 하던 중 손님의 짐에서 남편의 사진을 발견하게 된 아내는 이들을 환대하는 남편의 모습이 의심스럽기만 하고, 그들의 무례한 행동은 갈수록 극에 달한다. 계속되는 손님들의 방문과 집안에서 벌어지는 이상한 일들은 아내를 더욱 불안하게 하는데… 도대체 이 집에서 무슨 일이 일어나고 있는 것인가?

기독교적인 창조에 대한 지독한 회의와 풍자가 담긴 '마더'는 누군가의 죽음과 희생을 바탕으로 만들어지는 창작에 대한 극도의 혼돈을 보여준다.

실은 춤이란 혼돈 그 자체다. 물론 기계체조처럼 형식에 갇힌 춤들도 있지만 진정한 춤이란 복잡계와 혼돈의 조화 속에서 태어나는 새로운 리듬이지 기계적인 이론과 틀 속에 갇힐 수 없다.

발레를 소재로 하는 〈블랙 스완〉 또한 아로노프스키 감독 특유의 혼돈과 성숙의 과정을 보여준다.

사전에 따르면 '블랙 스완'이란 예외적이고 발생 가능성이 없어 보이는 일이 실제 발생한 사건을 말한다.

근원은 18세기 오스트레일리아 남부에서 흑고니가 발견되면서 생긴 용어이다. 17세기 말까지 수천년 동안 유럽인들은 모든 백조는 희다고 생각해왔으나 네덜란드의 한 탐험가가 흑고니를 발견한 후 일반적인 통념이 깨지는 충격을 받은 데서 유래한다. 관찰과 경험에 의존한 예측을 벗어나 예기치 못한 극단적 상황이 일어나는 일을 일컫는다.

미국 금융분석가 나심 니콜라스 탈레브가 2007년 월가의 허상을 파헤친 저서 〈블랙 스완 Black Swan〉에서 증시 대폭락의 가능성과 국제 금융위기를 예측하면서 널리 사용되었다. 탈레브는 블랙 스완을 과거의 경험으로는 확인할 수 없는 관측값이라고 정의하면서, 경제공황이나 미국의 9·11테러를 예로 들었다. 이 책을 통해 그는 예기치 못한 위기상황으로 글로벌 경제가 휘청거릴 수 있다는 비관적인 전망을 내놓았고, 월가에 최악의 상황이 올 수 있다고 경고했다. 그의 경고처럼 2008년 국제 금융위기가 닥치자 이 용어는 다시 한 번 주목을 받았고 〈블랙 스완〉은 세계 각국의 언어로 번역되어 엄청난 판매부수를 기록했다.

이러한 블랙 스완의 의미를 한 인간의 정신적 성숙으로 그려낸 대런 아르노프스키의 연출력과 감각 그리고 주제 의식은 주인공 니나가 춤을 추면서 연기하는 백조(안정)와 흑조(혼돈)의 대비로 나타난다.

줄거리를 겸하여 간단히 정리하면 이렇다.

스완 퀸을 꿈꾸는 니나는 자신의 방을 핑크색과 각종 인형으로 채운 엄마의 그늘 아래서 순백의 삶을 살아간다.

극단 감독은 니나에게 '백조의 호수' 퀸을 맡기지만 문제는 니나가 백조의 여왕 뿐 아니라 흑조의 여왕을 동시에 연기해야 한다는 점. 흑조는 관능과 유혹과 타락의 분위기를 연출해야 하는데 그 동안 백조의 틀에 갇힌 니나로서는 흑조의 연기가 불가능하다.

감독은 니나에게 키스까지 해가면서 그녀가 스스로를 가두는 틀을 깨보라고 권유하지만 쉽지 않다. 그때, 자유분방한 성적 기질을 지닌 릴리의 등장으로 니나의 삶은 격변을 시작한다.

무용수로서 최고의 자리에 올라야 하는 부담감과 엄마가 이루지 못한 꿈을 이루어어야 하는 사명감. 어머니는 니나를 틀 속에 가두면서 니나가 최고가 되기를 바라는 모순 속에서 니나는 어머니에 대한 최초의 반항을 시작한다.

등에 가시 날개가 돋고, 손톱에 피가 고이는 등의 환상과 현실을 오가면서 니나는 혼돈에 빠진다. 릴리가 술과 마약과 성적 유혹으로 니나를 깨우고 마침내 니나는 릴리와 섹스하는 환상 속에서 어린애로서의 정체성을 벗어나고 선악의 경계를 오가는 성인에 모습에 이른다.

드디어 공연. 중간에 나타나는 릴리의 형상을 죽이고서야 니나는 온전한 인간의 삶에 이른다. 마침내 니나는 타락과 유혹의 열정과 광기 없이 도달하지 못하는 흑조의 경지에 이르고 숨죽여 관람하던 관객들은 환호성을 지른다.

완벽한 블랙 스완의 탄생이다.

한 인간의 성장. 과거의 자기를 버리고 새로운 삶의 여정을 찾아가는 무수한 성장 영화들이 있지만, 〈블랙 스완〉만큼 강렬한 춤과 연기로 그 과정의 고통을 그린 영화도 흔치 않다. 그만큼 이 영화는 춤과 인간의 성장 관계를 잘 보여준다.

수업이든 업무든 일상의 삶이 춤의 경지에 오른다는 것은 이미 그 분야의 대가가 되었다는 뜻이다.

춤의 대가들이 펼치는 지식의 향연은 일찍이 〈춤추는 물리〉를 통해 경험한 바 있다. 상대성 원리와 양자 역학의 진수를 '물리'라는 딱딱한 이론의 틀에서 해방시켜 다양한 변주를 통해 우리의 사고와 인식의 경계를 벗어나게 도와준 춤추는 물리의 대가들의 목소리를 다룬 책이다. 춤 속에는 그렇게 심오한 리듬과 깊이가 있다.

몸치들에게는 춤이 너무 어려운 경지지만, 춤은 꼭 몸으로만 추는 것은 아니다. 삶이 이미 춤 그 자체일진대 자기만의 리듬을 가질 수 있다면 배움이든 가르침이든 한걸음 더 나아간 새로운 경지를 맛볼 수 있다. 팬더는 지금 몸으로, 삶으로 춤추는 중이다.

궁부옆에 불타오는 팬니에게 아버지는 '너힌데 던어주 게 있다'며 포의 어머니의 삶이 담긴 유물을 보여주러 간다.

포의 어머니는 현명하고 아름답고 먹성도 좋았으나, 연이(포가) 태어나고 얼마 지나지 않아 자식을 지키고 목숨을 잃었다. 다시는 아버지와 헤어지지 않겠다고 다짐하는 포. 엄마에 대한 그 이상의 이야기는 나오지 않는다.

다만 엄마로서 자식에 집착하기보다는 엄마로서의 헌신과 희생을 보여주는 장면이 아닌가 싶다. 이 대목은 오늘날 자식에게 집착해서 매달리고 자신을 자기 욕망의 대상으로 소유하려는 부모들에게 경종을 울리는 장면이다.

한때 우리 사회에 유행했던 '당신은 부모인가 학부모인가?' 라는 광고가 떠오른다.

"부모는 멀리 보라 하고, 학부모는 앞만 보라 한다"

"부모는 함께 가라 하고, 학부모는 앞서 가라 한다"

"부모는 꿈을 꾸라 하고, 학부모는 꿈꿀 시간을 주지 않는다"

"당신은 부모인가? 학부모인가?"

"부모의 모습으로 돌아가는 길, 참된 교육의 시작입니다"

근대 교육. 권력과 자본에 종속된 경쟁 교육의 틀에 갇힌 학부모들의 속물적 욕망을 비판하는 광고다. 원대한 꿈을 꾸되 옆의 친구와 함께, 멀리 보고 길을 가라는 이 메시지는 많은 사람들의 공감을 이끌었다. 그 길에 이르기 위한 구체적인 방법까지 제시하지 못한 바는 아쉽지만 적어도 협동의 가치와 비경쟁의 정신, 자율성의 시간을 권장하는 목소리는 들을만 하다. 팬더 어머니도 아마 욕망 가득한 학부모는 아니고, 자식을 위해 자신을 희생하며 기꺼이 자식의 길을 열어주려 했을 것이다.

영화 속 팬더 어머니의 부재는 일반적인 아버지 부재와 다른 의미로 다가온다. 팬더 시리즈의 특징 중의 하나가 어머니의 부재다. '여성성의 부재'라는 시각으로 다시 본다면 이 영화의 의미는 매우 달라질 터이다.

엄마의 존재가 자식을 억압하는가, 혹은 해방하는가는 매우 중요하다. 우리는 각종 영화나 드라마, 소설 등에서 엄마의 존재가 자식들에게 끼치는 영향을 보아왔다. 앞서 언급한 〈블랙 스완〉의 경우 딸이 엄마를 부정함으로써 비로소 자신에 이른다. 그건 오이디푸스적 세계 속에 갇힌 아버지와 아들의 관계도 다르지 않다. 대장금의 어머니는 죽음의 순간까지도 진실과 정의를 추구하는 모습을 보임으로써 장금이가 '대'장금으로 성장하는 밑돌이 되었다. 그만큼 어머니와 아버지의 정체성은 자식들에게 중요한 의미를 갖는다.

팬더의 어머니는 팬더를 구하는 과정에서 스스로 죽음의 길을 선택했다. 여성의 희생을 일방적으로 강요하는 모습이라 비판할 수 있지만, 팬더는 그렇게 살아남아 자기 길을 걸었다. 이 글에서는 팬더 어머니의 그 희생을 기리는 것으로 마감하기로 하자.

한 편 카이를 염탐하러간 맨티스와 크레인은 돌아오지 않고 전국 각지의 사부들이 모조리 실종된다. 독수리 도마뱀 등등 모든 사부들의 실종을 걱정하는 시푸와 제자들 앞에 느닷없이 카이가 나타난다. 이미 크레인과 맨티스는 카이에게 기를 빼앗겨 좀비로 변한 지 오래다.

막강한 힘을 가진 카이는 몽키와 바이퍼까지 좀비로 만들고 대사부의 동상을 깨뜨리고 신성한 가르침의 전당마저 모두 파괴한다.

카이에 의한 대사부 동상의 파괴는 이제 더 이상 참 스승은 없다는 상징이며, 전당의 붕괴는 근대의 역사를 지탱해온 공교육의 붕괴 현장을 가슴 아프게 상기시킨다. 이제 더 이상 스승도, 배움터도 없다. 무지막지한 자본의 전장터에 버려진 황량한 잔해만이 가득할 뿐.

사람을 하늘처럼 여기고 널리 인간을 이롭게 하라는 홍익인간으로 대변되어온 교육 가치의 죽음을 보여준다. 과연 21세기 4차 산업 혁명 시대의 학교란, 스승이란 존재하는가? 존재한다면 어떻게?

작은 사부마저 기를 빼앗겨 좀비가 된다. 더 이상 물러설 곳 없고 살아날 기미가 보이지 않는 학교와 교사들. 이제 타이그리스만 남아 팬더에게 구원을 청하러 간다. 유일하게 남은 마지막 희망이니까.

9. 시간을 옮겨라 - 근대적 시간과 싸우기

팬더 훈련 첫째날. 해가 뜬다. 아버지를 찾아간 팬더.

"팬더 훈련 받을 준비 되었습니다. 가시죠, 진정한 팬더 기공의 달인 세상을 구하라!"

야심만만한 팬더는 기공을 배울 기분에 들떠 아버지를 찾아간다. 어럽쇼? 해가 중천인데 아버지는 아직도 주무시나, 기척조차 없다.

"기상 시간은 열두 시 이후야."

첫 번째 훈련은 늦잠 자기 그리고 낮잠 자기라는데 입이 열리지 않는다. 공부를 해야 하는데 잠만 자라니! 팬더 되기가 이리 어려울 줄

이야. 포의 푸념이 이어진다. 공부 시간에 잠을 자라고? 그것도 늦잠과 낮잠을? 그럼 공부는 언제 하나? 미래학교에서는 공부에 대한 개념 자체를 바꾸어야 한다.

경기도 교육청의 핵심 사업 가운데 9시 등교가 있다. 학생들에게 아침이 있는 삶을 보장해주려는 교육감의 정책이다. 처음 이 정책이 도입될 때 찬반 양론이 뜨거웠다. 위에서 일방적으로 내려온 지침에 가까워서 그런 면은 있지만 교육감의 의도는 명확했다. 학생들에게 잘 시간을 더 주자!

등교 시간이 획일화된 근대적 시간에 대한 교육감의 문제제기에 현장의 반응이 갈렸다. 시간이 지나면서 학생들이 충분이 자고 아침도 먹고 와도 좋다는 쪽으로 대세가 기울었다. 동일하게 일어나고 등교하고 꼭 짜여진 시간 속에서 기계처럼 움직여야 하는 틀을 바꾸기 위한 작은 몸부림이다. 이미 세계적인 기업들은 재택근무나 자율적인 시간 운영이 보편화중이다. 낮잠까지는 아니더라도 자율 출퇴근제나 수업 시간 운영은 미래의 학교가 만들어가야 할 숙제다. 낮잠자기가 실현되는 학교야말로 진정한 기공의 달인을 키우는 미래 학교다.

팬더가 기공을 공부하는 학교의 시간이 그랬다. 주체가 시간의 노예가 되지 않고 시간의 주인이 되는 공부. 시간의 철학, 미래라는 개념의 인식. 정해진 시간의 굴레에 얽매이지 않고 자유롭게 탈주하고 선택하는 용기와 지혜. 팬더 마을의 공부는 시간의 주체화로부터 시작된다.

이어서 구르기를 통한 기공 공부가 시작되었다. 팬더 아버지가 말한다.

"몸의 힘을 빼고 몸이 시키는 대로 쭉 내려."

그 동안 힘을 잔뜩 주면서 남의 기운을 빼앗아오려던 팬더, 적응이 잘 될 리 없다. 힘을 빼고 구르기 연습을 하는데, 갑작스런 힘의 불균형에 신진대사에 이상이 왔는지 구토를 시작한다. 구토(嘔吐)? 사르트르? 자기 삶의 부조리를 토해내라? 그렇다. 무지한 스승의 공부는 채움이 아니라 비움에서 이루어졌다. 앎은 알수록 한계와 불완전성에 부닛힌나. 그 불완전성을 깨우치기 위해 소크라테스는 끝없이 질문을 던졌다. 너의 앎이 진짜 앎이냐? 그러냐? 앎이란 게 뭐냐? 그 궁극적인 질문 앞까지 상대를 인도하는 일이 소크라테스의 산파술이다. 결국 자기의 무지를 토해내게 만드는 일. 무지만이 지식의 한계를 일깨운다.

"아래로, 아래로 토하고 몽땅 다 토해내렴."

공부는 위를 향해 경쟁하지 않는다. 하방연대(下方連帶). 아래로 아래로 몸을 낮추면서 연대하는 힘을 길러야 한다. 팬더 아버지는 새로운 공부를 시작하는 팬더에게 죽은 지식의 찌꺼기들을 토해내지 않으면 안 된다는 메시지를 던진다. 속에 든 이물질을 다 토해낸 팬더가 가벼워진 몸으로 굴러가자, '이제 좀 구를 줄 아네!'(스스로 도약할 준비가 되었다는 뜻)라며 흐뭇해한다.

힘이 잔뜩 들어간 팬더에게 힘빼는 법을 가르쳐주는 아버지.

'우아하, 힘을 빼는 게 포인트야!'
기분이 좋아진 팬더,
'음~~~~하'.
훨씬 좋아졌다.

"그런데 언제 시작해요?"
"뭘?"
"기공의 달인 되는 거요."

지금 하는 과정이 다 공부거늘, 너무 재미있고 즐거워서인가? 포에게는 아직 놀이와 공부의 일체화가 되지 않았다. 국어 신규 선생님들 수백 명이 모인 카톡방에서 이런 고민을 담은 글이 올라왔다.

"윤동주의 '별 헤는 밤'을 가지고 포스트잇으로 하브루타 수업을 했습니다. 학생들에겐 오늘 이 수업을 통해 스스로 시를 분석하는 능력을 키우고 시가 재미있게 느껴지길 바란다고 서두를 시작하며 수업을 진행했습니다. 학생들이 활발하게 참여하고 질문의 퀄리티와 대답 모두 정말 좋아서 제가 원하는 방향으로 잘 이루어졌다고 생각하고 있었습니다. 그런데 수업이 마칠 때 학생들에게 오늘 수업의 소감을 물으니 한 학생이 '오늘 수업을 안 해서 좋았어요'라고 말했습니다. 혹시 아이들이 오늘 수업에서 배운 것이 없다고 느꼈을까봐 마음이 아프고 다음에는 이런 수업을 지양해야 할까 하고 고민이 됩니다. 앞으로 수업을 어떤 식으로 개선시켜야할까요..ㅠㅠ"

이에 대한 다른 분의 대답이다'

"아이들에게 수업이란 게 필기하고 문제 푸는 거란 인식이 있어서 그런 게 아닐까요? '좋았다'라는 말에 초점을 맞추어 보시면 좋을 거 같아요. 아이들의 참여와 원하는 목표를 이끌어 내셨다면 그것만으로도 충분합니다. 수업이 노는 것처럼 느껴졌다니 오히려 저는 선생님이 부럽습니다."

이 얼마나 훌륭한 수업인가! 멋지고 즐겁게 공부하는 수업을 마친 뒤 벌어진 대화. 학생이나 교사나 공부와 수업에 대한 고정관념이 있는 탓에 공부를 하고도 공부인지 모른다. 팬더가 그랬다.

팬더의 질문에 대한 아버지의 대답은 의외로 심드렁했다.

"곧, 때가 되면."

현대 사회를 일컬어 자본주의라고 한다. 나는 '시본주의'(時本主義)라는 말이 바쁜 일상을 살아가는 도시인들에게 더 무섭게 다가오는 개념이 아닌가 한다. 현대인의 신은 자본이면서 동시에 시간이다. 시간과 나, 누가 주인인가?

사물이든 만물이든 익는 데는 모두 때가 있는 법이다. 그걸 아는 게 철을 알고 철이 드는 일이 아닌가. 시간은 인간이 만들어낸 환상이다. 팬더의 아버지에겐 아직 고정된 절대 시간이란 없다.

10. 스승은 없다, 아니 모른다

행복한 팬더 마을. 자유와 여유가 넘치는데 난데없이 나타난 타이그리스는 교사의 죽음, 교육의 파멸의 소식을 전한다. 팬더와 마을은 과연 학교를 구원할 수 있을까?

서둘러 피하는 팬더마을 주체들, 이제 다급해진 팬더는 아버지를 조르기 시작한다.

"기공을 가르쳐주세요. 전 준비되었어요. 낮잠자기에 늦잠자기, 구르기, 온천욕 등 모든 과정을 마쳤잖아요. 순도 백퍼센트 팬더가 되었는데 왜 안 가르쳐주세요?"

아들이 가르쳐달라는 성화에 아버지는 아직 멀었다며 때를 기다리라고 하지만 조급한 팬더는 여지를 주지 않고 아버지에게 매달린다.

그러자 나오는 아버지의 대답이 가관이다. '자기도 모른다'라는 폭탄 선언이다.

"나도 잘 모르니까!"
"뭐라고요?"
"나도 잘 모른다. "아무도 몰라. 예전엔 알았나 본데, 지금은 몰라."

마치 자기가 무슨 소크라테스라도 되듯, 무조건 '모른다'를 외친다. 당황하고 실망한 팬더.

"절 속였어요."
"아니, 아빠…. 그래."
"왜요?"
"아들 목숨을 구하려고. 도끼를 휘두르는 어떤 미치광이가 너를 쫓아온다고 하는데 안 속이게 생겼어? 그냥 내버려두어야 했니?"
"그럼요! 저는 용의 전사니까요. 미치광이 무찌르기, 그게 제 임무에요. 아빠 때문에 계곡을 지키지 못했어요. 친구들을 지키지 못했다고요. 그래서 전부, 전부…."
"거기 있었으면 너도 당했어. 널 겨우 찾았어. 두 번 다시 잃고 싶지 않아 절대로."
"난 이미 늦었어요."

아득한 절벽을 둔 계곡의 다리 위에서 둘이 나누는 대화는 이렇게 절망적이다. 힘 없이 돌아가는 포.

인간을 단순하게 둘로 나누는 방법이 있다. 아니 인간이 추구하는 가치를 둘로 나누는 방법도 있다. 공부와 가르침, 배움 등과 관련해서 나누고 싶은 가치는 바로 '앎'이다. 사람들은 무지를 경계한다. 아니 경멸한다. 중세를 암흑기로 단죄하며 근대의 이성과 계몽을 찬양하고 무지에서 벗어난 앎, 진정한 앎이야말로 인간이 추구해야 할 기본적인 가치라고 소리 높인다. 맞다. 그런데 뭔가 이상하다. 진정한 앎이 무엇인지, 어떻게 그 앎을 습득할 수 있는지 잘 모르기 때문이다. 이렇게 앎은 끝없이 모름, 무지로부터 공격을 당한다. 어찌보면 그것이 바로 앎의 운명이다. 무지로부터 한시도 벗어날 수 없다는 운명

앎의 힘을 강조한 근대와 달리 고대의 소크라테스는 모름을 강조했다. 모른다는 사실만을 아는 현자로 그를 묘사하지만 산파술로 유명한 질문의 대가 소크라테스가 추구한 삶은 '모름 그 자체'가 아닐까?

'모름 그 자체'를 추구하다니? 칸트가 말한 물자체(物自體)를 의미하나? 인간의 인식은 불완전하여 맞딱뜨리는 사물의 본질 그 자체를 알 수 없다는 겸손과 불완전성? 아니, 단지 '물자체'의 비인식 수준이 아니다. 진짜 모름이다. 모름을 안다는 말장난도 아니다. 우주 자체의 거대함과 역사 앞에서 느끼는 실존적 왜소함과 겸손도 아니다. 그저 모름 그 자체. 스승들은 모름지기 앎을 가르치지 않았다. 앎 그 자체도 무엇인지 진정으로 모르는 까닭에.

〈쿵푸 팬더〉 1편에서도 팬더의 양아버지는 국수를 만드는 비법이 없다고 말한다. 작은 스승 시푸도 열등감과 무력감에 빠진 팬더의 간절한 외침에 모른다고 말한다. 누구인들 알았으랴! 누가 누구를 가르칠 수 없으며 스승이란 그저 모르는 자임을. 그래서 랑시에르는 진정한 스승은 '무지한 스승'이라는 모험적이고도 새로운 이야기를 들려주었는지 모른다.

그래서인지 한창 공부를 하다보면 앎의 대가들보다는 모른다는 소박한 고백에 더 눈길이 간다. 그들의 무지는 오만도 아니고 겸손도 아니다. 그냥 그 자체, 삶이다. 최근 모름에 대한 가장 강렬한 고백과 충격을 준 이는 시인 심보선이다. 그가 쓴 '오늘은 모르겠어'를 나누며 스승과 제자, 앎과 공부, 그리고 무지한 스승과 모름에 대해서 돌아보자. 공부란, 가르침이란, 어쩌면 그 한마디면 충분한지도 모른다.

그래? 난 잘 모르겠어. 이런 소박한 말 한 마디로.

당신의 눈동자
내가 오래 바라보면 한 쌍의 신(神)이 됐었지

당신의 무릎
내가 그 아래 누우면 두 마리 새가 됐었지

지지난밤에는 사랑을 나눴고
지난밤에는 눈물을 흘렸던 것으로 볼 때

어제까지 나는 인간이 확실했었으나

오늘은 잘 모르겠어

눈꺼풀은 지그시 닫히고
무릎은 가만히 펴졌지

거기까지는 알겠으나

새는 다시 날아오나

신은 언제 죽나

그나저나 당신은 ......
〈심보선, 오늘은 잘 모르겠어〉

11. 허상과의 싸움

13인의아해가도로를질주하고
(길은막다른골목이적당하오)

제1의아해가무섭다고그리오
제2의아해가무섭다고그리오
(중략)

십삼인의아해는무서운아해와무서워하는아해와 그러케뿐모혓소
(다른사정은없는것이차라리낫소)
(후략)

이상의 시 〈오감도〉의 일부다. 서로가 서로에게 공포가 되어 방향을 모르고 질주하는 사회의 음울한 조감. 시인 이상이 보여준 오감도의 세계처럼 불길한 기운이 다가온다.

다들 도망가려 하지만 갈 곳은 없다. 비상구가 없다. 〈오감도〉가 보여주는 불길한 세계처럼 모두가 달려가기 시작하면 무서움만 존재한다. 지금 여기를 떠난 새로운 공간, 다른 세계는 존재하지 않는 까닭이다. 괴물 카이의 형상을 만들어서 열심히 무술 연습을 하는 포를 양아버지는 안쓰럽게 지켜본다.

양아버지는 팬더의 친아버지를 찾아간다. 힘빠져 먹기에 몰두하는 친아버지는 마치 팬더 1편에서 좌절한 팬더가 복숭아를 먹는 장면을 떠올리게 한다. 그때는 대사부 우그웨이가 와서 팬더에게 용기를 주었다. 이번에는 어떨까?

친아버지를 찾아간 양아버지.

양아버지 : "포가 걱정되어 온 게 아니라 댁이 걱정돼서 왔어요. 이제 알았어요. 내가 아들을 잃은 게 아니라. 아빠가 더 생긴 거라는 걸. 얼마나 좋은 일이에요."

친아버지 : "아니요. 저는 아빠가 아니에요 더 이상은요. 저는 큰 거짓말을 했어요."

양아버지 : "저는 거짓말을 한지 이십년이 되었어요. 포는 지가 알에서 나온 줄 알아요. 부모는 자식 잘 되라고 거짓말을 할 때가 있지요. 포는 지금 많이 아프고 힘들 거에요. 그래도 세상을 구할 아이에요. 우리 아들은 우리가 필요할 겁니다."

이런 두 아버지의 격려와 용기에 힘입어 포는 열심히 싸울 것이다. 그러면 어떻게?

맹렬한 연습을 하는 포, 그러나 그 공부는 전통적인 낡은 방법으로, 시대의 흐름을 따라가지 못한다. 포는 비장의 무기인 우시의 손가락 권법으로 카이를 제압한다고 확신하나 타이그리스가 보기에는 각주구검의 만용이다. 카이는 팬더 1편의 악당 타이렁과 수준이 다르다. '그에게는 유령과도 같은 제이드 군단이 있어, 접근할 방법이 없어. 그림자 근처도 못 갈거야'라고 말해주는 타이그리스. '카이를 막을 수 있는 것은 기공의 달인 뿐'이라며 팬더에게 기공을 익힐 것을 주문한다.

팬더는 '너 꼭 사부님 같다, 기, 기, 기. 알아. 나는 기공의 달인이 아니야. 내가 용의 전사인지도 헷갈리고 팬더인지도 모르겠어. 나도 날 모르겠다고. 그래 맞아 니 말대로 난 그자를 막지 못해'라고 좌절한다.

그때 나타난 두 아버지. 아버지는 부대를 만들라고 한다. 혼자의 공부, 혼자서 암기하고 학원 가고 시험 보고, 뭐든지 혼자서 배움을 익히는 공부는 한계에 달했다. 교육방송 '말문을 터라'에서 실험을 통해 자세히 보여주었듯이, 혼자서 공부하는 공부방은 공부 방법도 마치 허상과 죽어라고 싸우는 연습을 하던 팬더처럼 재미가 없을 뿐더러 능률도 오르지 않는다. 설사 좋은 성적이 나온다 하더라도 자기 만족과 욕망 충족을 위한 시스템 속의 공부를 벗어나지 못한다. 반면 '말하는 공부방', 즉 모르는 걸 더불어 묻고 가르치고 따지며 서로에게 배움이 일어나는 공부는 과정도 재미나지만, 결과에 상관없이 협업 그 자체가 소중한 공부 체험이다.

중간고사나 기말고사 시험 기간에 공부하는 모습을 보라. 하다못해 초치기를 하더라도 혼자서 중얼중얼 외우는 아이와 친구와 재잘재잘 떠들면서 자기에게 부족한 것을 채우는 아이, 누가 더 공부를 잘하고 진정한 공부의 달인이 되겠는가.

결국 한 아이가 성장하기 위해서 온 마을이 필요하고, 마을 사람들은 물론 마을에서 자라는 풀 한 포기 바람 한 줄기 등 모두가 모여 한 아이를 길러내듯이 포의 기공 수련을 위해서는 포 혼자만의 노력으로는 애초에 불가능한 일이었다. 그래서 아빠가 말한다. '그럼 니 부대를 만들면 된다'고

"아빠랑요?"
"나 혼자는 아니고, 나랑(양아빠) 그리고 우리랑(각자 개성을 지닌 모든 팬더들)."

무지한 스승의 보편적 가르침이 시작되는 순간이다. 혼자 만들어 가르치지 않고 서로가 의지로 배우는 집단 공유 지식의 탄생 순간이다.

이십년 세월의 이별을 딛고 만난 오늘, 아버지는 이제 포와 떨어질 수 없다면서 같이 싸울 결의를 다진다. '쿵푸를 모르지 않냐'는 포의 반문에 아버지의 대답은 다시 포를 흔들어놓는다.

"네가 우리를 가르치렴!"

뭐라고요? 가르침의 상처와 울렁증은 이미 겪을만큼 겪은 포다. '교사도 학교가 두렵다'는 말처럼 선생도 가르치기가 두려운 시대다.

12. 차이와 반복의 고유성

비록 사부를 잃었지만 친구, 부모, 가족들이랑 함께 살아야하는 포.

"쿵푸 할 줄 모르시잖아요."
"니가 우리를 가르치렴."

놀라는 포. '뭐라고요 제가 어떻게 쿵푸를 가르쳐요? 타이그리스도 못 가르치는데. 쟤는 고수인데도 포기했다고요.'라며 도망친다. 그때 이어지는 아버지와의 대화가 오랜 숙변을 토해내듯 팬더에게 다시 커다란 깨우침을 준다.

"포 나도 잘 안다. 나에 대한 믿음이 완전히 무너졌다는 걸 말이다. 하지만 이번에는 믿어 다오. 우리는 할 수 있어. 우리도 쿵푸를 배울 수 있다. 우리도 너처럼 될 수 있을 거야."

'우리도 너처럼!' 이 말에서 포는 깨달음을 얻는다. 아, '너처럼'이라
는 말이 잘못이라는 걸 깨닫는다. 왜 진정한 공부는 '너처럼'이나 '남처
럼'이 아니라 '진정한 나 찾기'이니까.

"방금 뭐라고 하셨죠?"
"우린 할 수 있다?"
"아니요."
"쿵푸를 배울 수 있다?"
"그다음 거요!"
"우리도 너처럼 될 수 있다?"
"맞아요."
"아니요 절대로! 그럴 필요도 없고요. 그게 그 말이었구나."
"난 널 나로 만들려는 게 아니야. 너를 너로 만들려는거지."
"전혀 말이 안 되는데(양아버지)"
"저도 알아요."
"고마워요, 아빠."
"뭐가?"
"이런 날이 올 줄은 상상도 못했는데. 쿵푸를 가르쳐 드릴게요."
"여러분, 진짜 자신이 될 때, 강력한 힘이 나와요. 자신이 누구인지
뭘 잘하는지 뭘 좋아하는지, 나다운 게 뭔지 찾아요."

결국 진정한 자기 자신, 개성 넘치는 나의 자아를 바탕으로 원래의 참된 자기를 찾아갈 때, 기공은 완성되고 해방을 꿈꾸는 보편적 가르침이 이루어진다.

이 무슨 뜬 구름 잡는 소리인가? 모두를 향한 맞춤형 교육을 해야 한다는 말이다. 절대불변의 이상적 가치를 정해놓고 서로 경쟁하는 시스템의 노예, 상위권 대학 입학을 위해 스스로 자발적 노예가 되는 문제집 풀이를 거부하고 각자 자기 스스로가 되기 위한 노력 속에서 참된 공부가 이루어진다는 뜻이다. 그러하다면 누구라도 가르칠 수 있다, 그게 무지한 스승의 역할이라는 팬더의 깨달음이다.

이제 팬더 마을이 갑사기 분주해졌다. 서로 끌어안기, 리듬 춤추기, 하늘 날기, 구르기, 만두 떨어뜨리지 않기 등 각자의 개성에 맞는 단계별, 수준별 공부가 이루어진다. '준비가 되었어'라며 희망을 갖는 팬더. 수준에 못 미치는 친구들에게 '잘 들어, 열 번만 더 이야기 하고 안할 거니까.'라며 반복하고 반복한다. 출입구 쪽은 '만두부대, 과자부대, 국수부대' 등 다양한 부대를 배치하고 카이의 침략에 대비한다.

보편적 가르침 속에서 팬더들은 각자 자기 길로 간다. 왜 굳이 '와서 모여 하나가 되자'를 외치고 , 총화단결을 주장할 필요가 없으니까. 내가 네가 되지 않고 내가 진정한 내가 되는 공부 속에 참된 배움의 길이 있으니까.

모두는 모두 안에

랑시에르가 말하는 '무지한 스승'의 3대 원칙 중의 하나가 '모두는 모두 안에 있다'는 말이다. 마치 화엄의 세계에서 인드라망의 구슬이 서로의 모습 속에 모든 우주를 서로 비추는 형상처럼 말이다.

온 마을이 카이의 대비책을 준비하는 동안 더 많은 부하를 거느린 카이가 마을을 찾아온다. 벌어지는 최후의 싸움. 양측의 실력은 막상막하. 카이에 의해서 화석처럼 굳어버린 생기 없는 좀비들은 낡은 지식, 죽고 굳고 썩은 과거의 패러다임을 상징한다. 영혼 없는 기계적인 몸동작은 마치 관료 시스템에 얽매여 불필요한 작업만 해대는 기관과 다르지 않다.

우리 나라의 교육을 총괄한다는 교육부. 사방에서 교육부 해체를 주장하는 목소리가 높다. 우스개 말로 '교사는 교장이 없어야 교육을 잘 할 수 있다고 말하고, 교장은 교육청, 교육청은 교육부가 없어져야 우리 나라 교육이 산다'고 한다.

교육부의 존재 이유는 무엇인가? 불필요한 예산 낭비, 역사 교과서 국정화, 교원 평가를 비롯한 교사 분열, 수직적이고 획일적인 교육 행정 시스템. 교육부야말로 학교와 학생을 죽여온 국가 기관으로 존재 가치와 이유가 없는 대한민국 교육의 암적 존재라는 지적은 어제 오늘의 일이 아니다.

그런 점에서 마을과 학교, 학생들의 개성을 말살시키려는 카이의 존재는 그 자체로 거대교육기관인 교육부의 상징이다. 모두를 권위와 체제 아래 종속시켜 길들이려는 반교육적 화신이다.

각각의 현장에서 벌어지는 일상의 투쟁. 지난 수십 년을 끌어온 지난한 교육운동의 역사는 결국 카이와 주인공 포의 싸움으로 이어진다. 거대 권력에 맞서는 포의 지난한 노력은 어떤 결실을 맺을까?

싸움은 이제 절정에 달한다.

'복수의 화신, 사랑의 파괴자' 카이와 노예들.

각자가 역할을 맡아 열심히 맞서지만, 마치 죽어도 죽지 않는 워킹 데드처럼 자기들은 '생명체한테만 먹히는 거지. 이걸 어쩌나 난 저승에서 온 전사다'라며 팬더 마을의 주체들을 위협한다. 힘 없이 무너지는 포와 친구들. 어린 아기의 울음과 아버지의 당혹함 속에서 위기에 몰린 팬더.

'니가 날 저승으로 보낼 수 있을 거라 생각했냐? 한심한 생명체 같으니. 난 생명체 한테만 먹힌다.'라고 카이가 말하자 그 말에서 깨달음을 얻은 팬더는 '난 널 보낼 수 없어. 대신 데려갈 수는 있지.'라며 포는 카이와 함께 저승행을 택한다.

포와 마을 주체들의 노력에도 불구하고 거대 자본과 권력의 상징인 카이를 이기기는 역부족이다. 모두가 지치고 쓰러진 상황. 포도 카이를 당하지 못해 구석에 몰렸다. 그렇다면 포의 최후 선택은 무엇인가? 바로 카이와 더불어 저승으로 회귀하는 일이다. 결국 자기 자신의 몸을 바쳐 희생하지 않고서는 이 막강한 거대 권력과 맞서기 어렵다는 뜻이다. 대개 만화나 영화 혹은 세상의 주인공들이 그렇듯이.

영화는 다소 극적이고 만화적이다. 무지한 스승 포와 절대 권력 카이 사이에 최후의 결투가 이어지고 포는 위기에 몰린다. 저승에서의 마지막 싸움답게 팽팽하지만 '힘내라 아들! 싸워'라는 응원에도 불구하고 카이의 일방적 공격에 포는 속수무책이다. 이승에서 저승의 기운을 느끼는 아버지와 친구들. 포의 고통과 위기를 감지한 아버지는 손바닥에 기운을 모아 포를 돕는다. 그야말로 온 마을이 힘을 모아 한 아이를 살리는 과정이다. 모두가 힘을 합쳐 간절한 염원으로 손바닥 기를 모아서 포에 대한 압박을 풀어낸다.

"우리가 살려야 돼. 동그랗게 모여, 우린 할 수 있어. 기를 모아 포에게, 포 넌 우리가 누구인지 알게 해줬다."

아버지의 간절한 마음과 '난 아버지 난 친구. 난 만두타기 선수, 난 강력한 쌍절곤 소녀, 아기 어흥이, 나는 가족' 모두가 포와의 인연을 매개로 힘을 더하여 죽어가는 포의 심장을 뜨겁게 변화시킨다.

13. 들뢰즈와 랑시에르의 합, 무지한 스승 - 되기

모두가 모두 안에 있는 힘으로 새롭게 태어난 포, 그는 이미 단순한 한 개체로서의 팬더가 아니다. 싸움은 이제 결말을 향해 치닫는다. 부활한 포를 보고서야 비로소 죽음의 공포를 느끼기 시작한 카이가 묻는다.

"너는 누구냐?"
"나도 그게 궁금했었다. 팬더의 아들인지, 거위의 아들인지. 수련생 아니면 선생. 알고 보니 난 그 전부다."

이제 팬더는 허공에서 춤을 추며 한 마리 용의 기운으로 다시 태어난다. 팬더에서 용의 전사로, 용의 전사에서 다시 팬더로 그리고 이제야 비로소 진짜 용으로 변신이 이루어진다. 용의 전사라는 은유에서

용이라는 실체로의 전환. 말씀이 육신이 되고 언어가 삶으로 전환하는 과정을 보여준다. 깨달음을 얻은 진정한 자아를 발견하면서 팬더이자 포에서 '용-되기'로 변신을 이룬다 그리고 이어지는 한 마디.

"그리고 난 용의 전사이기도 하다."

신나게 춤을 추면서 유쾌한 자유인인 '그리스인 조르바'처럼, 니체의 '어린 아이'처럼 유쾌하게 배우고 싸운다. 우주를 마음껏 유영하는 팬더의 모습은 자본과 권력과 외부로부터 온 일체의 욕망을 마음껏 제어하는 자유인의 모습 그것이다.

아직 기가 죽지 않은 카이는 '우그웨이 기를 빼앗기 위해 500년을 기다렸다며 너의 기를 뺏을 수 있다면 그 이상도 기다려주마' 하고 버텨보지만 그까짓 '쫑알쫑알 쫑쫑' 소리 따위는 팬더에게 이미 아무런 영향을 끼치지 못한다. 오히려 자기의 기를 카이에게 나누어준다.

"내 기가 그렇게 필요해? 그럼 가져가."

기를 불어넣어주자 카이 몸으로 완전히 흡수된 팬더. 자기가 감당하기 힘든 기를 받아들인 카이는 견디지 못하고 폭파된다.

"너무 세, 안돼."

어떻게 하면 자본 안에서 자본과 함께 자본의 죽음을 이끌어낼 수 있을까?

'만인의 만인에 대한 투쟁' 속에서 '보이지 않는 손'으로 진화하여 1, 2차 세계대전과 전 세계적인 금융위기를 거치고, 이제 '세계화'와 '고립주의'의 경계에서 인류를 무한한 위협과 공포 속으로 몰아넣는 자본주의에 맞서서 자기를 지키고 마을을 평화롭게 가져올 구원의 열쇠는 어디에 있는가?

이제 현실세계에서는 기본소득, 협동조합, 공유경제 등의 개념으로 다중(多衆)이 함께 기를 모아 자본이라는 괴물과 싸울 준비가 한창이다. 그런 현실에서 교육이 할 일은 무엇인가? 교사들은 어떻게 스스로의 무지를 자각하고, 모든 인간이 평등을 가설하며 근대적인 분열들끼 진보의 개념을 넘어서 배움의 길을 갈 것인가!

팬더는 죽었던 사부들과 제이드 군단에게 숨을 불어넣어준다. 고전과 인문학의 부활이다. 그리고 자기를 불러주고 이끌어준 자신의 가장 깊은 무의식, 무지의 지혜와 대면한다. 우그웨이 대사부와의 마지막 만남이다.

"그래서 내가 네 아버지한테 전갈을 보냈어. 니가 너의 운명인 진정한 팬더가 되었구나. 니가 내 앞에 떨어진 순간 난 그 때 '쿵푸의 미래와 과거를 보았어'. 그 둘을 하나로 이어줄 팬더를 보았어. 음과 양을 두루 갖춘 인물, 넌 나의 유일한 후계자였지."

"제가요?"

우그웨이는 답이 없다. 이심전심(以心傳心).

일전에 구름학교와 같은 정신과 마음으로 교사 성장 학교를 만들어 가는 충남 나무학교를 방문하는 길에 공주 마곡사에 들렀다. 대웅전 주련에는 이런 말이 쓰여져 있다.

古佛未生前(고불미생전) 옛 부처님 나시기 전에
凝然一相圓(응연일상원) 의젓한 일원상(동그라미 하나)
釋迦猶未會(석가유미회) 석가도 알지 못한다 했으니
迦葉豈能傳(가섭기능전) 어찌 가섭에게 전하리.
本來非조白(본래비조백) 본래 검지도 희지도 않으니
無短亦無長(무단역무장) 짧지도 또한 길지도 않도다.

그때의 단상을 조금 더 열어가보자.

나무 위로 바람이 조금 불었을까, 멀지 않은 백범당 처마에 풍경 소리만 홀로 울어대고 길지 않은 여행의 마지막 여정이 기다리고 있다.

'무지한 스승' 그리고 '들뢰즈와 교육'의 무게 때문인지 하나 둘 들어오는 선생님들의 발걸음은 가벼워 보이지 않았다. 나 역시 무지한 스승은 오래 전 읽다 포기했고, 들뢰즈와 교육조차 다 읽지 못했다. 밴드의 존재조차 몰랐던 까닭에 과제나 읽기자료 등이 있는지도 알지 못했다.

나무 학교에 참여하려면 두 권의 책을 읽어야 한다는 심선생님 말을 듣고, 과제 책은 미처 다 읽지도 못한 채 〈천 개의 고원〉과 〈앙띠 오이디 푸스〉 등을 번역한 김재인의 들뢰즈 입문서인 〈혁명의 거리에서 들뢰 즈를 읽자(느티나무 책방)〉라는 책을 조금 읽었다. 전쟁기계를 설명하 면서 〈미하엘 콜하스의 선택〉이란 영화를 소개한 대목을 보았다. 난 독중인지, 책을 잘 못 읽는 대신 영화를 좋아하는 나는 지난 사흘간 찜질방을 전전하면서 잠을 설칠 때마다 그 영화를 보았다.

부당한 권력을 행사하는 영주에 맞서다 말과 하인과 아내를 읽고 결국 농민 봉기를 일으켰지만 공주의 협상에 응한 대가로 정의와 보 상을 얻되 목숨을 초개같이 내어준 한 남자의 이야기다. (왜 이영화의 줄거리와 잔상들이 지워지지 않을까?)

그 뒤로 이어지는 대화 방식은 '나무 맵'을 이용한 '회전목마 토론'

나무 한 그루에 8개의 가지를 그리고 기본 질문(BQ)과 하위 질문 (SQ)으로 자기 생각을 정리하게 했다.

기본 질문의 주제는

〈선생님께서 꿈꾸는 대안적 교육과정-수업-평가는 무엇입니까?〉

그에 따른 하위 질문의 내용은 이했다. '학생들의 배움 상실 원인, 외적 강화 보상의 교육적 가치, 소외된 학생, '나'와 연관된 수업, 지식 은 배움의 내용인가? 꿈꾸는 평가방식, 이상적 교실 운영의 장애물들, 내가 꿈꾸는 2017' 이렇게 8가지이다.

각자가 맵을 그린 후 그 내용을 보면서 앞 사람과 이야기를 나눈다. 회전목마처럼 자리를 옮겨 돌아가면서 사람당 각각 8명의 상대를 만나 하위 질문 2개씩에 대한 이야기를 나누었다. 서로 잘 모르는 사이지만 어색함이나 불편함 없이 내 이야기를 하고 상대방의 이야기를 들었다. 두 권 책의 내용을 바탕으로 만들어진 발문들. 때로 질문의 의도가 명확하지 않거나 질문을 오독한 내용도 있었으나 5분에 한 명씩 다양한 이야기를 주고받다보니 한 시간이 금방 지나갔다. 교육 경력과 사는 지역은 달라도 동시대를 살아가는 교사들의 고민은 크게 다르지 않다는 것을 확인.

맛난 저녁을 먹고 〈무지한 스승〉에 대한 본격적인 토론에 들어간다.
1차 토론은 중간 크기 포스트잇에 무지한 스승의 책 내용 중 인상적인 구절을 적고 그 구절을 선택한 이유를 나누기다. 책이 어려워서 나를 포함한 많은 분들이 전체적인 흐름을 이해하지 못했지만 교사 특유의 순발력을 발휘해서 한두 가지 이상의 구절들을 적었다. 그리고 돌아가면서 그 구절을 선택한 이유나 의미에 대해서 이야기를 나누었다.
설명과 이해를 중시하는 전통 교육과 다른 랑시에르의 관점. 교사의 가르침의 경계에 대한 화두, 인간의 지적 능력은 평등한가에 대한 의심과 당위 등 다양한 내용들이 종이 위에 펼쳐졌다.

이어진 2차 토론은 '지적 능력이 평등하다'에 대한 가벼운 신호등 토론.
찬성은 파란색, 반대는 붉은색 종이 위에 간단하게 자기 입장과 근거를 적고 두 팀으로 나누어 모둠 토론을 했다. 3:2 정도의 비율로 평등에 대한 동조 입장이 많아서 모둠마다 토론자의 수는 달랐지만 사뭇 진지한 태도로 열띤 토론이 벌어졌다.

지능의 개념 정의(역시 토론은 정의가 어렵고도 중요하다!)에 따라 다른 흐름이 이어지기도 했지만 모둠마다 나름 다양한 토론이 전개되었다.

찬반 논쟁이 치열했던 모둠에서 지능을 그릇에 비유하는 대목에 이르렀고, '그릇은 다 같다와 그릇의 크기는 다른데 그 그릇을 활용하는 능력은 다 같다' 등으로 의견이 충돌했지만, 결국 인간의 성장을 위한 변화와 가능성에 대해서는 모두 공감하면서 어떻게 그 길을 찾을 것인가, 그래서 교사는 어떻게 개입 혹은 불개입의 경계를 만들어야 하는가를 고민하는 자리가 되었다.

시간은 어느덧 열시 즈음, 첫날 공식 일정을 마치고 열시 반에 넓은 방에서 술과 함께 다 같이 둘러앉아 원탁식으로 간단한 건배사를 나누며, 나무학교 참가 동기를 소상하게 이야기하는 자리가 마련되었다.
다문화, 업무 부담, 아직 초임임에도 불구하고 교직에 대한 회의, 동료관계 단절 등 학교 생활의 어려움 속에서 확인된 건 나무 학교에 모인 모두는 조금씩 각자의 외로움을 가슴에 품고 있다는 점, 그 외로움을 나누고 껴안아 더 큰 나무로 성장하기를 꿈꾸며 한 자리에 모였다는 것. 그 마음을 나누는 것만으로도 2기가 함께 보내는 하룻밤의 의미는 충분했다.

눈을 떠보니 이미 8시, 해는 중천이라 마곡사 아침 산책은 엄두도 못내고 아침을 먹은 후 다시 강의장에서 공부의 행군을 시작했다. 김진성 선생님께서 간단한 몸풀기로 단어 3개 찾기 활동을 제시했고, 2017년 나에게 행운을 가져다 주는 단어 3개로 이야기를 나누었다.(나의 단어는 미지, 친구, 연인)

심대현 선생님의 2차 강의로 배움의 공동체, 하브루타, 프레네와 발도로프 등의 의미와 취지에 대한 설명이 이어지고, 각자가 살아온 2016년 수업과 올해 펼쳐보고 싶은 새로운 수업에 대한 구상을 정리 발표했다.

한 분 한 분의 고민과 포부는 아직 오지 않은 미래이지만, 이미 우리 안에 다가온 미래같은 현실로 공감을 이루어내고, 아직도 부족하지만 올해는 그래도 무언가 해볼 수 있다는 일말의 희망. 나무 아래 거대한 뿌리는 아니지만, 리좀처럼 가볍게 뻗어나갈 수 있는 바람의 여유는 조금 갖지 않았을까 하는 생각이 들었다.

단체 사진을 찍고 아쉬운 마음으로 각자의 집을 향해 떠났다. 여기저기를 떠도는 경계인의 삶. 이번 나무학교도 참관인으로 소개되어 나의 자리는 여전히 모호하지만, 그 경계에서 나는 나 나름대로의 공부를 이루고 꽃을 피우려고 한다. 매달 내려갈 자신이 있는지 모르지만, 나무학교보다 더 좋은 공부 자리가 또 어디 있으랴!

월요일에 집을 나왔는데 돌아오니 어느덧 토요일이다. 씻고 한 숨 자고 일어나 밀린 한겨레 신문을 들쳐보는데 토요판에서 즐겨 읽는

'이주의 시인'란에 실린 유홍준 시인의 〈주석 없이〉라는 시를 읽다 찡하는 진동을 느꼈다.

> 탱자나무 울타리를 돌 때
> 너는 전반부 없이 이해됐다
> 너는 주석 없이 이해됐다
> 내 온 몸에 글자같은 가시가 뻗쳤다
> 가시나무 울타리를 나는 맨몸으로 비집고 들어갔다
> 가시 속에 살아도 즐거운 새처럼
> 경계를 무시하며
>
> 1초 만에 너를 모두 이해해버리는 나를 이해해다오
>
> 가시와 가시 사이
> 탱자꽃 필 때
>
> 나는 너를 이해하는데 1초가 걸렸다
> 유홍준 〈나는 웃는다〉 (창비 2016) ·

부처님도 끝내 알지 못할 '무지한 스승'과 '들뢰즈의 언어'들. 우리가 그것을 머리로 이해하기에는 평생의 시간도 모자랄 것이다. 그러나 우리는 안다. 우리 모두는 자기가 자기도 모르는 무지한 스승들이고, 그 무지의 숲속에서 천천히 가시를 뻗으며 자라나는 한 그루의 탱자나무들이라는 것을, 그것을 이해하기 위해서는 단지 1초면 충분하다는 것을.

그렇다. 깨달음의 세계에서 공부는 지식으로보다 직관과 본능으로, 감각과 정동(情動)으로 다가온다. 이제 우그웨이는 포에게 의발(衣鉢)을 전수한다. 달마가 혜가에게 의발을 전수하고 다시 그 정신이 육조 혜능에게 이어지고 오늘에 이르듯, 우그웨이와 팬더의 깨달음은 무지한 스승을 지향하는 우리에게 이어지리라.

팬더는 묻는다.

"이제 뭘 할까요?"
"결정은 너한테 달렸어. 갈지, 남을지."
"돌아갈 수 있어요?"
"모르지, 난 안 해보았거든."

팬더는 시간을 초월한 여행을 통해 마을로 돌아온다. 저승에서 이승으로의 여행, 과거나 미래의 환영으로부터 오늘, 현재로의 회귀. 팬더는 비로소 지금 여기의 존재가 된다. 이미 더 큰 깨달음을 얻은 채로.

"두 분이 날 살렸어요, 여러분 모두가요."

모두가 모두를 살리는 교육, 교사가 학생을 가르치고 학생이 다시 교사를 가르치는 학교, 진정한 마을 학교, 모두가 깨달음에 이르는 무지한 스승학교의 탄생이다.

"한 수 가르쳐 줄래?
"준비되었나?"

흐뭇하고 즐거운 마음으로 새로운 공부가 시작된다. 형식적 스승은 팬더지만 이제 더 이상 모두는 개별화된 선생이나 제자가 아니다. 서로가 서로의 스승이고 우정을 나누는 친구다.

세상의 모든 공부의 고수들은 이타오의 말을 빌려 말인다.

"스승이 되지 않고서는 친구가 될 수 없고
친구가 아니고서는 진정한 스승이 될 수 없다고."

이제 당신들은 나의 친구가 될 준비가 되어있는가. 그렇다면 나의 스승이 될 것이다. 이제 당신들은 나의 스승이 될 준비가 되어 있는가. 그렇다면 진정한 나의 친구가 될 것이다.

징검다리 글 - 코딩과 무지한 스승

코딩 교육과 무지한 스승의 출현

2018년 벽두, 영등포에 있는 청소년 놀이문화배움 공간 '하자 센터'에서 징검다리 미래교육원 주최로 코딩 교육 마당이 열렸다. 3시간에 걸친 코딩 실습을 마친 뒤 이루어진 가벼운 토론회.

"자본은 더 좋은 코딩 언어로 제품을 개발하면서 인간들에게 소비와 기술 개발을 요구합니다. 물론 과학 기술 개발과 진보를 인정합니다. 앞으로의 세계는 컴퓨터 언어가 담당하는 시대가 옵니다. 언젠가는 인공지능이 만든 음악을 듣는 세상이 오겠지만, 교육은 인간을 통한 창조성과 협업이 더 필요하지 않을지요. 모두에게 보편적 코딩 교육을 하기보다 관심과 재능이 있는 사람 중심으로 가야합니다. 그런 면에서 코딩교육 바람은 미친 짓입니다."

코딩 교육의 전면 실시에 대한 날선 비판의 목소리가 울려퍼진다. 생태교육과 탈핵 운동을 꾸준히 해오신 이창국 선생님께서 이렇게 먼저 포문을 열었다. 이어지는 발언.

"컴퓨터가 모든 생활 영역에 개입하겠지만, 그렇다고 아이들을 전부 코딩 교육의 대상으로 삼아야 하나요? 컴퓨터 업체가 나와서 베이직을 교육하던 바람과 지금은 무엇이 다른가요? 코딩 교육은 컴퓨터를 통한 제2의 식민화입니다. 결국 자본의 손아귀에서 전국의 학생들과 학부모, 교사, 사교육 업체들이 스스로 압착해서 돌아가는 톱니 될 겁니다."

역시 코딩 교육을 통한 식민화에 대한 우려의 목소리다. 물론 반박이 이어진다.

"처음 제가 코딩 교육에 참여했을 때, 몇 개의 도구를 주고 1비트를 만들라고 했을 때 무척 막막했는데, 이렇게 저렇게 시행착오를 겪으며 하다 보니 안 가르쳐 주었는데 되는 기쁨을 맛보았어요. 저는 우리나라 사람들이 사회운동을 할 때 에스엔에스 플랫폼을 잘 활용한다고 봅니다. 코딩을 배워두면 코딩을 통해서 할 일에 영향 줄 일이 많습니다. 예를 들면 물물교환이 가능한 비영리 플랫폼을 만들 수 있습니다. 코딩은 선의의 물물 교환이 가능한 플랫폼을 만드는 것이 가능한 가

성비 좋은 도구입니다. 코딩을 알면 어디서나 시스템에 영향을 줄 수 있어요.

코딩은 혁명의 플랫폼이 될 수 있습니다. 누구나 다 배울 필요는 없지만, 배워두면 자기가 하고 싶은 일을 사회적으로 실천할 때 매우 유용한 도구가 돼요. 지난 촛불 혁명 때 '박근핵닷컴'이라는 프로그램을 만든 사람을 떠올려 보세요. 코딩을 배운, 한 사람의 기발한 아이디어와 능력이 사회를 바꾸는데 아주 큰 힘을 발휘하잖아요."

코딩 교육 자리를 마련한 미래 교육원 박성미 좌장은 코딩 교육의 가치와 필요성을 역설한다. 겉으로 드러난 실체가 별로 없고, 코딩 교육의 철학부터 취지, 원리, 방법, 교육방안 전체가 오리무중인 까닭에 코딩 교육을 바라보는 시각은 이렇게 극과 극으로 갈렸다.

코딩 교과서 작업에 참여한 이날의 강사님도 우려를 표했다. 물론 코딩교육 전면화와 위에서 아래로 내려먹이는 일방적 교육 시스템에 대한 우려이지 코딩 그 자체에 대한 우려는 아니다. 코딩이 갖는 인식론적인 인간 의식 변화와 문화 발달, 놀이 교육과 감수성 성장 등에 대해서는 깊은 의미부여를 하고 계셨다. 더 재미난 이야기는 뒤풀이 자리에서 이어졌다.

"선생들이 떨고 있어요. 코딩 교육이 시작되면 자기들보다 아이들이 더 잘 할 텐데 그러면 교사로서 자기 존재감이나 위상이 어떠할지 불안하다는 겁니다. 선생님들이 가르쳐주기 전에도 아이들이 스스로 터득할 테니까요."

아이들이 더 잘 배워서 선생님을 가르치는 시대가 올지도 모른다는 말이다. 그 말에 전적으로 공감하면서 나도 한 마디 거들었다.

"코딩 교육은 기존의 교사 권력을 해체하고 학생들이 주체로 서는 데 아주 유효한 플랫폼이 될 수도 있습니다. 지식은 권력이라는 푸코의 말이 있지요. 그 동안 한국 교육은 '교사들이 자기가 먼저 배운 지식으로 학생들을 지배'해 왔습니다. 지식의 권력화고 도구화지요. 코딩 교육에서는 그 관계가 역전되는 사례가 발생할 수 있습니다. 아니 코딩 교육을 통해서 그 동안 이어서온 교육 시스템과 메디디어이 붕괴와 재창조라는 새로운 세상을 만들어야 합니다."

〈미래 학교와 무지한 스승〉이라는 이 책의 마지막 편집본을 들고 마무리 하려던 상황에서 만난 코딩 교육에 대한 글을 다시 이렇게 써서 책의 말미에 부록으로 넣은 까닭이다. 가르치지 않아도 스스로 깨치는 교육, 교사가 지식을 권력화 하지 않고 스스로 무지한 자리로 내려가 학생들의 배움 자체를 촉발만 하는 교육. 실체도 없이 떠돌며 문제가 많은 코딩 교육을 앞에 두고 이런 평가가 온당할지 모르지만, 그런 가능성의 씨앗이 잠재되어 있다는 점에서 코딩 교육은 충분히 다루어볼만한 주제다.

아직 시작도 하지 않았고 코딩 교육을 둘러싼 담론조차 부족한 상황이지만, 짧지만 강렬한 3시간의 코딩 교육과 평가회에서 미래의 교육을 둘러싼 우려와 가능성이 치열하게 교차했다. 물론 미래의 코딩 교육이 어떤 방향으로 흘러갈지는 아무도 모른다. 몇 가지 짐작이 가능할 뿐.

코딩이란 무엇인가?

4차 산업 혁명과 인공 지능 시대. 담론인지 허상인지 모를 개념에 힘입어 세상은 지식의 폭발을 경험 중이다. 블록체인 시스템에 기반한 비트코인의 열풍이 보여주듯, 세상을 변화시킬 여러 신기술 가운데 하나가 이렇게 세상을 흔들어 놓는다면, 다른 수많은 지식 결합이 가져올 세상은 얼마나 또 달라질까? 그 지식과 신기술의 한복판에 코딩 교육이 있다.

문외한 주제에 코딩에 대해서 언급한다는 것이 어불성설(語不成說)이나 세상은 또 그런 불성설이 새로운 언어를 만든다는 배짱으로 이 글을 써보고자 한다. 코딩교육을 여러 다양한 시도들 중 하나로써 고민하고 노력하는 창작자들인 두 분의 스승님을 통해서 말이다. 바로 이날 하자 센타에서 코딩을 가르쳐주신 '김승범' 님과 '후니다 킴' 님 두 분의 철학과 기술을 통해서다.

김승범 님은 생명과학을 전공하고 컴퓨터를 사용해서 작업을 한다. 우리 모두를 위한 컴퓨터 활용과 컴퓨터 교육을 공부하며, 컴퓨팅을 매체로 사유를 일으키는 키트를 만들어 작업하는 창작자와 미디어 아티스트로도 활동 중이다.

컴퓨팅 키트(KIT)로 워크숍 하기를 좋아하다고 한다. 키트가 궁금하다고? 이 분은 KIT의 의미를 다르게 풀어서 사용하고 있다. 키트는 'Knowledge Interated through Tinkering'의 머리글자인데 한 마디로 '뚝딱거리면서 만들고 노는 행위'라고 한다. 컴퓨터 기기를 컴퓨터 주변 기기와 결합 하고 연결하는 작업을 즐긴다는 것이다.

다른 선생님인 후니다 킴은 조각을 전공한 아티스트다. 오브젝트-오브제(사물 만들기)보다는 에코 시스템 제작에 관심이 많으며 시스템을 만드는 과정을 설계하고 제작 환경을 만들어 나가는 것을 즐긴다. 예시로 보어준 작품은 시각적 장신구가 아니라 '청기 강신구'였는데 소리에 반응하는 장신구 개념이 재미있다.

후니다 킴 역시 키트 제작을 하면서 김승범과 만나 같이 작업을 해왔다고 한다.

이 두 분이 같이 작업하는 공간이 PROTOROOM(프로토룸)인데 하는 일은 5가지다. 워크숍, 설치, 키트, 강의, 담론화.

예를 들면, 1비트는 0과1로 하는 작업인데 이 작업을 개념화해서 64비트로 만드는 활동을 통해 수직이 아닌 병렬화로 진행하면서 새로운 발견을 하게 한다. 디지털 시스템화 교육도 하는데 카메라로 이미지를 찍지 않고, 픽셀에게 메시지를 보내는 사진기를 통해서 픽셀이 메시지를 보고 자기 스스로 변화하면 그걸 이미지로 재구조화하는 작업을 한다. 여기서는 이미지보다 프로세스를 더 중요시한다.

외적으로 게임회사와 함께 색다른 게임 교육을 진행하기도 한다. 그밖에 게임을 만들기 위한 사고방식, 몸 활용 게임 프로그램을 만든다.

잘 알지도 못하는 이런 소개를 장황하게 하는 이유는 그만큼 우리 일반인들이 살아가는 세계와는 다른 차원의 세계가 존재한다는 걸 암시하고 싶어서다. 코딩 세계는 그 자체로 신세계였다. 어쨌든 이 정도로 하고 코딩의 세계로 걸어들어가보자.

본 수업 : 코딩 다르게 보기, 놀아보기
제목 : 다른 관점으로 드로잉하기.

강의에 앞서 먼저 참가자들의 성향을 묻는 질문을 던진다.
'코딩'을 공부해보신 적이 있는 분?
거의 없다.
'스크래치'를 아시는 분?
나는 금시초문인데 거의가 그랬다. 초등학교 선생님 한 분이 손을 드신다. 아 선구자는 있구나.

강사님들은 먼저 가벼운 아이스 브레이킹으로 눈금이 빼곡한 작은 종이를 주고 그 안에 자기 이름과 자기를 상징하는 이미지를 그려보라고 한다. 우, 내가 가장 싫어하는 그림이다. 어려워보이지는 않아 나름대로 끙끙거리며 글을 그리고 그림도 그렸다. 막막한 코딩의 강물을 유랑하는 작은 배가 바로 나다. 함께 교육받은 3년차 교사 오태환 선생님은 한창 연애 중인지 남과 여의 사랑 그림이다. 부럽다^^

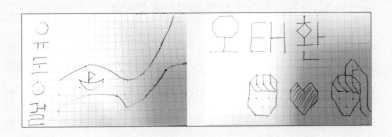

무엇을 그렸냐 하는 질문에, 손동빈 선생님은 '외부 충격에 반응하는 방식, 철학 사유'라는 난해한 답이 돌아왔다. 오태환 선생님은 앞의 그림처럼 남사, 여사, 아브', 히지 엔타이 문이라 부우 '기억 로봇'을 그렸고 인경화 선생님은 '부는 악기(플루트), 치는 악기(장구채)로 동서양의 융합을 상징했다.

그리면서의 느낌도 중요했는지, 소감을 묻는다.

'점 활용과 선 활용, 면 활용의 단계를 고민했다.', '자판이 아닌 볼펜 활용 그림이라 어려웠다.', '백지 앞의 막막함', '그리드 안에 갇혀 불편하고 답답했다' 등등.

다들 비슷한 느낌이다. 제약적 환경을 자연스럽게 받아들이는 경험에 대한 소감은 대개 이랬다. 이런 활동을 한 취지는 과정에서 느껴지는 모든 감정들을 자연스럽게 표출하라는 뜻이다. 욕을 해도 좋으니

(물론 가급적 욕은 삼가는 방향으로ㅆ) 어떤 부정적인 언어라도 활용해서 '느끼는 그대로 발언하고 표현하고 질문하라'는 의도였다. 물론 그 뒤에는 더 심오한 의미가 담겨 있었지만 말이다.

이날은 하나의 컴퓨터를 둘이 같이 사용하며 활동했다. 노트북을 서로 같이 활용하면서 대화와 협업을 하게 만든다. 교육 내용에도 관심이 많지만, 강사의 교수법에 특히 관심이 많은 나로서는 예사롭지 않은 내공이 느껴진다. 사고의 근육을 더 탄탄하게 조율하면서 다음 과정을 기다린다.

이 지점에서 '코딩이란 무엇인가?' 질문이 나온다.
인류의 수만큼 다양한 우주가 존재하듯 코딩에 대해서도 하나의 정의와 실체가 존재하지 않는다. 물론 사전적 정의는 있다.

부호화 : [컴퓨터] 코딩(정보를 계산 조작에 편리한 부호 · 언어로 바꾸기).(다음 사전)

조금 더 자세히.

설문지 회답 내용에 부호를 부여하는 일. 설문 내용 분석을 전산화하기 위해 실시한다.
정보를 표현하기 위해 문자 체계를 부여하는 것. 컴퓨터 프로그램을 작성할 때나 통신에서 데이터를 전송시킬 때 언어를 사용하지 않

고 기호를 부여하여 사용하는데 그 기호를 부여하는 일을 코딩이라고 한다.(다음 백과사전)

한 마디로 '정보'를 보낼 때 '부호'를 사용하여 바꾸는 작업이다. 정보 중에는 언어, 비언어 정보가 있을 터인데 코딩이란 그걸 언어를 포함한 일종의 부호로 바꾸어주는 작업을 말한다.

한 코딩교육 관계자는 "의외로 많은 학부모님들이 아이들에게 코딩을 가르친다고 하면 본인이 알고 있는 JAVA, C언어, 파이썬 같은걸 가르친다고 오해하고 계시다"며 "실제로 우리 아이들이 배우는 프로그래밍은 '스크래치'라는 것으로 초등학교 1학년부터 노인까지 누구나 배울 수 있다"고 설명했다.

스크래치는 MIT 미디어랩에서 2006년 개발한 교육 도구로 아이들에게 프로그래밍 원리를 쉽게 이해할 수 있도록 돕는 프로그램이다. 일반적인 프로그래밍 언어와 다르게 명령이 블록으로 만들어져 있어서 마우스로 블록을 조합해 로봇이나 캐릭터를 움직일 수 있다.

-'내년 초등학생 코딩교육 의무화' - "코딩이 뭐야?"

(데일리안 2018.1.19.)

현실에서는 이 정도로 코딩의 개념에 접근해볼 수 있다. 물론 정확한 정의는 아이다. 실제, 그날 참석한 교육 전문가들도 코딩 자체에 대해서는 기본 개념 자체가 전무한 상황이다.

우리에게 '코딩'이라는 단어 앞에서 어떤 개념과 이미지가 떠오르는

지 작은 종이에 적어보라고 한다. 막막하다.

  '모르는 세계를 보게 해주는 징검다리', '미래의 블랙홀'을 적었다.
  참가자들이 써낸 것을 모두 모아 공개한다. 다들 대동소이하다. 코딩이 무엇인지 정확히 잘 모르니까.

  4차 산업혁명이 빠질 수 없고, 알고리즘, 코딩 사교육 프로그래밍 언어, 논리적 사고, 연결, 포기, 디지털 논리력, 카오스, 모두 배워야 하는가? 수로(水路), 미래의 블루 컬러, 숫자의 묘기, 기능적, 낯선 세상, 끼리끼리, 상상의 현실, 미지의 세계 등등 정말 다양했다.

  대체로 새로운 차원의 논리 언어라는 것과 미지의 세계이며 낯설고, 그래서 교육은 필요하나 과연 어떻게? 이런 정도의 의식들이었다.
  선생님은 우리들의 생각의 구름(클라우드)이 대략 이러하다고 하면서 드디어 공포의 숫자가 나타나는 기본 사이트를 소개한다. 마치 알리바바의 주문에 따라 비밀의 문이 열리듯 나타나는 화면.
  (참고로 이 화면은 크롬 앱브라우저로 실행하는 것을 권장한다.
http://2langs.protoroom.kr/)

펼쳐진 화면은 위와 같았다. 앗, 저건 뭐지?

앞에서 보았던 눈금이 가운데를 차지하고 양쪽에는 정체불명의 숫
자들이 써있다.

좌측에는 붉은 색으로,

home

goto 20 20

go 100

turn 90

go 100

turn 90

go 100

turn 90

우측에는 파란색으로

```
line(220, 20, 320, 20)

line(320, 20, 320, 120)

line(320, 120, 220, 120)
```

그리고 양측 숫자 위에 그리다(DRAW)라는 영어가 쓰여져 있다.

어리둥절한 수강생들에게 좌우의 기호가 말하는 바가 무엇일지 추측해서 아까 이름과 이미지를 그린 종이 뒤의 눈금에다가 자기 나름대로 그림을 그려보라고 한다.

먼저 왼쪽의 붉은 색은 언어기호다.

홈에서 100을 가서 90을 돌아라. 이 무슨 수수께끼인가. '아, 〈컨택트〉의 여주인공이 '헵타포드'라는 외계인을 만나서 헵타포드어를 처음 보았을 때 심정이 이러했겠구나' 하는 공감이 갔다.

영어 울렁증이 있는 까닭에 'turn'을 각도로 꺾어야할지 회전으로 할지 헤매다가 아주 엉뚱한 그림을 그렸다.(부끄러워서 차마 공개할 수 없다!)

오른쪽도 어지럽기는 마찬가지. 무슨 좌표 같기는 한데, 처음에는 전혀 상상을 못했다. 무슨 난수표도 아니고. 라인 옆의 숫자들이 벌레처럼 보였다.

그리기를 눌러, 강사님이 보여주신 그림을 보니 답은 의외로 간단했다.(왜 아니겠는가!)

각각의 명령어에 따른 그림들은 디귿자 모양의 그림이었다. 알고.

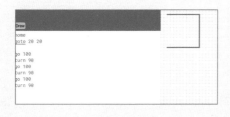

보면 쉽지만 처음 명령어 언어를 접한 사람에게는 낮선 충격이다.

거기에 명령을 더 붙여보니 정사각형도 나오고 각도를

수정하는 5각형, 6각형 등 모든 각형들이 자유자재로 그려진다. 그렇다면 원은 어떻게 그릴까?

당연히 새로운 질문이 생겨난다. 답을 찾기 위해 정밀한 계산을 하다보면 밤을 새우겠다.

그럼 어떻게? 일단 해 봐! 놀이니까!

강사님이 강조하신 말씀은 디버깅(debugging)이었다.

디버깅, 벌레 잡기? 그렇다. 예전에 컴퓨터가 집채만한 시절에는 진짜로 벌레들이 컴퓨터 안에 들어가 프로그램을 망쳤고 그래서 버그를 잡는 일이 중요했다고 한다. 지금은 물리적 벌레는 사라졌지만, 컴퓨터를 활용하다 보면 이런저런 착오들이 생긴다. 그런 착오를 두려워하지 말고 마음껏 디버깅을 하면서, 즉 다시 새로운 숫자를 넣어서 기존의 오류를 수정하면서 새로운 결과를 즐겨보라는 뜻이다. 디버깅을 부정적인 의미로 생각하는 경우가 대부분이지만 이 경우에는 '틀려도 괜찮아, 마음껏 놀아봐'의 의미로 보면 된다. 이것은 요즘 또 하나의 사고체계 전환 방식인 체인지 메이킹과도 상통한다.

강사님은 붉은색과 파란색 언어의 차이에 대해서 물었다.

좌(붉은색) : 언어적, 역동적, 하나씩 단계적, 사선 어려움
우(파란색) : 수리 기하적, 정적(靜的), 동시적(헵타포드적?), 사선 가능

또 붉은색은 '일상언어로 살아 있다는 느낌, 명령어가 한 붓 그림이고. 재미있으며 변화가 느껴진다'는 대답이 있었다. 반면 파란색은 '수학적 언어, 죽어있는 구조물 느낌, 잇는 느낌, 편해요' 등의 대답이 나왔다. 미세한 차이는 있지만, 공통적으로 느껴지는 언어 감각이다.

이때, 원을 그리려면 어찌해야 하나요? 하는 의문이 생겼다.

옆에 앉은 짝과 함께 왼쪽의 붉은 숫자로 원만들기를 시도했다. 원리는 간단하다고 생각했다. '90도를 꺾어라 대신에 360도를 돌아라' 라고 명령하면 되는데 문제는 그 명령을 어떻게 할지 곤란한 상황. 그냥 되는대로 숫자 360과 1을 활용하여 이러저러 하다보니 아름다운 원이 그려졌다. 아 이게 코딩을 배우는 재미구나 싶다.

정답과 원리를 먼저 머리로 다 알고 나서(알기도 어렵지만) 그걸 적용해보는 것이 아니라 주어진 데이터를 가지고 노는 법을 대략 배운 뒤에 자유롭게 창의적인 몸의 체험을 즐겨보는 것! 그렇다면 코딩 해볼만 하겠는 걸~

하지만 진도를 더 나아가면 나아갈수록 과제는 어려워지고 해야 할 목표와 고민은 깊어진다. 모든 공부가 그렇듯이 첫 술에 배부를 수 없

으니 말이다. 강사님이 우리에게 깨우쳐주려 한 점도 바로 그것이다. 놀고 즐기면서 경험적으로 배우는 코딩. 그게 어쩌면 코딩 교육의 철학이고 원리이며 과정일지도 모른다.

그 뒤로도 이런 과정에 대한 훈련이 계속 이어졌다. 원과 도형을 자유롭게 그릴 수 있다면 이번에는 도형이 아니라 자기가 원하는 그림을 그려보라는 주문이었다. 짝과 함께 파란 알에 빨간 테의 안경을 그려보기로 했다. 의외로 쉽지 않았고, 시간 안에 끝내 마치지는 못했지만 코딩의 맛을 보았고 흥미가 생겼다는 점은 수확이다.

이날 있었던 코딩의 선 과정을 소개하는 것이 목적은 아니므로 코딩 맛보기는 이정도로 하고, 그 후에 이어진 토론 풍경을 잠시 더 음미하자. 질의응답 과정 속에서 진짜 코딩 교육의 방향이 만들어지니까.

참고로 선생님이 보여주신 좌우 인식의 차이는 이랬다.

양쪽 다 수리논리적인 언어인데, 왼쪽은 극좌표로 내가 우주 중심

인 사고 방식이고, 오른쪽은 직각좌표로 객관성이 강하며 나라는 중심 없이 상대적인 사고방식을 반영한다는 것이다.

앞서 프로그램에 대한 훈련을 더 해보고 싶은 분들에게는 다음 사이트를 권한다. 들어가 보면 앞의 프로그램에서 다양한 도형을 자유자재로 그리는 기본 예시가 들어 있다.

https://github.com/picxenk/TwoLangs

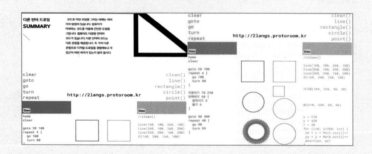

결국 강사님이 말하고 싶은 바는 세상에 수많은 언어가 존재하듯 수많은 코딩과 수많은 관점이 존재한다는 점이다. 오늘 활용한 프로그램의 붉은색과 푸른색 두 언어의 차이처럼 수많은 언어와 코딩이 존재하면서 그들 나름의 언어의 종류에 따라 영역, 난이도 등이 다양하게 존재한다는 점이다.

그리고 이어진 질의응답. 여기서 정말 코딩에 대한 다양한 생각들이 꽃을 피웠다.

문 : 현재 개발된 코딩 언어는 얼마나 되나요?

답 : 말할 수 없습니다. 지금 이 순간에도 지속적으로 수없이 많이 만들어집니다.

문 : 선생님께서 구체적으로 활용 가능한 코딩 언어는요?

답 : 20여 가지 정도. 새로운 코딩 언어가 나오면 비슷한 계열은 부분적으로 적용 가능한 부분까지 배우고, 사고방식이 완전 다른 언어는 배움 초기가 매우 어렵습니다. 흥미로운 점은 음악을 하는 사람들이 프로그래밍 언어를 쉽게 배운다는 논문 결과도 있습니다.

문 : 학교 코딩교육의 교육과정은? 누가 어떻게 적용 가능한가요?

답 : 스크래치가 가장 기본적인 언어입니다. 스크래치 들어보셨나요?

그러면서 스크래치의 간단한 사용법을 보여준다.

단순한 언어들의 명령 조합이 하나의 이미지로 결과물을 도출한다.

"코딩의 역사를 보면 MIT 미첼 교수가 붉은색 왼쪽 언어 제작자의 제자입니다. 스크래치를 만든 사람이 미첼 교수입니다. 스크래치는 탐험이 가능합니다. '어, 이런 특징과 표현이 가능하네, 스승이 없어도~' 이런 교육이 발생합니다.

실은 아이들이 교사보다 더 잘 할까봐 걱정돼요. 교사가 아이들에게 배워야 하는 상황이 오고, 굳이 가르칠 필요가 없습니다."

이 대목에서 찡하는 전율을 아니 느낄 수 없다. 아이들이 교사보다 더 잘 배우는, 아니 교사가 굳이 교육하지 않아도 아이들 스스로에게서 배움이 일어나는 교육, 그게 코딩에서 이루어진다면!

그밖에 몇 가지 교육적인 담론과 논쟁이 펼쳐졌다. 이글 서두의 교육 적용 논쟁이 그랬고 '수학 교육 대체 논쟁'도 이어졌다.

문 : 코딩으로 수학교육을 대체해야 하는가?

답 : 우리가 학교에서 수학을 배우냐, 논리적 사고력을 배우냐 묻습니다. 영어를 책으로 배우는 것과 혹은 직접 살면서 배우는 것 어떤 것이 더 효과적인가요? 수학을 책으로 배우는 방법이 있고, 수학을 탐험으로 텍스트 안에 들어가서 배우냐에 따라 차이가 큽니다. 매쓰 랜드(math land)라고 하지요. 어느 쪽이 더 잘 배울까요?

매쓰 랜드는 컨텍스트를 만드는 환경으로 해서 아이들 상상력을 가두냐 열어가느냐는 가치관의 차이지요.

레고블록이 열렸냐 닫혔나? 열린 구조이긴 하지만, 어느 정도 닫혔다는 시각도 있습니다. 낮은 바닥, 높은 천장을 인정해야 합니다. 제 개인적인 견해로 스크래치와 같은 시각적 블록언어는 스프레스시트(ex,엑셀) 이후 전 인류가 리터러시로 배우게 될 프로그래밍 언어가 아닐까 생각합니다.

문 : 컴퓨터 언어와 코딩 교육의 차이는요?

답 : 컴퓨터 언어교육은 해당 프로그래밍 언어를 배우는 데 방점이 있

다면 코딩은 그 행위에 방점이 있지 않을까요. 우리나라는 코딩 언어의 혼돈 상태입니다. 수학, 과학, 영재, 올림피아드 등 다양한 언어로 개념화해서 사용 중입니다.

코딩이란? 인식론적으로 볼 필요가 있습니다. 머릿속으로 하고 싶은 말을 떠올린 뒤에 말해보세요. 말하면서 달라집니다. 생각과 말이 반복 후 일치하지 않아요. 이걸 글로 쓴다면? 또 달라지겠지요. 우리는 수시로 인식론적인 변화를 겪어요. 코딩은 그런 면에서 또 하나의 인식론적 매체입니다.

인공지능이 일반인보다 더 코딩을 잘하게 될 것입니다. 그럼에도 코딩을 배우는 의미가 있습니다. 나만의 언어와 방식과 철학으로 인어화기 가능합니다. 여러 번 반복 속에 지 이틀 빌 견하고 세로운 나의 관점과 철학 발견이 가능하지요. 지금 2,30년 개발자도 모르는 새로운 영역들이 존재합니다. 컴퓨터 기술에 갇히지 말고 발생학적 인식론 개념으로 접근해서 나아가야 한다는 의견도 있는데 캐서린 헤일스라는 철학자의 의견을 참고해봐도 좋을 거 같습니다.

문 : 학교 코딩 교육 시 음악, 미술 특징 언어가 있습니다. 아이들이 할 만한 코딩 언어를 기를 때 자기가 창조하고 싶은 언어, 논리 수행과 상상력을 기획하고 실행할 수 있나요?

답 : 문제해결력과 논리력이 중요하다고들 합니다. 창업, 산업 다 중요합니다. 하지만 그 전에 놀아봐야 합니다. 코딩에서 논리, 창업, 산업 이야기는 이제 막 문자 보여주고 논술쓰기 하자는 식이지요.

어렸을 때 옹알이 먼저 해야 논리력이 가능하지 않나요? 스크래 치는 옹알이 기구이고, 놀면서 스스로 깨치도록 해야 합니다. 옹 알이하다 어느 날 '엄마' 소리 듣고 기쁨을 느껴보셨죠. 이제 옹알 이 하며 말 배우기 시작하는데 논술을 쓰라니! 놀아야지요. 대학 생들도 처음 코딩 배우면 놉니다. 대학생들은 같은 코딩이라도 놀이의 소재가 달라지지만요.

코딩 교육에 대한 반박도 이어졌다.

이 : "코딩의 진짜 맛? 과거에 프로그래밍을 즐겨본 사람으로서 코딩 교육에 무슨 가치가 있나 회의적입니다. 자연을 즐기고 직접 노 래하고 여행하는 행위가 꿈의 바탕이 되고 그걸 컴퓨터로 표현하 는 게 이게 진짜 교육이 아닐까요? 코딩 교육은 다시 인간을 노예 상태로 끌고 가려는 시도는 아닐까요? 이건 정말 아닙니다."

손 : "자기표현 방식 중의 하나로 컴퓨터를 도구로 해서 새롭게 만들 어나가는 의미가 있지 않은가요?"

박성미 좌장이 보충에 나섰다.

"우리는 자연을 배우잖아요. 자연을 왜 배우나요? 꽃, 나무, 음식 등 먹고 사는 모든 것이 자연에서 나오니 자연을 배우잖아요. 디지털 코 딩을 왜 배우냐? 코딩은 자연 배우기와 같습니다. 디지털은 우리에게 또 하나의 자연이 될 것입니다.

디지털 도구 사용 없이 살아가기 힘든 시대가 옵니다."

긍정론에 가담하여 후니다 킴 선생님도 한 마디 거들었다.

"저는 직관적이고 감각적인 사람입니다. 배움에 시간이 오래 걸립니다.

논리 자체가 뒤지지만 자기 트라우마를 극복하기 위해 코딩을 배웠습니다. 디지털은 자연의 일부입니다. 코딩을 선택적으로 해야 하나? 저는 아니다 입니다. 영어를 배우면 자율도가 넓어지고 생각의 폭이 넓어지듯 코딩 언어를 통해 자유도, 자율도와 이해도를 높일 수 있습니다."

정보과목이 자연사한 오늘의 현실을 되돌아보며 코딩교육을 바라보자는 논의도 있었다. 그렇다. 우려하는 시각도 이해되고 '딸기잼 법칙'처럼 아무리 좋은 딸기잼도 넓은 곳에 바르면 약해지고 안 가는 곳이 있지만 예전 시대에 비해 좋은 실험이 퍼질 가능성이 높은 시대지 않은가.

시행착오는 성장의 지름길이니까.

문 : 코딩과 4차 산업혁명 논리가 어울리는가?

답 : 융합, 통섭, 창조 경제, 4차 산업혁명은 모두 버즈 워드입니다. 하지만 어떤 힘이 있습니다. 펀딩하면 돈이 모입니다. 4차 산업혁명

을 앞세우는 것에 대한 문제점은 다 이해하지만 일할 때는 그 말을 이용합니다.

여러 고민들이 많지만 왼쪽 언어는 혁명가의 꿈을 가진 분이 만든 언어입니다. 아이들이 컴퓨터를 배워서 새로운 혁명을 꿈꿀 수 있습니다.

'한 아이에게 하나의 컴퓨터를 주자'는 제3세계 돕기 운동이 있었습니다.

엘렌 케이를 비롯한 세계 석학이 모여 설계했지요. 물을 나눠 준 것보다도 더 아래라는 평가도 있었지요. 실패했지만 그래도 평가 결과는 의미 있다고 나왔습니다. 실패의 이유는 그것을 가르칠 교사들이 부족했기 때문이었습니다.

하드웨어와 소프트웨어를 만드는 일은 상대적으로 쉬운 일이었다고 합니다. 커리큘럼과 같은 콘텐츠를 만들어내는 게 그 다음으로 어려운 일이었죠. 가장 어려운 건 사람입니다. 교사들 만나고 대하기가 가장 어렵습니다. 어쩌면 코딩 교육은 너무 일찍 온 프로그램일지도 모릅니다. 저도 탑-다운 방식보다 바닥에서 먼저 시작했으면 좋겠습니다.

코딩은 꼭 컴퓨터로만 하는가 하는 질문이 있었다. '아닙니다. 컴퓨터 없는 코딩도 가능합니다. 종이 위에 펜으로도 가능합니다. 코딩의 본질은 지시, 명령문입니다.' 이 말을 동기 삼아 다음 공부 모임을 기약하고 오늘의 논의를 접는다.

문 : 마지막으로 코딩 교육 초보자들에게 권하고 싶은 책은?

답 : 〈마인드스톰〉, 〈두근두근 공부발전소: 스크래치로 교과서 속에 숨은 즐거움 찾기〉를 권합니다. 마인드스톰은 곧 다시 번역되어 출간됩니다.

짧지만 아주 강렬한 체험의 시간이었다. 의미는 크게 세 가지다.

첫째, 코딩을 만났고, 조금이나마 그 실체를 맛보았다. 기원과 철학, 원리와 접근방식 등을 기초부터 제대로 고민하는 계기였다.

발생학적 인식론에 근거해서 낯선 언어를 접할 때, 스스로 자기화해서 익히는 과정을 어떻게 창조적으로 익혀나갈까 하는 고민이 생겼다.

둘째, 코딩 교육을 둘러싼 담론, 상황, 우려, 가능성 등에 대한 논의의 결과로 현행 교육의 문제점과 방향성 모색에 대한 아이디어를 얻었다. 과거 권위주의 시대의 획일적 시행에 대한 우려는 여전한 상황에서 수학 교육과 차별화 지점을 만들면서 아이들이 즐겁게 놀면서 스스로 사고하는 힘을 키우는 코딩 교육 모색이 시급하다.

셋째, 코딩 교육이 기존의 교육 시스템에 던지는 문제제기다. 내용적으로 다시 인간의 사고가 기계에 종속될지, 아니면 창조적인 혁명의 맹아가 될지는 두고 볼 일이다. 자본가는 자본가대로, 혁명가는 혁명가대로 관심 분야를 키워가면서 그 전선은 갈수록 넓고 깊게 확대될 것이다. 과도한 상상력을 적용한다면 강한 인공지능 대 인간의 전쟁이 벌어지는 터미네이터의 온라인 버전이 만들어질지도 모른다.

다른 영역은 앞서 언급한 교육 시스템과 패러다임의 붕괴 및 재창조다. **가르치지 않는데 스스로 깨우치는 교육, 바로 미래학교와 무지한 스승의 세계다.** 코딩 교육 마당이 과연 자율적이고 창조적인 복잡계 시스템에 근거하면서 서로가 서로에게 스승인 교육의 싹을 틔울지 흥미롭게 지켜보거나 참여하면서 만들어갈 부분이다. 결국 우리 모두의 숙제다.

책 안에서, 이 글에서도 잠시 언급했지만 이 책과 이 글을 쓸 때, 무지한 스승과 코딩 교육과 관련하여 영화 〈컨택트〉를 내내 상기하지 않을 수 없었다. 〈컨택트〉에 나오는 다리 일곱 개 달린 외계인인 헵타포드야말로 무지한 스승의 전형이라고 나는 믿는다.

그가 사용하는 언어는 선형적이지 않다. 이 글을 쓰는 나와 달리 과거, 현재, 미래를 분리해서 사고하지 않는다. 3차원사고에 기반한 선형적 사고 체계를 넘어선 4차원 시-공 연속체의 언어를 사용한다. 그래서 미래를 기억하고 앞날에 대한 창의적 준비가 가능하다. 미래핵심역량이 뛰어나다.

헵타포드들은 자기 앞에 다가온 루이스에게 언어를 먹물 같은 것을 뿌려서 보여준다. 그들의 언어는 이미지적이다. 표음문자도 표의문자도 아닌 그림문자. 물론 루이스에게는 그 언어가 코딩을 처음 접하는 사람들이 접하는 신세계처럼 낯설고 당혹스럽다. 마치 내가 코딩을 처음 접하면서 낯설었듯이. 외계어를 접하면서 도대체 알아먹을 수 없다는 느낌을 루이스도 받았다. 오른쪽 파란 언어 체계를 공부해온 이안은 이안대로 마찬가지의 곤혹스러움을 겪는다. 빛의 굴절에 대한 이론 가운데 인과론적 접근과 목적론적 접근의 차이를 인식하면서 헵타포드어의 특징에 다가간다.

영화나 원작이 제시하는 화두가 한둘이 아니라 다 언급은 어렵다. 미래에 대한 기억이 자유의지와 선택의 문제로 연결되면서 루이스의 실존적 결단에 대한 결과를 고민하게 한다. 과연 우리는 다가오는 미래를 알면서도 선택하는 용기를 가질 수 있을까? 아니면 자유의지를 발동해 바꿀 수 있다는 믿음으로 자기 삶의 운명에 도전할까?

헵타포드의 존재가 무엇보다 빛나는 점은 역시 무지한 스승의 모습이다.

그는 가르치려 하지 않는다. 물론 급한 쪽이고 제자 격인 루이스를 비롯한 인간들이 먼저 소통하고 배우기 위해 다가가니까 그들에게 원하는 말들을 들려준다.

문제는 먼저 상대를 곤혹스럽게 만든다는 점이다. 답 없는 아포리아, 불교 십우도를 빗대어 말하자면 소를 찾아나서서 이제 첫 발자국, 흔적을 보여주는 단계다.

우리도 삶의 길목 곳곳에서 헵타포드를 만난다. 자기 직장 동료, 자식, 아내 심지어 자신조차도 때로 낯설며 어떤 언어로 소통할지 몰라 곤혹스럽다. 거기서 배움과 공부가 시작된다.

상대가 대화, 즉 가르침을 요청할 때 알 수 없는 낯선 행동과 언어로 더 깊은 곤혹스러움에 빠뜨린다. 이해하기가 쉽지 않다. 어쩌면 자신도 모르는 언어일지도 모른다. 그러나 상대를 믿는다. 치열한 고뇌와 투쟁의 산물로 스스로 깨달음을 얻기를 기다린다. 그 깨달음의 몫은 오롯이 배움의 자세로 다가온 제자들의 몫이다.

이제 긴 글의 끝을 맺을 때다.

일 년 남짓의 긴 시간동안 나는 누구를 만났고 무엇을 보았고 또 어떤 깨달음을 얻었는가? 여전히 모르겠다. 다만, 과거의 틀 속에 묶이지 않기 위해 몸부림쳤고, 알 수 없는 미래를 가슴에 담기 위해 무언가를 찾아헤맸다. 그 작은 발걸음의 궤적과 풍경들이 바로 이 책이다. 모쪼록 도움이 되었기를 바라며 글을 마친다.

에필로그

아이들이 우리의 미래다!
 - 〈토니 에드만〉과 무지한 스승

    2017년 3월, 나는 공적 가르침의 영역인 학교를 벗어났다. 무급자율휴직. 경제적 빈곤의 대가는 컸지만, 학교라는 제도, 공간, 시간, 문서로부터 벗어나는 자유만은 만끽했다. 1988년 11월 교사의 길을 걷기 시작한지 약 30년 만에 맛보는 온전한 해방이었다.

    일시 휴직이기 때문에 정당 가입이 가능한 시민으로서의 정치적 자유까지 누리는, 면천(免賤)된 자유인은 아니었지만 적어도 학교 밖에서 미래와 학교를 공부할 시간은 충분히 누렸다. 이 책을 쓰기 시작한 때는 2016년 겨울이지만 그래도 서둘러 마친 건 휴직이 준 시간의 여유가 컸다.

    휴직을 하기 전 겨울, 평소 여기저기 다니면서 공부하기를 좋아해서 겨울 '나무학교'와 '구름학교' 심화 캠프를 다녀왔다. 인디고 소식을 만났고, 그 뒤 '징검다리 미래교육원'에서 미래 사회에 대한 공부를 했으며 '희망래일'과 '성공회대 인문학습원'이 공동으로 기획한 '대륙학교'도 1기로 수강했다. '복잡성 교육'도 열심히 공부하고 싶었으나 시간과 인연이 맞지 않아 자주 나가지는 못했다. 그리고 틈나는 대로 영화를 보았고 특히 기회가 되면 우리나라 최고의 영화평론가 정성일 선생님의 영화 해설을 들었다. 그 긴 여정 중에 만난 영화 〈토니 에드만〉으로 '미래학교와 무지한 스승'에 대한 이야기를 마칠까 한다. 이 영화 속에는 우리가 살고 있고, 살아가야 할 삶의 모두가 담겨 있다. 과거, 역사, 신자유주의, 세대 간의 갈등, 그리고 남겨진 세대가 살아가야 할 미래의 선택 등 앞서 우리가 다룬 주제의 결정판이다. 게다가 신화와 종교와 구원의 문제까지 담고 있으니 얼마나 위대한가. 이 위대한 작품에 대해서 사람들은 철저히 외면했다. 극장 개봉 성적은 수만 명을 넘지 못했다. 정성일 선생님은 21세기를 대표한 걸작으로 추천했음에도 불구하고 말이다.

이 영화는 2016년 칸 영화제에서 기자와 평론가가 투표했다면 황금종려상을 받았을 영화다. 그만큼 인기가 높았다. 독일의 여성 감독 마렌 아데는 76년생으로 13년 동안 3편의 장편 영화를 만들었고 그나마 첫 작품은 대학 졸업 작품이다. 제목은 〈나무들을 위한 숲〉인데 낯선 지역 학교에서 근무하는 여성이 주인공이고, 사회적 스킬 부족으로 고군분투하는 교사를 그린 비극적인 코미디인데 어떤 영화와도 다른 개성 넘치는 작품이다. 〈기린은 왜 목이 길까〉에 나오는 주인공 로마르크처럼 전후 독일의 교사들도 인구, 이념, 관계 등 여러 가지 문제로 쉽지 않은 세상을 산다는 걸 보여준다.

〈토니 에드만〉을 처음 본 2017년 3월 11은 역사적인 탄핵이 용인된 다음 날이다. 이날 저녁 광화문에서는 축제 한마당이 펼쳐졌다. 나 역시 광화문 탄핵 축하 집회에 가야 했는데 놓칠 수 없는 영화 해설이 있어 명동에 있는 극장엘 갔다.

상영 영화 제목은 2017년 3월 16일 개봉 예정인 〈토니 에드만〉. 제목의 의미도 모르고 갔다. 아마 '사람 이름인가' 정도로 생각했다. 그럼에도 불구하고 달려간 이유가 있다. 탄핵을 즐기고 영화는 개봉 후 보면 되지 않냐고? 천만에! 우리나라 최고의 영화 평론가 정성일 선생님의 영화 해설이 이어지니 무조건적으로, 운명처럼 가야만 했다.

영화 상영시간 162분. 영화 해설시간 110분. 총 272분. 4시간 22분의 러닝 타임을 즐기고 왔다. 빙화모이 부럽기 않았다. 정성일 선생님은 〈토니 에드만〉이 21세기를 대표하는 고전의 반열에 오를 기념비적 작품이라 극찬했고, 〈멀홀랜드 드라이브〉처럼 영화사에서 시간이 흐를수록 추앙받는 영화가 될 거라고 확신하듯 말했다. 그만큼 뛰어난 작품이다.

이 영화가 지금 우리에게 주는 의미는 탄핵 이후 대한민국 미래의 갈등을 풀 열쇠의 비밀이 담겨 있다는 점이다. 독일과 한국의 역사적, 사회적, 문화적 거리는 크다. 그럼에도 나찌와 식민지, 분단, 신자유주의라는 자본에의 포획 속에서 3세대가 겪는 살벌한 갈등을 아주 유쾌하고 서늘한 유머로 풀어낸다.

이 영화는 이성적으로 독일 변증법의 이해를 바탕으로 하는데, 흐름은 지극히 감성적이다.

나는 개인적으로 유홍준이 추사를 일러 '괴'(怪)라고 표현한 그런 인물을 느꼈고, 루마니아의 부크레시티에서 지방 공장을 찾아가다 돌아가는 짧은 장면에서 십년 전 평양에서 묘향산을 가면서 바라본 북녘 땅이 떠올라 잠시 쓸쓸했다. 러닝타임 15분에 이르는 영화 후반부의 나체 파티는 이 영화의 하이라이트다.

참고로 〈토니 에드만〉은 처음에는 웃고 보지만, 이 영화의 깊이를 알게 되면 두 번째 볼 때부터는 웃을 수 없었다는 정성일 선생님의 전언을 접했다. 일견 어렵고, 진지하고, 고민스러운 영화지만 보고 나면 슬프고 행복하다. 영화는 두 번 반복된다. 한 번은 희극으로, 다음에는 비극으로. 아니 처음에는 죄악으로, 나중에는 구원으로.

영화 〈토니 에드만〉은 〈열대병〉과 〈엉클 분미〉의 감독인 아피찻퐁 위라세타쿤의 영화만큼 걸작이다. 이 영화를 보고나면 무슨 이야기인 줄은 다 아는데, 무엇을 말하는 이야기인지 모르는 경우가 많다. 앞으로도 이 영화에 대한 해석 버전이 계속 변하리라 예상될 만큼 풍요로운 영화라고 한다.

실제로 나는 이 영화를 네 번 보았다. 해설을 듣고 나서 두 번째 볼 때는 거의 웃을 수 없었다. 처음 이 영화를 볼 때, 이 비극적인 '코미디'에 사람들은 수시로 웃음을 터뜨렸다. 첫 장면. 우편 배달부가 물건을 전해줄 때, 주인공이 나오더니 잠깐 기다리라고 하고 분장을 해서 다시 나와 물건을 받는다. '물건은 폭탄일지도 모른다'는 말로 겁을 주더니 정말 폭탄같은 말과 행동으로 사람들의 인식과 감정을 수시로 폭파시킨다. 두 번째 볼 때부터는 웃을 수 없었고 당연히 눈물이 흘렀다. 이 영화의 가장 극적인 장면이라 할 노래를 부르는 장면에서 그냥 눈물이 흘렀다. 주인공 이네스가 너무 안쓰럽고 힘들어 보여서고, 다시 태어나기 위한 몸부림이 아름답게 느껴져서다. 그 뒤로 자기 생일에 옷을 벗고 파티를 주관하는 장면은 이 영화의 백미다.

주인공은 아버지 빈프리트와 딸 이네스다.

아버지는 늙은 개 빌리와 같이 사는데 영화 초반 빌리가 죽는다. 영화 마지막에는 이네스의 할머니가 죽는다. 죽음으로 시작해서 죽음으로 마친다. 빌리는 억압에 저항하며 살았던 68혁명 세대를 상징하고 빈프리트의 자화상이다. 나찌 철모를 비롯해 모자를 수집한 이네스의 할머니는 파시즘의 시대를 내포인데. 이 두 세대의 죽음은 두 개의 삶으로 이어진다. 시작은 딸 이네스의 생일 잔치다.

영화 초반에 이네스의 생일이 나오고 후반부에 다시 나체로 벌어지는 생일 파티가 나온다. 빈프리트는 이혼한 부인 집에 갔다가 딸의 생일 잔치 소식을 듣는다. 거기서 본 딸의 모습은 가족 간 소통을 거부하는 워커 홀릭, 일 중독자였다. 이네스는 직원들의 정리해고를 돕는 컨설턴트인데 무자비한 신자유주의 자본에 종속된 인물이다. 할머니와 아버지 세대와는 또 다른 냉혹한 현실을 살아간다.

빌리의 죽음 이후 아버지는 독일이나 미국 자본의 종속국이 된 루마니아의 수도로 딸을 찾아가고 딸의 비인간적인 모습을 그냥 지켜보지 못해 다양한 모습으로 변주해서 나타나며 딸의 재생과 부활을 돕는다.

영화 초반 딸의 비정함과 비인간적인 삶을 본 아버지는 딸에게 말한다.

"네가 그러고도 사람이냐?"

독일에서 나온 영화 포스터의 헤드카피가 바로 이 대사라고 한다. 딸한테 이렇게까지 말 할 아버지가 얼마나 될까. 빈프리트는 말하지 않을 수 없다. 그만큼 이네스의 삶이 인간 이하의 삶으로 타인의 해고(죽음)에 무심하고 자기 일에 빠져 주변을 돌보지 않았다.

그 뒤로 이어지는 둘의 갈등. 아버지는 딸과의 동행 속에서 딸의 삶을 더 깊이 들여다보고 루마니아의 한 가정을 방문해 딸에게 어린 시절 잘 부르던 노래를 한 곡 청한다. 바로 휘트니 휴스턴이 노래한 '세상에서 가장 위대한 사랑'이다

위대한 사랑이란 무엇일까?

아버지의 갑작스런 제안에 당황하고 거부감을 느끼던 이네스는 거듭되는 피아노 전주와 주변 사람들의 기대 때문에 나지막히 노래를 시작한다.

아이들은 우리의 미래임을 난 믿어요.
아이들을 올바르게 가르쳐서
길을 이끌어 나가도록 해요.
아이들 안에 내재해 있는
아름다움을 모두 꺼내어 주어야죠.
아이들이 수월한 삶을 살도록

자부심을 심어 주세요.

아이들의 웃음 소리를 듣고

우리의 과거를 돌이켜 봐요.

우린 모두 영웅을 찾고 있어요.

우러러볼 누군가가 필요한 거죠.

나의 부족함을 채워줄 누군가를

나는 찾지 못했어요.

- 더 그레이티스트 러브 오브 올(the greatest love of all)

처음 영화를 볼 때, 이 노래의 가사가 이렇게 깊은 뜻이 담겼나 하고 놀랐다. 늦히 미래와 교육에 대해 고민을 하던 처리 '아이들이 우리의 미래'라는 노래의 첫 구절부터 심오하게 다가왔다.

미래는 달리 있지 않다. 아이들 자체가 어른들의 미래다. '아이들의 내면에 내재한 아름다움을 이끌어주자'는 노래 가사와 그 뒤로 이어지는 간절한 바람. 아마 이 영화의 앞부분이 없었다면 이 노래가 평생 가슴에 남을 노래로 들리지 않았을 것이다. 왜?

커다란 회사의 높은 직책을 가진 전문 여성으로서 삶은 모자랄 것이 없지만, 인간 아닌 인간으로 살아가는 이네스 자신의 모습이 처절하게 그려졌기 때문이다. 오죽하면 아버지에게 '너도 인간이냐'는 말을 들을 정도로.

이 노래 장면은 죽은 좀비처럼 살던 이네스의 부활을 의미한다. 노래를 부를 때 배경으로 나온 부활절 달걀 트리가 무덤에서 깨어나는 이네스의 새 삶을 상징한다. 그래서 진짜 생일 파티에서 이네스는 인간 가죽의 껍질을 벗고 다시 태어난다.

불편한 삶처럼 꽉 끼는 옷에 답답해하던 이네스는 아예 옷을 다 벗고 손님을 맞는다. 손님들은 당황한다. 이네스의 나체는 자본과 관계와 자아와 욕망에 찌들린 인간의 해방을 뜻한다. 틀니와 가발과 심지어 털이 가득한 불가리아 쿠케리 인형 속에서 질식할 듯 힘겨운 아버지와 다른 길을 걷는다.

세상은 외로운 곳이에요.
그래서 내 자신에게 기대는 법을 배웠죠.
난 절대 타인의 그늘에 들어가
살지는 않겠다고 오래 전 결심했어요.
내가 실패하든 성공하든
난 내 자신이 믿는 바에 따라 살 거에요.
내게서 그 무엇을 앗아가더라도
나의 존귀함만은 빼앗을 수 없어요.
가장 커다란 사랑이 내게
일어나고 있기 때문이에요.
나는 가장 위대한 사랑을
나 자신에게서 발견했어요.
가장 큰 사랑을 얻는 것은
어려운 일은 아니에요.
자기 자신을 사랑하는 것이
가장 위대한 사랑이죠.
- 더 그레이티스트 러브 오브 올(the greatest love of all)

실패와 성공의 잣대로 세상을 바라보고 살아가며 자기 자신을 잃어가던 이네스는 비로소 자기 자신을 사랑할 때, 가장 위대한 사랑에 이른다는 보편적인 진리를 깨닫는다. 마치 시인 기형도가 '나 가진 것 탄식 밖에 없어/저녁 거리마다 물끄러미 청춘을 세워 두고/살아온 날들을 신기하게 세어보았으니/그 누구도 나를 두려워하지 않았으니/내 희망의 내용은 질투뿐이었구나./그리하여 나는 우선 여기에 짧은 글을 남겨둔다./나의 생은 미친 듯이 사랑을 찾아 헤매었으나/단 한 번도 스스로를 사랑하지 않았노라.'라고 한 노래와 같다. 단 한 번도 스스로를 사랑하지 못하고 살아가는 우리. 자기를 사랑하는 법을 모르고 밖에만 눈을 돌리며 살아가는 자신을 돌아보게 한다.

이 노래 이후 사신의 허영과 허욕을 버리고 삶의 심연을 들여다 본 이네스는 아버지의 진심과 사랑을 깨닫고 처음이자 마지막인 진실한 포옹을 한다. 그러나 그 포옹은 사랑의 완성이 아니라 진정한 사랑을 찾아서 떠나기 위한 마지막 이별의 포옹이다. 아버지의 치열한 노력으로 자본의 악령은 몰아냈지만, 둘이 가야할 길까지 하나로 묶어주지는 못했다.

알몸으로 이네스가 부활한 이후 영화는 다시 죽음으로 돌아온다. 할머니의 장례식 소식을 듣고 찾아온 이네스와 만난 빈프리트. 장례를 마치고 이네스와 마주한다. 삶의 의미에 대해서 아버지가 들려주는 말은 이제 귀에 들어오지 않는다. 더 이상 누군가의 교훈과 가르침으로 이어지는 삶이 아니기에 그렇다.

할머니의 모자를 쓰고 아버지의 틀니를 끼워보는 이네스. 괴물과도 같은 흉측한 모습에서 타인에게 길들여진 어린 존재의 기형을 본다. 그 모습을 사진에라도 남기려는 아버지가 사라진 사이에 이네스는 틀니를 빼고 모자도 벗고, 비로소 자유로운 혼자가 된다. 할머니, 아버지와 다른 제3의 삶을 살아가려는 홀로서기다.

이네스의 쓸쓸한 표정을 뒤로 하고 영화 자막이 올라가면서 장중하게 울리는 음악. 그룹 더 '큐어'의 '플레인 송, 칸투스 플라누스(평탄한 노래)가 울려 퍼진다. 동방정교 목소리로 부르는 찬송가가 부활절 계란과 노래를 부르는 이네스를 상기시킨다. 이 노래만은 기억해주오라고 말하는 듯하다. 위대한 사랑 노래는 다음과 같이 막을 내린다.

> 그리고 혹시 당신이 꿈꾸어왔던
> 특별한 곳을 향해 나아가다가
> 외로운 곳에 닿게 될 지라도
> 사랑으로 힘을 얻도록 하세요
> - 더 그레이티스트 러브 오브 올(the greatest love of all)

미래는 외로운 곳이다. 미지(未知)라서, 또한 미지(未地)라서, 알 수 없어서 그렇다. 하지만 걸을 수밖에 없고 걸어야 하는 길. 배움을 찾아 떠나는 사람에게 미래는 없다. 늘 배움이 있고 스스로 걸어야 하는 자기 스승이 있을 뿐이다. 그 스승은 바로 공부를 사랑하고 자기를 사랑하는 법을 터득한 사람들의 몫이다. 자아에 갇힌 이네스가 비로소 껍질을 벗고 다시 태어났듯이.

아버지는 누구인가? 빈프리트에서 유령같은 토니 에드만으로 변한 아버지. 심장이 약해 숨쉬기도 거북하지만 그는 끝없는 변신과 유머로 딸을 변화시켰다. 우리에게는 니체와 같은 유쾌한 웃음이 이 비극적 세상 속에 있을까? 이 세상 모든 사람이 무지한 스승으로 보이는 나에게는 빈프리트야말로 진정한 무지한 스승의 화신이다.

　미래, 이 나라 학교의 교사들이 모두 무지한 스승으로 거듭나는 날을 그려본다.

2018년 4월, 무지의 세계에서

유동걸.

소개된 책, 영화

책

시민교육이 희망이다, 장은주, 피어나
독일의 보이텔스바흐 협약에 기초한 한국형 시민교육의 길잡이가 되는 책.

질문이 있는 교실, 유동걸, 한결하늘
계몽에서 질문으로, 가르침에서 배움으로 한국 교육의 패러다임이 왜, 어떻게 바뀌어야 하는지 새로운 질문을 던지는 책.

무지한 스승, 랑시에르, 궁리
무릇 가르치는 사람은 자기 앞의 답습과 반복이 아니다. 인간은 누구나 지적으로 평등하며 가르치는 사람은 자기가 모르는 내용도 가르칠 수 있다고 주장하는 혁신적인 책.

공부를 사랑하라, 유동걸, 이파르
학습 노동과 진정한 공부의 차이가 무엇인지를 영화 쿵푸팬더를 통해서 재미나게 보여주는 책.

교사 인문학, 나희덕 외, 세종서적
이 땅의 교사로서 지녀야 할 인문적 가치를 몇 개 분야로 나누어 서술한 책. 다 좋은 글이지만 그 가운데 특히 나희덕이 페다고지와 랑시에르를 비교 분석한 글을 적극 추천한다.

랑시에르의 무지한 스승 읽기, 주형일, 세창미디어
랑시에르의 무지한 스승 내용이 다소 어려워서, 랑시에르의 사상적 궤적과 무지한 스승의 의미를 풀어서 정리한 책. 무지한 스승이 어렵다면 이 책부터 읽고 도전해도 좋다.

들뢰즈와 교육 김재춘, 배지현 학이시습
21세기를 대표하는 철학자 들뢰즈의 사상을 교육적 관점으로 접근해서 풀어낸 책. 동일성의 교육과 차이의 교육이 어떻게 다르고 현대 사회에 차이의 교육이 어떤 의미가 있는지 잘 보여준다.

기린의 목은 왜 길어졌는가? 권상희, 갈무리
독불장군 같은 잉에 로마르크라는 여교사가 학생 수가 점점 줄어드는 학교에서 생활하며 학교에서든 사생활에서든 자신의 세계에만 빠져 변화하는 자연·상황·주변 사람들에 대해 예민하게 반응하는 이야기. 학생들에게 생존경쟁에서 이기는 것을 늘 강조하지만 정작 자신은 삶에서 낙오자로 되어버린다.

김수영 전집1 시, 김수영, 민음사 / 김수영 전집2 산문, 김수영, 민음사
  모더니즘과 리얼리즘을 아우른, 한국 시단의 이단아이자 창조자인 김수영의 시적 사유와 정신적 모험의 궤적을 살필 수 있는 책.

필경사 바틀비, 허먼 멜빌, 문학동네
  제도와 체계에 갇힌 동일자의 삶을 온몸으로 거부한 한 인간의 투쟁기.
  죽음을 불사하는 바틀비의 삶에서 자유인의 숭고를 느낄 수 있다.

그을린 예술, 심보선
  자본이 모든 것을 포획한 시대에 예술의 본질과 가치는 무엇이며 예술가는 어떤 존재인가에 대한 깊은 탐구서.

토론의 전사1, 유동걸, 한결하늘
  토론은 현대인들에게 왜 중요하며, 토론의 기본자세인 경청, 질문, 소통, 쿵푸의 가치들을 체계적으로 보여준다.

영화

하늘이 기다려, 마리 – 카스티 망시옹

샤르-IS가 유럽 청소년들을 끌어들이는 방식을 보여주는 영화. 무장단체 IS를 스스로 택한 소녀들의 실제 이야기를 다루고 있는 드라마.

다가오는 것들, 미아 한센 – 로브

일에 대한 열정을 가지고 가족과 함께 행복하게 살아가던 한 고등학교 철학교사인 중년 여인이 어느 날 남편이 그녀의 곁을 떠나고 싶다고 고백한 뒤 일어나는 삶의 균열 속에서 새롭게 다가 오는 삶을 의연하게 가꾸어 가는 이야기.

기억 전달자, 필립 노이스

전쟁, 차별, 가난, 고통 없이 모두가 행복한 시스템에서 '기억보유자'의 임무를 부여 받은 조너스가 기억, 감정, 선택의 자유의 존재를 알게 된 뒤 모두에게 제거된 기억을 전달하고자 위험한 선택을 하게 되는 이야기.

컨택트, 드니 빌뇌브

현존하는 SF장르 최고의 작가인 테드 창 소설이 원작으로 우리와 차원이 다른 언어를 가진 외계인들이 지구에 온 이유를 알아내고자 소통을 시도하는 과정을 통해 새로운 세계관을 가지게 되는 여주인공이 이미 미래를 기억하는 가운데서 삶을 선택해 가는 이야기.

칠드런 오브 맨, 알폰소 쿠아론

전 세계 모든 여성이 임신 기능을 상실한 시대에 아이를 임신한 소녀가 무사히 출산할 수 있도록 '인간프로젝트'를 성공시키기 위해 노력하는 이야기.

토니 에드만, 마렌 아데

인간적인 삶의 모습을 잃어버리고 일 중독자로 살아가는 딸에게 인생을 되찾아 주기 위해 인생 최대의 장난을 벌이는 아버지와 점차 진정한 삶의 모습을 발견해 가는 딸의 이야기이자 독일 3세대(나치, 68,신자유주의) 간의 세계관의 차이를 보여주는 영화.

쿵푸 팬더, 마크 오스본 / 존 스티븐슨

쿵푸를 사랑하지만 할 줄은 모르는 포가 스승의 믿음 속에서 '용의 전사'로 태어나게 되는 이야기.

쿵푸 팬더3, 여인영 / 알렉산드로 칼로니

'용의 전사'인 포가 쿵푸를 가르치며 진정한 마스터로 거듭나는 과정 속에서 혼자가 아니라 모두의 힘이 필요함을 알게되는 이야기.

억셉티드, 스티브 핑크

대학에 떨어진 학생들이 가짜 대학을 만들었는데 학생들이 몰려와서 진짜 대학 행세를 하게 된다. 틀에 박힌 교육이 아니라 진짜보다 더 우수하고 자유로운 참교육의 현장이 펼쳐진다. 학생들이 교육과정을 스스로 만들고 서로 배우고 가르치는 이상적인 학교가 되는 이야기가 재미나다.

마더, 대런 아로노프스키

성경을 모티브로 하면서 여주인공을 끊임없이 고통받는 '대자연'의 시각으로 보여주는 영화. '집은 세계의 축소판'이라는 감독의 생각을 성경 속 은유와 함께 보여주는 이야기.

블랙 스완, 대런 아로노프스키

'성공'을 꿈꾸며 완벽을 추구하는 발레리나의 시련과 광기, 라이벌을 향한 질투와 동경을 극한의 심리극으로 표현한 영화로 인간에게 감춰진 양면성과 변신을 향한 욕망의 표출을 보여줌.

매트릭스, 라나 워쇼스키 / 릴리 워쇼스키

진짜보다 더 진짜 같은 가상 현실 '매트릭스' 속에서 진정한 현실을 인식할 수 없게 재배되는 인간들이 꿈에서 깨어나 인공지능들과 대결을 벌이게 되는 이야기. 1999년 개봉 때는 '가상 현실'이었지만, 2016년 재개봉 땐 이미 현실로 성큼 다가온 영화.

설국 열차, 봉준호

새로운 빙하기를 맞이한 지구에서 인류 마지막 생존지역인 '설국열차' 속에 존재하는 인간 계급과 그것을 전복시키고자 폭동을 일으키는 사람들. 그리고 그 열차 속의 진실과 인류의 새로운 희망의 가능성을 보여주는 영화.

인공지능 시대의 미래학교와 무지한 스승

초판 1쇄 2018년 4월 19일 발행

지은이 ㅣ 유동걸

기획 및 편집 ㅣ 유덕열, 박세희

펴낸곳 ㅣ 한결하늘
펴낸이 ㅣ 유덕열
출판등록 ㅣ 제2015-000012호
주소 ㅣ 경기도 안산시 단원구 선삼로4길 11 (101호)
전화 ㅣ (031) 8044-2869 **팩스** ㅣ (031) 8084-2860
이메일 ㅣ ydyull@hanmail.net

ISBN 979-11-88342-06-8

이 도서의 국립중앙도서관 출판예정도서목록(CIP)은 서지정보유통지원시스템 홈페이지
(http://seoji.nl.go.kr)와 국가 자료공동목록 시스템(http://www.nl.go.kr/kolisnet)에서
이용하실 수 있습니다.(CIP제어번호: CIP2018012128)